# HISTOIRE
## DU
# DEUX DÉCEMBRE

Ce livre ayant été déposé conformément aux lois, toute contrefaçon sera poursuivie, ainsi que toute traduction non autorisée.

# HISTOIRE

DU

# DEUX DÉCEMBRE

PAR

## P. MAYER

AVEC DOCUMENTS INÉDITS ET PIÈCES JUSTIFICATIVES

---

TROISIÈME ÉDITION

**Augmentée de la Constitution et des Lois et Décrets rendus depuis le 1er Janvier**

PARIS

LEDOYEN ÉDITEUR-LIBRAIRE

PALAIS ROYAL GALERIE D'ORLÉANS 31

---

1852

# INTRODUCTION.

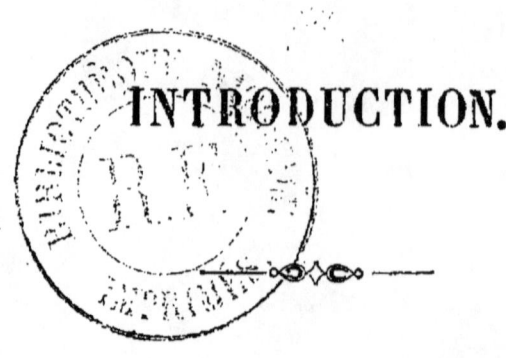

> Quod vidimus, testamur.
> (ÉVANG.)

Puisque la pauvreté de notre langue nous condamne à baptiser toute grande rénovation politique ou morale du mot banal et funeste de révolution, acceptons cette défaillance de l'opinion publique, qui nous a, du reste, habitués à bien d'autres anomalies, et nommons le grand acte du 2 Décembre du nom dont se sont appelées avant lui la venue du Christ, l'intronisation de Clovis, la mission de Charlemagne, de Grégoire-le-Grand et de saint Louis, la découverte de l'Imprimerie, de l'Artillerie et de la Boussole, la nuit du 4 août 1789, la journée du 18 Brumaire et la semaine de juillet 1830. Si ce furent là des révolutions, qu'elles soient honorées et bénies par la même raison et avec la même foi qui nous font mépriser et maudire l'hérésie d'Arius, la réforme de Luther, la terreur de Robespierre et le socialisme de Fourrier ; — qu'on appelle aussi des révolutions.

Va donc pour la révolution du 2 Décembre. Nous l'avions rêvée, nous l'avions pressentie, invoquée, saluée vaguement dans nos aspirations de penseurs, dans nos consciences d'honnêtes gens, dans notre patriotisme de citoyens. Mais rien, dans nos pressentiments et dans nos désirs, ne ressemblait à la forme splendide et foudroyante qu'elle a revêtue, et les cris de joie qui l'accueillent à cette heure se fussent changés en cris d'épouvante, si l'on nous eût dit la veille : « Voilà ce qu'elle sera. »

Je veux dire ce qu'elle a été; je veux essayer, — non pas de raconter, car aujourd'hui tout est su de tous et l'histoire contemporaine est mieux écrite dans les souvenirs du dernier paysan que dans les pages du chroniqueur ; — mais de constater phase à phase et progrès par progrès, cette évolution de vingt jours accomplie par l'esprit moderne sur cet axe de la civilisation qu'on appelle la France, et qui en inaugurant la deuxième moitié du XIX$^e$ siècle lui prépare un plus large avenir qu'à son aînée. Je veux, simplement et à l'aide des faits officiellement étudiés et groupés, ébaucher les grandes lignes de cette page qu'une main plus habile ou moins inconnue revêtira quelque jour de couleur et de vie. L'histoire est un tableau dont les témoignages oculaires sont l'esquisse.

Et notre témoignage à nous, c'est la voix, c'est le regard, c'est l'oreille de la probité nationale parlant, comme dit l'Apôtre, de ce qu'elle a vu et ne pouvant pas ne pas attester ce qu'elle a entendu ; c'est le cri de reconnaissance et d'espoir sorti des entrailles d'une société sauvée ; c'est cette confession formulée par les partis les plus implacables et par les égoïsmes les plus blasés : qu'il n'y avait de possible et de faisable que ce qui a été fait. C'est cet immense appel à l'oubli, à la conciliation, au travail et à l'ordre tonnant plus haut que le tocsin et les fusillades de la guerre civile ; c'est la dernière barricade renversée et le dernier sang répandu ; c'est enfin et surtout cette électricité d'union, de courage et de dévoûment qui, d'un bout de la France à l'autre, communique à tous les cœurs droits, à toutes les volontés libres, à toutes les âmes croyantes la sainte et vaillante horreur de la démagogie, du communisme et de l'anarchie, et se traduit par ce mot déjà historique, gloire de Louis-Napoléon et consolation de nos malheurs : — 1852 est mort.

Mort comme il eût vécu, dans le sang et la boue, dans le crime et la honte, dans le pillage, le viol, l'assassinat, l'athéisme et l'incendie; mort comme ces reptiles immondes qu'on broie du pied dans leur bave, mort d'étouffement, d'impuissance et de rage. Oh! bien mort, car c'est la justice de Dieu qui l'a tué. Depuis trois ans, depuis la magnifique élection du 10 Décembre, il n'était pas de menaces horribles ou de prédictions infâmes dont cette date maudite ne fût le prétexte et le thême, pas de journal rédigé par la haine et la calomnie, pas de pamphlet écrit sur une borne ou dans une caverne, pas de bandit appréhendé au collet par la police ou envoyé aux galères par le jury criminel, pas d'émeutier pris les armes à la main, pas d'empoisonneur public pontonné et bâillonné par la vindicte des lois, qui ne nous jetât à la face ce blasphème comminatoire : « Nous « aurons notre revanche en 1852! » C'était tout leur avenir à ces voleurs et à ces mécréants, la société chrétienne entrevue dans leurs rêves comme une aubaine réservée, comme une épave légitime, comme un pillage organisé. Les plus intelligents la montraient du doigt aux plus brutes. Le partage était réglé d'avance, à chacun selon sa capacité et à chaque capacité selon ses œuvres; à celui-là tel ministère, à cet autre telle caisse, aux valets l'habit de leur maître, au manœuvre la maison qu'il a bâtie, au paysan la ferme qu'il exploite, au vicieux la femme honnête, à l'instituteur révoqué la direction des consciences, au fainéant les rentes du commerçant enrichi, au sophiste l'éducation de la jeunesse, au banqueroutier les finances de l'État, au barricadeur le commandement de l'armée, à l'ignorant l'instruction publique, à l'athée les cultes, à l'assassin la justice. Pas de jour, pas d'heure que la démagogie ne nous souffletât, nous tous travailleurs et pères de famille, avec cette indication sinistre; et si chacune de nos paroles n'était pas l'écho de la voix de tous, est-ce que les scènes exécrables dont dix départements viennent d'être le théâtre laisseraient encore le moindre doute aux hésitations les plus systématiquement aveugles et sourdes?

Oui ! oui, Dieu est juste et l'unanime bénédiction dont notre bien-aimée et catholique patrie salue à cette heure l'homme qui l'a sauvée et les hommes qui, au péril de leur honneur et de leur vie, ont secondé cet homme, n'a pas plus besoin de confirmation que de commentaire. C'est le mot de notre Évangile qui se vérifie : « Tout était perdu et tout est réparé. » C'est le cri de trente millions d'âmes et la joie de nos femmes et de nos enfants. Et c'est aussi la conviction qui nous a ordonné d'écrire ce livre.

Notre tâche, on le voit, est facile, aussi facile que notre impartialité sera naturelle.

Rappeler par quelle succession de calamités dans la nation et de complots dans le Parlement, Louis-Napoléon arriva à se poser cette suprême et terrible alternative : Mentir comme un lâche à Dieu et à ma destinée, ou sauver mon pays au nom du droit et de l'honneur ;

Retracer, avec tous leurs détails authentiques et dans leurs minuties les plus caractéristiques, chacune des circonstances qui accompagnèrent l'exécution de ce dessein à qui la

Providence voulut que rien ne manquât, ni l'héroïsme de l'audace, ni les inspirations du génie, ni l'appui des dévoûments, ni les bonheurs de la réussite ;

Refaire — tâche douloureuse, mais devant laquelle nous ne reculerons pas — l'histoire, peu connue du reste, de l'insurrection foudroyée à Paris et de la Jacquerie pulvérisée dans les provinces ;

Enfin, — et ce sera notre orgueil en même temps que notre récompense, — constater le raffermissement subit de l'ordre et de la confiance, le réveil féerique de la paix, du travail, de l'espérance, de l'industrie, du commerce et des arts, renaissance qui nous ferait croire à un miracle, si nous n'étions pas en France et si nous n'avions pas un Napoléon à notre tête.

Voilà ce livre. L'auteur n'a rien à dire de lui-même. Obscur et laborieux soldat de l'armée active du journalisme, s'il a, depuis trois ans, combattu pour les idées qui triomphent à cette heure, ses amis et ses adversaires lui rendent cette justice qu'il ne connaît des hommes dont il aura à prononcer le nom dans ce récit — que leur nom. Pour l'honneur de son pays et de l'humanité, il ne croit pas qu'il y ait eu des vainqueurs et des vaincus dans l'immortel événement du 2 Décembre; mais vaincus et vainqueurs existassent-ils, il dirait d'eux, en demandant pardon de cette réminiscence ambitieuse, ce que disait Tacite des empereurs dont il écrivait l'histoire : « Ils ne m'ont fait ni bien ni mal ; *nec beneficio, nec injuriâ cogniti* ». Étranger aux partis comme aux hommes, il n'a jamais demandé à sa plume que l'indépendance de sa profession, et pas une ligne n'est tombée de cette plume, qui ne fût l'attestation d'une vérité ou l'immolation d'un mensonge.

Il en sera de même des pages qu'on va lire.

P. MAYER.

janvier 1852.

1

## LES DEUX POUVOIRS.

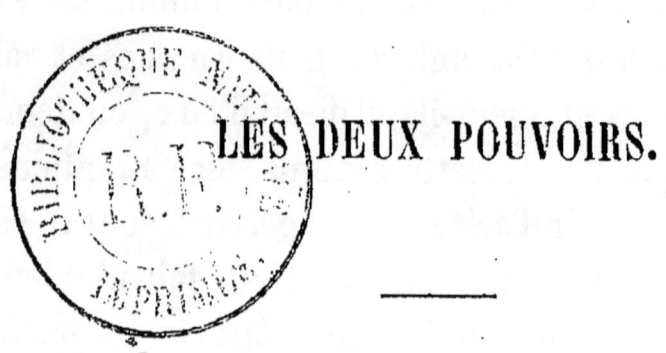

Il y a d'étranges rapprochements dans l'histoire, et la date seule de certains évènements donne de la foi aux plus incrédules. A quarante-six ans de distance, dans l'année qui commence la deuxième moitié de ce siècle, le neveu du plus grand homme des temps modernes consomme le salut de son pays et de l'Europe le jour même où son oncle fêta l'anniversaire de son couronnement en remportant sa plus immortelle victoire. Et ce même mois de décembre qui fit voir à nos pères le sacre et Austerlitz, avait déjà montré à notre jeune génération le retour des cendres de l'Empereur et l'élection prestigieuse du Président. Une autre élection, plus magnifique et non moins providentielle, se proclame au moment où nous essayons de décrire les évènements qui l'ont préparée ; décidément, Décembre est aux Napoléons.

Qui se rappelle maintenant qu'il y avait, le premier jour du mois où nous sommes, une Assemblée législative, une Constitution, une loi du 31 mai, un parti légitimiste et un parti orléaniste ? Nous seuls, peut-être, raconteurs du passé, historiens des choses mortes, chercheurs de débris, de ruines et de poussières. Mais si peu qu'elle tienne de place dans le creux de la main, cette poussière a ses significations et ses enseignements, et c'est ce qui rendra nos lecteurs indulgents pour ces pages que nous voulons rendre respectueuses. Les morts, dit Tacite, ont droit à la justice quand les vivants peuvent entendre la vérité. Soyons donc justes, nous qui avons le droit de tout dire. L'Assemblée qui vient de disparaître, avait, par-dessus toute chose, profondément et inexorablement froissé la pensée humaine, en la déshabituant de ce culte de l'autorité et de la gloire qui constitue sa seule grandeur, en la traitant comme une reine jalouse traite une belle esclave, en l'asservissant à son despotisme, elle, cette personnification à sept cents têtes du caprice, de la licence, de l'emportement et de la folie. Voici que la pensée devient juge à son tour. Elle ne sera pas un juge sévère.

D'ailleurs, le vertige est une excuse, parce qu'il est presque toujours un châtiment et un signe. Ce qui se passait dans le Parlement depuis sa rentrée du 4 novembre — nous ne voulons pas prendre cette histoire de plus haut — dispensait l'esprit public de tout commentaire et le pouvoir exécutif de tout ménagement, comme l'apparition de la tumeur dispense le chirurgien de toute pratique anodine. Le remède héroïque, en ces sortes de crises, est à la fois le salut du malade et le devoir de l'opérateur ; honte alors au médecin qui hésite et à l'homme d'Etat qui transige. Louis-Napoléon vaincu n'eût pas été seulement ridiculisé, mais maudit. Qu'il soit béni de n'avoir voulu être ni l'un ni l'autre.

———

Le Message du 4 novembre, concession inouïe pour quiconque connaît l'homme qui poussa l'abnégation jusqu'à rédiger cette transaction magnanime à force d'effacement, n'avait fait qu'envenimer les haines, raviver les cabales, surexciter les espérances et redoubler les outrages des partis. Ce n'était plus la fonction qu'on voulait avilir ; c'était la personne qu'on s'efforçait, qu'on se flattait d'atteindre. Le Président n'était plus rien, c'était acquis ; belle victoire, ma foi ! C'est le Bonaparte maintenant qu'il faut conduire à Vincennes. Les plus graves s'en mêlaient. Ceux qui, la loi du 31 mai dans leurs poches, s'en étaient allés en plein soleil, pèleriner — non pas pieusement, car nous les en féliciterions —

à Claremont et à Froshdorf et avaient pris soin d'imprimer dans leurs journaux la relation de leur voyage ; ceux qui, à propos de la dotation, des niaiseries de Satory, des infamies du complot d'Alais, de la révocation du général Changarnier, de tous les incidents parlementaires ou ministériels qu'il leur avait plu d'échafauder sur la foi de M. Creton, le nom de M. Faucher ou les plaintes de M. Jules de Lasteyrie, avaient fatigué la presse et la tribune de leurs catilinaires dépitées ; les inventeurs de la candidature-Joinville, remplacée par la candidature-Changarnier, à laquelle on venait de substituer la candidature-Cavaignac ; les vieux parlementaires, dont l'impuissance s'épanouissait à l'idée de conduire la République là où ils avaient déjà conduit deux monarchies ; les impossibles qui lisaient dans la restitution du suffrage universel leur évincement éternel des Assemblées ; les peureux que la coalition la plus monstrueuse enrôlait sous sa bannière mi-partie de blanc et de rouge ; les pauvres enfin — il faut tout dire, hélas ! — à qui leurs vingt-cinq francs tenaient au cœur ; tous, sans exception, se récrièrent d'horreur aux premières propositions du Message. « Rétablir le « suffrage universel, disait le Président, c'est enle« ver à la guerre civile son drapeau, à l'opposition « son dernier argument ; c'est fournir à la France la « possibilité de se donner des institutions qui assu« rent son repos. » « La loi du 31 mai, avait-il dit

« encore, a dépassé le but qu'on pensait atteindre.
« Personne ne prévoyait la suppression de trois
« millions d'électeurs, dont les deux tiers sont habi-
« tants paisibles des campagnes. » Et leur conscience, si elle eût pu prendre une voix, ne leur eût, à coup sûr, rien crié de plus clair et de plus senti que ces fortes et limpides paroles. Mais c'était un parti pris. L'Assemblée, pour nous servir de l'expression de son rapporteur, ne voulut pas abroger la loi du 31 mai parce qu'elle ne le devait pas, et elle ne le devait pas parce qu'elle ne le voulait pas.

Le Président laissa faire. On sait ce qui se fit et de quel côté furent la modération, la dignité et la déférence, et à quelle majorité infime et mutilée l'insolent rejet s'inscrivit au scrutin. Le pays en eut honte et les vainqueurs en eurent peur; pris de terreurs imaginaires, les meneurs de cette Convention sénile n'osèrent coucher dans leurs lits, et la gaîté parisienne fut défrayée, deux jours durant, par les récits de la veillée pleine de spectres que les futurs dictateurs passèrent, M. Thiers en tête, chez leur belliqueux questeur M. Baze.

---

Le Président ne sortit pas de son calme. Il devait s'attendre à ce vote, et ne s'attacha que plus imperturbablement au suffrage universel qui l'avait déjà fait se séparer d'un ministère. « La France, avait-il dit dans une occasion récente, ne périra pas dans mes mains. » Et pour bien des âmes, cette promesse voulait dire : La France sera sauvée par mes mains. Quiconque a de la foi, il y a de l'acte dans ses paroles. L'oncle Napoléon poussait cette rare vertu jusqu'à la superstition ; elle est un des côtés les plus saillants de la nature du neveu.

Ce n'est pas l'heure de crayonner cette curieuse vie ; l'avenir qu'il vient de s'ouvrir d'un si vigoureux coup d'épaule, lui réserve assez de carrière pour que nous lui réservions un autre cadre que ce récit qui nous presse. Le pinceau d'ailleurs est aux événements, et ceux qui viennent de s'accomplir sous nos yeux ont mis en un tel relief les principaux traits de cette forte et pensive physionomie qu'il n'y a plus à chercher maintenant ce qui couvait sous ce regard clair jusqu'à l'atonie, sous ce front voilé d'une réserve impénétrable, sous cette méditation comprimée qu'on prenait pour de la défiance de lui-même ou de la timidité d'autrui. Ses amis connaissaient par expérience et les hommes d'intelligence avaient deviné par instinct l'audace, l'inspiration, la résolution et la vaillance contenues dans cette enveloppe de modestie et de froideur, comme Barras avait deviné le futur consul sous l'officier d'artillerie. Il savait que son jour viendrait, et en attendant ce jour, il se contentait, dans de rares occasions officielles, de laisser transparaître à travers quelque harangue un lambeau de ses secrètes pensées, avidement saisi et commenté par le pays qui disait tout bas : ce n'est pas assez! quand les partis effrayés criaient : c'est trop ! Du reste, bon comme sa mère, aimé jusqu'au fanatisme par tout ce qui l'approche, d'une douceur d'enfant dans les rapports intimes, d'une volonté indomptable dans les affaires sérieuses, croyant à sa mission et à l'amour du peuple, exempt, comme tous les caractères virils, de haine et de jalousie, chérissant au même degré le progrès et l'ordre, tel était, autant qu'en peut juger un homme qui, sans l'avoir vu de près, l'a scrupuleusement étudié depuis trois ans, celui dont l'Assemblée s'était proposé la déchéance pour lui substituer nous ne savons quelle dictature renouvelée, au grandiose près, de la Convention, et comme la Convention irrémédiablement accompagnée de l'invasion étrangère, de la banqueroute, de la guerre civile et de la terreur.

---

Jamais conspiration ne fut plus patente, plus bruyante, plus follement préparée et avouée. Depuis la Fronde de futile et téméraire mémoire, rien ne s'était vu de pareil. Dans les salons, dans les journaux, dans les couloirs, dans la rue, c'était à qui ferait sonner le plus haut son rôle à venir, ses rancunes, ses joies, son importance et son ingratitude. Le succès était la moindre des inquiétudes ; ce qui embarrassait, c'était la forme à employer pour se défaire honnêtement de ce qu'on appelait avec un dédain majestueusement bouffon l'Élysée et la Coterie. Comme ces jeunes officiers russes qui, la veille de la bataille d'Austerlitz, ne se préoccupaient que d'une toute petite chose, savoir ce qu'on ferait de l'Empereur vaincu et de l'armée française prisonnière, les meneurs parlementaires n'avaient qu'un souci : le mettrons-nous à Ham ou à Vincennes ? Ni les transes de la société, ni les préparatifs avérés de la démagogie et du communisme, ni l'échéance sinistre de 1852, ni la constitution à réviser, ni les millions de pétitions, ni le vœu universel de tout ce qu'il y avait d'intelligent et d'honnête en France, ni l'humanité, ni la logique, ni le bon sens, rien enfin de ce qui corrige, éclaire ou conduit les hommes, n'avait plus le droit de se faire entendre dans ce conflit d'ambitions tumultueuses, de médiocrités coalisées, de passions imprévoyantes, d'oppositions hargneuses, d'illustrations de palais et de courages équivoques. Les noms se pressent sous la plume, et ces noms ont une éloquence tranchante comme un coup de hache ; conservateurs donnant la main aux socialistes, royalistes accouplés aux régicides, anciens ministres de deux monarchies scellant un traité avec les anciens chefs des sociétés secrètes, généraux pactisant avec l'émeute qu'ils avaient eu la gloire de foudroyer, tous se vouant bien haut fidélité offensive et défensive, abjurant en apparence leurs haines implacables, mais dans la sincérité de leur intérieur se promettant bien de se déchirer et de se détruire à l'heure du partage entrevu par leurs illusions.

Le méchant génie de M. Thiers aimantait et vivifiait dans l'ombre ce complot d'eunuques bavards et désespérés ; l'immense et destructive intelligence de cet homme illustre, les épées de quelques généraux dont la jalousie avait affaibli le caractère et compromis la gloire, la parole de deux ou trois orateurs, éminents comme talent mais perdus comme autorité, une demi-douzaine de journaux systématiquement hostiles à tout ce qui était le Gouvernement établi ; telle était, en réalité, la partie vitale et appréciable des ressources de la future Convention. Le reste n'était que chaos, ou plutôt néant. Pas un dévouement solide, pas un grand caractère, pas une idée généreuse ou patriotique dans cette masse de petitesses effarées ; dans le pays pas une sympathie, dans l'armée pas un soldat, dans la majorité véritable pas une adhésion. L'anarchie et le despotisme devaient seuls émerger de cette Babel, et ce qui fait frémir plus encore que cette perspective, c'est que beaucoup d'entre eux le savaient et passaient outre.

———

Le grelot, comme on dit vulgairement, fut attaché dès la séance du 6 novembre. Dès ce jour-là aussi, le parti du Président dut être irrévocablement arrêté, car l'attaque était aussi décisive que singulière. Les questeurs de l'Assemblée venaient de déposer sur le bureau du président cette fameuse proposition, baptisée du nom d'un de ses auteurs, M. Baze, et qui devait donner à ce médiocre avocat du midi, le plus irritable et le plus insupportable des parvenus, le droit direct de commander en chef à l'armée de Paris, depuis le ministre de la guerre jusqu'au dernier caporal. Voici ce document, véritable specimen historique du degré d'aberration où l'esprit de parti, personnifié dans certains hommes, peut conduire une grande Assemblée :

PROPOSITION DÉPOSÉE AVEC DEMANDE D'URGENCE.

Art. 1er. Le Président de l'Assemblée nationale est chargé de veiller à la sûreté intérieure et extérieure de l'Assemblée.

Il exerce, au nom de l'Assemblée, le droit conféré au

pouvoir législatif par l'art. 32 de la Constitution, de fixer l'importance des forces militaires pour sa sûreté, d'en disposer et de désigner le chef chargé de les commander.

A cet effet, il a le droit de requérir la force armée, et toutes les autorités dont il juge le concours nécessaire.

Ces réquisitions peuvent être adressées directement à tous les officiers, commandants ou fonctionnaires, qui sont tenus d'y obtempérer immédiatement sous les peines portées par la loi.

Art. 2. Le Président peut déléguer son droit de réquisition aux questeurs ou à l'un d'eux.

Art. 3. La présente loi sera remise à l'ordre du jour de l'armée, et affichée dans toutes les casernes sur le territoire de la République.

C'était, on le voit, une réponse au projet de loi électorale. Le Président avait proposé la paix, on lui répondait par une déclaration, — nous nous trompons, — par des préparatifs de guerre. Et quelle guerre ! Le déshonneur de l'armée en eût été la moindre conséquence ; le mépris public a fait justice des autres. Un questeur chef du pouvoir exécutif, tel devait être le moyen final d'arriver au but outrageant qu'on se proposait. Si, ce jour-là, disons-nous encore, le Président ne se décida pas, c'est qu'il douta de la France et de lui-même. Or, nous savons qu'il n'a pas douté.

On a fait honneur à l'imagination des trois questeurs de cet ignoble essai de prétorianisme en robe noire. Que deux d'entre eux, MM. Baze et Leflô, aient rédigé ou fait rédiger la proposition, cela se conçoit; mais le troisième, l'inoffensif et doux M. de Panat, ce type du légitimisme platonique, signa évidemment par complaisance et sous la pression de la personnalité sonore de ses collègues. Nous en avons la preuve dans la profonde quiétude dont il jouit encore et d'où le Gouvernement ne jugea pas à propos de le tirer, le matin du 2 Décembre, pour l'envoyer, en compagnie des deux autres, réfléchir dans une cellule sur le danger des conspirations et des mésalliances. (1)

On prétendait aussi, dans les derniers jours que vécut l'Assemblée, que l'honorable M. Dupin était véhémentement soupçonné de participation littéraire et typographique au projet d'investiture militaire du généralissime Baze. Mais cette supposition fut démentie quand on vit, lors de la distribution des récompenses aux exposants de Londres, le spirituel président applaudir de la tête et du geste au fier et prophétique discours du Président de la République (2), et depuis les récents événements, chacun s'est dit que M. Dupin était bien gratuitement accusé, puisque à l'heure où nous sommes il ne s'est pas encore démis de ses fonctions de procureur-général, ce qu'il n'eût pas manqué de faire si sa conscience

(1) Voir la note A aux Pièces justificatives.
(2) *Idem*, note B.

lui eût reproché la moindre connivence avec son questeur favori.

---

Pourtant à cette Assemblée qui se perdait, les avertissements arrivaient de toutes parts. Si elle n'eût pas été infailliblement condamnée devant Dieu et devant les hommes, un pas en arrière retardait sa chute ; elle ne voulut pas.

Ainsi, dans la matinée du 9, le Président adressait l'allocution suivante aux officiers nouvellement arrivés à Paris, et ceux qui savent à quel point il possède, comme son oncle, le don de remuer les âmes militaires, peuvent se faire une idée de l'accent et du frémissement qui prononcèrent et accueillirent ces paroles, que l'Assemblée seule ne comprit pas :

Messieurs,

En recevant les officiers des divers régiments de l'armée, qui se succèdent dans la garnison de Paris, je me félicite de les voir animés de cet esprit militaire qui fit notre gloire et qui aujourd'hui fait notre sécurité. Je ne vous parlerai ni de vos devoirs ni de la discipline. Vos devoirs, vous les avez toujours remplis avec honneur, soit sur la terre d'Afrique, soit sur le sol de la France ; et la discipline, vous l'avez toujours maintenue intacte à travers les épreuves les plus difficiles. J'espère que ces épreuves ne reviendront pas ; mais si la gravité des circonstances les ramenait et m'obligeait de faire appel à votre dévouement, il ne me faillirait pas, j'en suis sûr, parce que, vous le savez, je ne vous demanderai rien qui ne soit d'accord avec mon droit (1), avec l'honneur militaire, avec les intérêts de la patrie ; parce que j'ai mis à votre tête des hommes qui ont toute ma confiance et qui méritent la vôtre, parce que si jamais le jour du danger arrivait, je ne ferais pas comme les gouvernements qui m'ont précédé, et je ne vous dirais pas : Marchez, je vous suis ; mais je vous dirais : Je marche, suivez-moi !

Devant cette déclaration énergique et fière, la proposition-Baze devait être retirée, car celui-là seul qui était sûr de l'armée et seul aussi avait le droit d'être sûr d'elle, pouvait tenir un pareil langage. On persista néanmoins, et M. Vitet, d'avance et tacitement désigné, dut préparer son rapport.

———

Que faisait cependant le pays entre ces deux pouvoirs, dont l'un, replié silencieusement sur lui-

(1) Les journaux, en rapportant le texte de ce discours, avaient écrit : « Mon droit *reconnu par la Constitution* ». Le Président ne prononça pas ces quatre derniers mots, que le ministère fit ajouter par un scrupule que tout le monde comprit. Il y avait encore une Constitution.

même, observait et laissait l'autre se débattre dans les convulsions de l'agonie ?

Le pays, juge et enjeu de ce duel suprême, souffrait et invoquait. Garrotté dans les mailles d'une Constitution dont les stupidités apparentes n'étaient que des perfidies infernales, et qui portait dans ses flancs tous les germes d'une dissolution sociale ; froissé dans ses croyances, dans ses affections, dans ses mœurs par cette charte bâclée pour les besoins d'une coterie d'ambitieux qui, sous le prétexte de sauvegarder la souveraineté populaire, n'avaient fait, en réalité, que supprimer cette souveraineté au profit d'une dictature qui nous eût ramenés à Février 1848; tiraillé en tous sens par les partis dont aucun n'avait une solution prête, menacé par les révolutionnaires de toutes nuances, il voyait grandir à l'horizon cette monstrueuse éventualité de 1852 qui lui annonçait clairement la ruine de toute sécurité, de tout crédit, de tout travail, de tout honneur et de toute unité. Il contemplait avec une torpeur pleine d'épouvante le déchaînement du socialisme, la corruption de la jeunesse, l'embauchage des sociétés secrètes, la propagande des journaux et des livres, la guerre civile décrétée dans chaque commune pour l'heure où s'ouvrirait le scrutin de Mai, les saturnales sanglantes et hideuses dont la démagogie ne faisait plus mystère, les progrès latents mais irrécusables de l'athéisme, de la débauche et du communisme ; l'incendie, le pillage et le meurtre s'organisant et s'ajournant à date fixe, la Jacquerie enfin dont quelques échantillons isolés promettaient tout ce qu'elle a tenu dans certaines localités et ce qu'elle eût, sans le 2 Décembre, accompli par toute la France.

Un homme de beaucoup de cœur et d'intelligence, l'ancien Préfet de police, M. Carlier, avait, en donnant sa démission, signalé au Président de la République, ces dangers et le remède qu'il croyait efficace. Malheureusement, son amour instinctif de toute légalité l'arrêta à la limite même que le Président voulait franchir, et la restitution du suffrage universel, cette grande et héroïque justice qui a sauvé la situation, lui parut inopportune et impraticable. Il se retira. Louis-Napoléon n'en utilisa pas moins, comme nous le verrons ailleurs, sa capacité et son expérience, et lui sut un gré profond d'avoir si franchement et si habilement exploré l'abîme de la démagogie et de la corruption révolutionnaire. Il est indispensable, et c'est la justification de la transformation qui vient de s'accomplir, que nous résumions nous-même le bilan intellectuel et moral que Février avait fait à la France chrétienne. En voyant où nous allions, on comprendra mieux où nous sommes allés.

Jusqu'au jour où la société menacée dut désespérer de compter sur ce qu'on appelait le parti de l'ordre, le mouvement de la démagogie se restreignit à quelques points seulement du territoire, et après l'élection du 10 décembre on pouvait déjà suivre à la trace l'amélioration marquée qui accompagna le rétablissement de l'autorité. Mais ce réveil dura peu. Plus l'ordre se fortifiait, plus ses partisans se divisèrent, et par une conséquence naturelle, les hommes que Juin n'avait pas corrigés, crurent plus que jamais dans la réalisation de leurs sauvages théories. Le parti de l'ordre s'usait à intriguer, à comploter, à se repaître d'une foule de restaurations chimériques, dont les symboles, tout respectables qu'ils fussent, n'étaient que d'impuissantes reliques ; les ennemis de la société resserrèrent leur réseau de corruption, et par la presse, par le discours, par le colportage, répondirent aux intrigues de couloirs, aux rêves de fusion, aux velléités de dictature blanche, aux essais d'omnipotence parlementaire, aux renversements de cabinets, en couvrant la France et l'Europe de ce vaste et formidable linceul révolutionnaire que ni la parole, ni l'écrit, ni le vote, n'étaient plus de force à trouer, et que la main seule qui a fait le 2 Décembre pouvait déchirer et jeter au vent et à la mitraille.

Le parti montagnard avait touché juste. Habile à profiter de toutes les fautes, de toutes les puérilités de ses adversaires, il devint un et compacte le jour où il les surprit divisés, et le lendemain de ce jour, la droite humiliée, mais non repentante, compta avec ce troupeau de destructeurs et de niveleurs, et s'enrôla comme appoint dans les bagages du socialisme. Ceci est déjà de l'histoire.

———

Dès lors, il fallut s'attendre à tout. Quelques braves dupes ou quelques journaux complices purent bien insinuer que les immondes publications vomies par les presses clandestines et intitulées *Bulletins du Comité de résistance*, étaient l'œuvre de furieux isolés. Il est évident, au contraire, en présence des documents publiés par les diverses sociétés communistes, démocratiques et autres, que cette insinuation ne mérite pas même un démenti. A chaque ligne des pièces saisies ou publiées, éclate l'intention avouée ou signée de renverser l'ordre social établi, d'arriver à ce résultat par la violation ouverte des lois, par le combat et par le meurtre; de dissoudre tout lien religieux ou civil, de s'attaquer à tout ce qui existe ou possède, au profit de l'inconnu, et, comme toujours, la date fixée est 1852.

Une lettre du représentant Joly, du 11 mai dernier, contient cette phrase : « C'est donc en 1852

« que la lutte doit s'ouvrir. Voter, la Constitution
« à la main, s'organiser pour cela, non pas pour
« forcer la porte des colléges électoraux, et aller
« ensuite se vanter de cette victoire, mais marcher
« en corps vers le chef-lieu et y proclamer de nou-
« veau la révolution triomphante. » Tel était le droit
de suffrage rouge pour 1852.

Chez le nommé Combes, membre du Comité central de résistance, on trouva un programme révolutionnaire où on lisait : « Il est temps que le pro-
« létariat prenne possession de la société, hardi-
« ment, sans hésitation, *pour la pétrir* selon sa
« volonté; car elle est sa propriété.... Tous les indi-
« vidus ayant trempé dans les intrigues des monar-
« chies précédentes, sont à jamais privés de leurs
« droits civiques... Des contributions forcées seront
« prélevées sur les riches, en attendant l'organisa-
« tion d'un impôt démocratique et social. »

Mais que sont ces pâles esquisses auprès du Comité central européen de Londres, chef visible et obéi de toutes les bandes de France, d'Allemagne, de Suisse et d'Italie ? Celui-là parlait aux peuples et aux armées, décrétait, avait des finances en règle, des journaux, des succursales, et signait de ces quatre noms : Ledru-Rollin, Darrasz, Ruge, Mazzini. Il ouvrait un emprunt, et cet emprunt était couvert. Il subventionnait une presse, formait un comité de lecture pour choisir les ouvrages à répandre dans les campagnes (1), donnait de Londres le mot d'ordre à la guerre civile et à l'égorgement général, et partageait l'Europe en circonscriptions nouvelles, sous le nom de communes, cercles, etc., où figurent trente et une grandes villes d'Allemagne, de France et de Belgique. C'est ce même Comité dont les statuts portent que « le but..... est de faire parvenir le « prolétariat à la domination, d'abroger l'autorité et « l'ancienne société civile, et de fonder une nou- « velle société sans classes et sans rapports civils de « propriété. »

Ailleurs (circulaire du 1ᵉʳ août), on déclare que la Révolution sera prochaine. Il est enjoint aux membres d'organiser « les dépôts d'armes, de former « SOUS MAIN *des tribunaux révolutionnaires*, énergi- « quement composés, et d'établir en même temps « des listes d'ennemis du peuple qui, aussitôt après « la Révolution éclatée, doivent être arrêtés et mis « à mort. »

Il y en a comme cela près d'un volume, et notons en passant que soixante représentants du peuple s'empressèrent de souscrire à l'emprunt ouvert à Londres pour la réussite de ces projets. Le *National* du 1ᵉʳ septembre publia et le Préfet de police déféra à la justice cette liste inouïe de législateurs français,

(1) Cette commission se composait des cinq représentants, Michel (de Bourges), Eugène Sue, Schœlcher, Perdiguier et Greppo.

dont la grande majorité n'avait d'autres moyens d'existence que les vingt-cinq francs journaliers que leur attribuait l'État, subventionnant et s'incarnant la conspiration du meurtre universel.

———

Nous croyons que ces exemples suffisent, et quand les rhéteurs de l'Assemblée et de la presse suspectaient la légitimité du vœu de révision de la Constitution émis par des millions de pétitionnaires, par l'unanimité des Conseils d'arrondissement et des Conseils généraux, par la majorité de cette Assemblée elle-même, ne savaient-ils pas que ces horreurs notoirement prédites et partout attendues pour 1852, n'étaient que trop bien justifiées pour ne pas justifier à leur tour l'anathême jeté par la conscience publique à l'œuvre néfaste de la Constituante et de M. Marrast?

Ajoutons à ces appréhensions poignantes la démoralisation dans le sein des familles, le vice, la soif du pillage et la paresse recrutant dans les villes et les campagnes l'écume des populations et les scories de la justice pénale, l'embauchage des soldats au cabaret et leur assassinat dans les lieux déserts, les guets apens contre les fonctionnaires, les projets d'assassinat sur le chef de l'État, hautement avoués et encouragés; la recrudescence des crimes individuels confirmant par une loi mathématique le développement des idées révolutionnaires, les suicides s'élevant dans une progression inouïe, l'impuissance de l'autorité à réfréner les excès de la presse, du théâtre, de la littérature; des raffinements inconnus rêvés et trouvés pour empoisonner, par l'appât des primes ou du bon marché, l'intelligence de l'ouvrier, du lycéen et de la jeune fille; le sophisme coulant, comme la démocratie dont il est le dissolvant, à pleins bords et à pleins journaux; le libertinage atteignant l'enfance, le travail s'arrêtant, les capitaux retirés de l'industrie, l'agriculture aux abois, partout la peur, le doute, l'inquiétude et la ruine, — et nous aurons une faible idée de ce qu'était ce pays criant à son Élu : Sauve-moi! au moment où ses représentants s'apprêtaient à abîmer dans le même gouffre société, pays, pouvoir exécutif et eux-mêmes.

Voici, dans l'impartiale nudité de la statistique, à quoi cette Assemblée employa les dix-neuf derniers jours de son existence et de l'existence du vieux régime parlementaire.

Après avoir rejeté, à quatre douteuses voix de majorité, la loi du suffrage universel, elle se livra à l'innocente diversion d'introduire dans la loi électorale, c'est à dire subrepticement et illégalement, un nouveau système d'élections. Le résultat définitif constata que le chiffre du domicile, fixé à deux ans, n'avait été adopté qu'à une voix de majorité, et le lendemain cette voix fut contestée. Il demeura donc acquis pour le pays : d'abord que l'Assemblée n'avait refusé l'abrogation de loi du 31 mai que par la raison unique que cette abrogation venait du Président, qu'on voulait blesser et amoindrir; puis, que la majorité, dans la certitude de sa non réélection par le suffrage universel, aimait mieux conserver ses siéges au Palais-Bourbon que de restituer à trois millions d'hommes un droit qu'on leur avait injustement enlevé, et qui seul pouvait garantir encore quelque tranquillité au pays.

Quant à l'invention de MM. les questeurs, on eut peur et on vota contre. Double faute et double abaissement. Le Président n'avait plus à croire à une réparation volontaire. Et d'ailleurs, la discussion avait été d'une violence et d'une trivialité désastreuses, et M. Baze, à la suite d'un discours où le ministre de la guerre posait avec une netteté militaire les attributions du chef de l'État vis à vis de l'armée et s'enorgueillissait hautement d'avoir fait arracher des casernes l'insolente motion questoriale, M. Baze, disons-nous, avait suscité une demande de mise en accusation.

C'était le commencement de la fin. Le dénouement

arrivait à pas de géant, et des bruits de coups d'État couraient dans l'air. Tout s'apprêtait, tout se pressentait; l'Assemblée seule ne voyait et ne prévoyait rien. Un dernier transport consomma son vertige. Le 22, une coalition plus monstrueuse que toutes les autres, un amalgame à la fois cynique, blasphématoire et lamentable, réunit dans une commission quatorze ennemis du Président sur quinze, et ces quatorze noms montraient MM. Michel (de Bourges), Duprat, Dufraisse, Crémieux, Arago, c'est-à-dire la fleur du socialisme, du régicide et de l'insurrection, unis à MM. Béchard, Berryer, Combarel, Lasteyrie et Laboulie, ces notabilités monarchiques. Et ce que cette commission s'était chargée d'élaborer, la plume tombe des mains à l'écrire : un projet de loi sur la responsabilité ministérielle, enterré depuis trente mois dans les cartons du Conseil-d'État, venait d'être exhumé on ne sait par qui, et dans ce projet, les quatorze continuateurs de M. Baze, mandataires cette fois de tous les partis extrêmes parfaitement d'accord entre eux, avaient trouvé la possibilité de mettre, au premier caprice du plus obscur législateur, le Président de la République en accusation et en arrestation. Ce n'était plus le droit de requérir des troupes comme on le voit; on avait trouvé mieux et on voulait se hâter. Les morts vont si vite !

Les signes précurseurs ne manquaient pas. Le matin du 24, un journal, le seul qui depuis le commencement de la lutte ne vacilla pas une seconde, et prêta à la politique et à la pensée du Président un concours aussi vaillant qu'inappréciable, *le Constitutionnel* remua tout Paris avec un article intitulé les *Deux Dictatures*, dû à la plume de son plus brillant rédacteur, le premier écrivain politique, du reste, de ce temps-ci. M. Granier de Cassagnac, terminait par ces phrases implacables et prophétiques :

Donc, dans aucun cas, les conspirateurs ne sont dangereux. Sans parler de leur égarement, ils ont contre eux le pays tout entier, qui ne veut plus d'expériences, de bouleversements et de ruines. D'ailleurs, ce qu'ils auraient contre eux de plus redoutable, ce seraient encore moins leurs adversaires que leurs alliés. Le pouvoir, qui a la garde et la responsabilité de l'ordre, est, comme bien on le pense, *instruit de leurs desseins et de leurs menées* ; et, quoiqu'ils ne la sentent pas, *ils ont chacun la main ferme et résolue de la justice toujours suspendue à un pouce de leur collet. La preuve qu'ils ne sont pas à craindre, c'est qu'ils ne sont pas encore embarqués.*

Allez, allez, chevaliers errants des princesses, perdues, comme la femme d'Enée, dans la bagarre des trônes qui s'écroulent et qui brûlent ; conspirez tant qu'il vous plaira ; promenez dans les ténèbres vos faces blêmes, que la peur agite, et signalez au pays les conjurations de l'Elysée, pour masquer les vôtres ! *Personne ne se méprend sur vos projets, et personne ne les redoute.* Si vous êtes sans pitié pour la France, si vous refusez, malgré ses prières, de lui épargner une révolution de plus, vous n'en serez pas moins pour vos efforts *et pour votre honte.* Aveuglés par vos passions, comme le taureau par le drap rouge, *vous donnerez, tête baissée, sur la pointe de l'épée tendue et immobile qui vous attend!*

Quand M. Creton, dans une scène sans exemple et sans courage, vint dénoncer le journal et injurier l'écrivain en pleine tribune, l'Assemblée eut le frisson et n'osa pas poursuivre. M. Creton, sommé de rétracter ou de réparer ses paroles, allégua qu'il ne connaissait pas l'homme qu'il avait insulté. Ce n'était plus déjà du vertige, c'était de la disparition. Les plus résolus activèrent la commission des quinze. Il faut en finir, disaient-ils.

Mais les travaux de cette commission se prolongèrent jusqu'au 30 novembre, et le 1er décembre l'Assemblée fut jugée à mort. Nous arrivons enfin, comme dit le spectre qui emporte Lenore.

---

Nous avons dit que la décision du Président fut arrêtée le jour même où la proposition des questeurs éventa le complot dont le Gouvernement a maintenant en main toutes les preuves. En principe, il eût été coupable de ne pas agir; sa seule préoccupation dut porter sur l'exécution même de ce coup d'État, comme on l'appelle, légitimé par le devoir bien plus encore que par le droit. La nation serait avec lui; il le savait, il l'avait fait entendre à l'Assemblée elle-même. Ses dangers personnels, l'explosion prévue et certaine du socialisme en 1852, le cri unanime du pays, l'impossibilité absolue de gouverner avec un parlement livré aux conspirations contre le pouvoir, aux déchirements de toutes ses fractions politiques, et évidemment hostile à la volonté nationale, voilà pour le droit. Tout ce qui sauve une société est légitime, et aujourd'hui il n'y a plus d'autre légitimité que celle-là. Chaque citoyen, et à plus forte raison le chef de l'Etat, se doit à la société menacée, et de même qu'il serait criminel si, sans péril apparent et dans le seul intérêt de son ambition, il tentait, par surprise ou trahison, de détruire la chose publique, de même il est juste, il est glorieux, il est digne de reconnaissance et d'affection, le jour où, dans l'intérêt seul de la masse et pour l'honneur de son pays, il renverse, par la force ou la persuasion honorablement employées, tout homme ou toute chose désignés par la conscience publique comme un obstacle au salut de tous. Voilà pour le devoir.

Ces principes sont éternels, et il y aurait puérilité à les développer autrement. Tout se réduisait donc à la question de formes, aux voies et moyens comme on dit. Le plan allait de lui-même : dissoudre l'Assemblée, arrêter préventivement quelques hommes et quelques journaux, décréter l'état de siége, prévenir la guerre civile, soumettre son acte à l'approbation du peuple à qui le suffrage universel est rendu, et dont le jugement promptement consulté, légitime tout, couvre tout, ratifie tout et sauve tout. La sainteté et la grandeur de l'ensemble absorbaient alors la tristesse ou l'imperfection de quelques détails, inhérents à la faiblesse humaine, et les mesures dont quelques-uns pourraient avoir à gémir, n'étaient plus que des sacrifices à l'intérêt général. Maintenant racontons.

---

Quatre personnes seulement, quatre amis du Président prêts à jouer leur vie pour l'œuvre et pour l'homme, préparèrent et disposèrent tout de concert avec lui. Ce furent le général de Saint-Arnaud, ministre de la guerre, MM. de Morny et de Persigny, représentants du peuple, et M. de Maupas, préfet de police. Un mot sur chacun d'eux :

L'élévation de M. de Saint-Arnaud au ministère de la guerre, s'il faut en juger par le cri d'épouvante prophétique qu'elle arracha aux partis, par la valeur personnelle de l'homme et par les circonstances même qui amenèrent aux affaires le cabinet du 26 octobre, peut être considérée comme le premier pas fait par le Président dans la partie pratique d'une résolution qu'il avait prise dès le commencement de l'année. Ce n'est un mystère pour personne que depuis la révocation du général Changarnier, l'état-major de l'armée dut être et fut effectivement transformé par l'admission successive de cette génération plus jeune, plus intrépide, plus dévouée, pour qui et par qui fut exécutée l'immortelle expédition de Kabylie, véritables cadets de la gloire, presque tous en possession, à l'heure actuelle, de la succession de leurs scrupuleux et constitutionnels aînés (1). De ces cadets, le plus illustre dut monter le plus haut en grade, et c'est ainsi que M. Leroy de Saint-Arnaud, simple lieutenant en 1831 au 6e de ligne, nommé général de division le 10 juillet 1851, fut appelé au commandement général de l'armée. Entre ces deux pôles de sa carrière il y a l'une des plus belles vies de soldat dont nos fastes militaires fassent mention ; il y a une action d'éclat au bout de chaque grade et de chaque décoration ; il y a quatorze ans de combats indiscontinus en Afrique ; il y a enfin cette fabuleuse et foudroyante épopée de la Kabylie orientale, qui, par sa poésie, ses luttes corps à corps, ses mêlées furieuses ou ses tactiques savantes, rappelle à tant de titres la campagne d'Égypte, — cette préface d'un autre coup d'État, — et que le ministre

---

(1) Voir le chap. III.

d'alors résumait en ces termes : « 80 jours de
« durée, 8,000 hommes de troupes, 640 kilomètres
« de terrain, un homme touché sur huit, vingt
« rencontres et six batailles rangées ; total, vingt-
« six victoires. »

Nature ardente, droiture inflexible, M. de Saint-Arnaud professe, comme tout homme né soldat, le plus franc mépris pour les finesses de la politique et les combinaisons du parlementarisme. Le jour où il parla, à propos de la discipline et de l'honneur militaire outragés par le complot dit des questeurs, l'Assemblée s'affaissa littéralement sur elle-même, et le bruit de cette éloquence habituée à dominer le canon lui fit l'effet, selon le mot de M. Beugnot, du tambour de brumaire. Le pays, l'armée et le pouvoir exécutif n'y virent, eux, qu'une franche et entraînante confirmation de ce magnifique ordre du jour du 27 octobre, qui ressemblait plutôt à une instruction de combat qu'à une proclamation officielle : « N'oubliez pas que dans les temps diffi-
« ciles l'armée prévient par la seule énergie de
« son attitude, les désordres qu'elle réprimerait
« toujours par l'emploi de sa force. Esprit de corps,
« culte du drapeau, solidarité de gloire, que ces
« nobles traditions nous inspirent et nous sou-
« tiennent ; portons si haut l'honneur militaire,
« qu'au milieu des éléments de dissolution qui fer-
« mentent autour de nous, il apparaisse comme

« moyen de salut à la société menacée. » La suite de ce récit nous montrera à quel point la recommandation a été suivie, et permettra au lecteur d'apprécier comme ministre l'homme que nous avons essayé de lui faire connaître comme soldat.

---

M. de Morny, qui, en raison de son affection chevaleresque pour le Président, devait prendre et prit en effet le rôle le plus important et le plus difficile, s'était, avant les circonstances qui l'ont si extraordinairement révélé, fait connaître par quelques services militaires, une immense aptitude pour une foule de questions spéciales, et la franchise presqu'abrupte avec laquelle il prit en main la cause désespérée de la monarchie de Juillet dont il avait, dès le mois de janvier 1848, prédit et presque littéralement décrit la chute (1), et dont il faillit conjurer la destinée, le jour où l'opposition d'accord avec la majorité le prit pour arbitre et pour rapporteur d'une transaction définitive. Les esprits superficiels, et c'est le plus grand nombre, qui ne voient que les qualités brillantes, n'avaient jusqu'à ce jour apprécié M. de Morny que comme un des types les plus distingués de ce qu'on est convenu d'appeler un homme du monde, dénomination générale qui avant Février voulait dire également esprit, bravoure,

(1) Voir la note C aux pièces justificatives.

élégance, et que les dangers sociaux, courus par l'aristocratie de nom et de fortune depuis la dernière révolution, ont élargie et complétée. M. de Morny appartient en effet à cette race nouvelle et caractérisée d'hommes de salon, improvisés hommes d'État par l'énergie des nécessités sociales, qui portent dans la politique l'esprit de fascination, l'habitude du succès, les allures dominatrices et le sang-froid inaltérable qui faisaient leur supériorité dans le monde. D'une loyauté hautaine mais absolue avec leurs adversaires conservateurs, d'un dédain écrasant avec les démagogues, d'une expansion presque juvénile avec leurs amis, plein d'entrain, de sérénité, d'intrépidité et de courtoisie, ils entreprennent une combinaison diplomatique, comme ils régleraient une partie de plaisir, organisent un coup d'État comme ils dirigeraient la répétition d'une comédie de société, et quand l'heure suprême est venue, empoignent, pour parler comme Saint-Simon, le haut bout des affaires de leur main finement gantée. Là le succès les suit encore, parce qu'ils ont sous leur enveloppe railleuse une foi invincible en eux-mêmes, et ce n'est pas un des moins rares spectacles de ce temps que de voir ces natures exquises, indolentes et impérieuses, accomplir des prodiges de fatigue, d'activité et de patience, et goûter avec une ardente vie les graves et dévorantes émotions du salut public.

M. de Persigny, le seul des confidents du 2 Décembre qui n'ait point eu d'action publique dans le drame, n'en doit pas moins figurer dans ce quintumvirat remarquable. Ce compagnon de Louis-Napoléon aura sa place dans l'histoire, et cette place sera rayonnante, car elle personnifie la plus irréprochable et la plus mâle des passions humaines, l'amitié. Une communauté de goûts, de malheurs, d'aventures et de dévouements de toute sorte a indissolublement lié ces deux hommes, que la politique, — cette lèpre des affections, — a vingt fois et vainement essayé de séparer, et qui rappellent, par plus d'un aspect, le Pierre et le Jaffier de la *Venise sauvée* d'Otway, avec cette différence pourtant que le Jaffier de l'Élysée ne connaît pas les défaillances. D'une probité proverbiale et capable des plus grands sacrifices, d'un dévouement aussi pur qu'infatigable, M. de Persigny, si nous avions à le caractériser d'un mot, se peindrait pour nous dans le mot, aujourd'hui intraduisible, que les anciens preux disaient à leurs fils et qui comprenait tant de choses : « Sois preud'homme. » Au collége, ses camarades l'appelaient le Romain. Depuis quinze ans, l'idée napoléonienne n'a pas accompli une phase, conquis un rayon, triomphé d'un obstacle que M. de Persigny n'ait été là. On sait quelle part il prit à l'élection de 1848; on verra plus bas que le 2 Décembre ne lui a pas offert un rôle moins important. Sa position à l'Élysée est intime, mais non officielle ; il est l'âme et l'esprit de cette petite et valeureuse phalange qu'on appelait l'entourage et qui, en dépit des clameurs de l'Assemblée et de la presse, fait depuis trois ans à l'étoile présidentielle un rempart d'épées fidèles et de poitrines découvertes, Ney, Bacciocchi, Béville, Fleury, Toulongeon, Meneval, Lepic, Conneau et quelques autres. parmi lesquels il ne faut oublier ni ce vieil et paternel ami de la dynastie impériale, le fidèle et modeste M. Mocquart, ni le brave et loyal général Roguet. Dans la vie privée M. de Persigny est la douceur et la bonté incarnées.

*

Jeune encore, — il a à peine trente-deux ans, — M. de Maupas s'est élevé par de rares qualités d'esprit aux premiers degrés de la carrière administrative et politique, à un âge où bien d'autres commencent à peine la leur, et n'a dû qu'à lui-même de les parcourir avec tant de rapidité. A Boulogne, comme sous-préfet, il paie de sa personne, lutte contre l'émeute, et fait succéder à l'anarchie dans l'arrondissement l'ordre et la tranquillité publique. A Moulins, il combat le socialisme, et étouffe l'active propagande qui agitait le département. A Toulouse, enfin, il se montre à la hauteur de la nouvelle et difficile mission qui lui est confiée et réprime, au péril de sa vie, les troubles d'Aspet et de St-Gaudens.

L'énergie qu'il avait montrée dans toutes les circonstances où l'émeute avait voulu lever la tête, et les preuves d'habileté et d'aptitude administrative qu'il avait données dans les conseils-généraux où il avait discuté et défendu les intérêts des départements, ne tardèrent pas à le désigner au choix du gouvernement pour le poste important de Préfet de police, où sa capacité, sa résolution et son énergie au milieu des grands événements qui viennent de s'accomplir, ont justifié ce choix de la manière la plus éclatante. Esprit vif et pénétrant, bienveillance et manières charmantes, M. de Maupas joint à une grande connaissance des hommes la justesse de l'appréciation des faits et la décision dans le parti à prendre, qualités qui ne sont ordinairement que le fruit d'une longue expérience, et qui, chez lui, procèdent d'une rare sagacité.

---

On a prétendu qu'une des causes déterminantes de l'explosion fut l'élection faite à Paris, le dimanche 30, sous l'empire de la loi morte du 31 mai, d'un représentant à qui la ligue orléano-légitimiste put faire obtenir une cinquantaine de mille voix. C'est élever au rang de grande cause un bien petit effet, et il y a d'ailleurs une raison excellente pour croire le contraire : le résultat de cette élection ne fut connu que le lundi soir 1ᵉʳ décembre, et ce qui se passa dans cette soirée prouve que la résolution du Président avait une date quelque peu antérieure.

La police était sur pied depuis trois jours, et les deux corps militaires qui ont le plus de contact avec elle, la gendarmerie et la garde républicaine, avaient, depuis trois jours aussi, reçu l'ordre de se tenir prêts à la première réquisition. On parlait, car il faut toujours à Paris qu'on parle de quelque chose, de la présence dans la capitale d'un grand nombre de forçats, de la venue prochaine de quelques-uns des réfugiés politiques de Londres et de Genève et d'une levée de boucliers probable dans le parti révolutionnaire. Cela justifiait les précautions prises, et c'est tout ce qu'il fallait.

L'armée était nombreuse, sûre, toute prête à écraser l'insurrection et à se faire tuer pour le salut du pays. L'état-major ne comptait plus que des généraux décidés à passer le Rubicon ou à mourir. On verra plus loin quel merveilleux génie avait présidé à la distribution, au casernement, au bien-être, aux manœuvres possibles ou réelles de cette gigantesque ressource sociale qu'on appelle l'armée de Paris. Une insurrection seule était présumable ; de guerre civile, point ; il n'y en a jamais que quand une portion des troupes est trompée ou mal commandée ; mais toutes les fois qu'une bataille s'engagera dans les rues et que le soldat, comme on dit en langage militaire, voudra donner, force restera à la loi. Et puis, les souvenirs de février et de juin répondaient de décembre, et le nom de Napoléon n'avait rien perdu de sa magie.

L'Assemblée eut une pâle, monotone et funèbre séance, où l'on s'occupa, croyons-nous, du chemin de fer de Lyon, du registre matricule des élections municipales et d'une proposition de rappel de la monarchie bégayée par M. Léo de Laborde. Cette séance fut la dernière, et personne n'en chercha le compte-rendu dans les journaux du lendemain ; on avait bien autre chose à lire. C'est ainsi que finit en France le régime parlementaire ; une séance levée, et puis plus rien. Pas même un essai de lutte, une réminiscence de brumaire, une protestation, un mot, un souffle. Rien. Un bruit de porte qui se ferme, un factionnaire à cette porte, et tout est dit. Avoir fait tant de bruit en sa vie et jeté son pays en pâture aux révolutions, s'être crue arbitre et proclamée souveraine...... et mourir sans phrase et sans trace, disparaître comme un mot écrit à la craie s'efface sous le doigt d'un enfant. Ou nous nous trompons fort, ou les voltairiens dont elle était peuplée, ont dû, ce jour-là, croire à la simplicité des voies de la Providence.

Le Président tint ce soir-là sa réception ordinaire des lundis. La foule y fut immense, et Louis-Napoléon y accentua d'une bonne humeur assez marquée la calme bienveillance qui lui est habituelle. Le préfet de police, le ministre de la guerre, le général Magnan et M. de Persigny ne quittèrent pas les salons. M. de Morny assistait à l'Opéra-Comique, et dans la loge presque contiguë à celle où se trouvait le général Cavaignac, à une pièce nouvelle de M. de Saint-George, dont le frère, directeur de l'Imprimerie nationale, allait bientôt distribuer à ses compositeurs le manuscrit d'un drame bien autrement émouvant que celui qu'applaudissaient ensemble les ministres qui n'étaient déjà plus et les ministres qui allaient être. On raconte que pendant un entr'acte, une dame qui n'avait pas vu M. de Morny depuis quelque temps, s'étant plainte que les travaux parlementaires absorbassent les hommes du monde, et ayant ajouté en riant : « Heureusement, on va vous balayer tous ; » le futur ministre répondit gaîment : « Madame, je ne sais si on nous balayera, mais en tout cas, je tâcherai de me mettre du côté du manche. »

A l'Elysée, la foule affluait au point qu'il fallut ouvrir les salles de danse du rez-de-chaussée. Nul pourtant ne soupçonnait encore. Vers dix heures, Louis-Napoléon, s'étant adossé à une cheminée, appela d'un signe le colonel Vieyra, nommé la veille chef d'état-major de la garde nationale :

« Colonel, lui dit-il en souriant, êtes-vous assez maître de votre visage pour n'y rien laisser paraître d'une grande émotion ?

— Je le crois, mon prince, répondit M. Vieyra.

— Fort bien, alors. » Et, avec un sourire plus épanoui :

« C'est pour cette nuit, dit-il à demi-voix. Vous n'avez pas bougé ; c'est bien, vous êtes fort. Pouvez-vous me répondre que demain le rappel ne sera battu nulle part, et qu'aucune convocation de garde nationale n'aura lieu ?

— Très facilement, pourvu que j'aie assez d'ordonnances à ma disposition.

— Voyez pour cela le ministre de la guerre. Partez maintenant ; mais pas de suite, on croirait que je vous ai donné un ordre. »

Et, prenant le bras de l'ambassadeur d'Espagne qui s'avançait, le Prince quitta la cheminée pendant que M. Vieyra, pour dérouter tout soupçon, s'en allait échanger quelques banalités dans un groupe de dames.

---

A minuit et demi, le colonel Espinasse, du 42ᵉ de ligne, mandait au quartier les officiers de son régiment.

A la même heure, M. de Morny, revenu de l'Opéra-Comique, traversait les Champs-Elysées où il demeure, et montait chez le Président. Le moment était venu.

La réception était finie, les salons étaient déserts. Dans le cabinet du Président, la seule lampe qui brûlait encore, éclairait cinq têtes sérieuses, attentives et résolues, conclave mystérieux et impassible qui décida en quelques minutes du sort de la France et de la chrétienté. La scène fut solennelle, mais courte et peu parleuse, car on n'avait rien à s'apprendre, et ce qu'on savait surtout c'est qu'on n'allait pas à l'inconnu. Avant de se séparer de ses héroïques complices, le maître futur ouvrit avec une petite clef suspendue à la chaîne de sa montre le tiroir d'un meuble, et remit à chacun d'eux le paquet cacheté qui leur était destiné. Puis les mains s'étreignirent, et d'une voix aussi calme que dans les plus insignifiantes circonstances : « Messieurs, dit-il, allons prendre un peu de repos, et que Dieu sauve la France. »

Deux heures sonnaient; il rentra dans sa chambre et s'endormit. Quarante-six ans auparavant, à la même date, à la même heure, l'Empereur, après avoir réglé la victoire du lendemain, s'était endormi de la sorte au bivouac d'Austerlitz.

## II

# LE COUP D'ÉTAT.

A trois heures du matin, M. le général Magnan, commandant en chef de l'armée de Paris, recevait du ministre de la guerre les ordres officiels qu'impose la hiérarchie et les confidences fraternelles qu'épanche l'amitié. Le soldat de l'Empire ne fut pas plus étonné de la nouvelle qu'on ne le fut de son dévouement. Tout le monde était prêt.

Pour l'honneur éternel de la pensée humaine, le premier acte du 2 Décembre ne fut pas un coup de canon, mais un coup de presse. C'est de l'Imprimerie nationale que partit ce prélude consolateur.

Dans la journée, M. de Saint-George, directeur de ce magnifique établissement, avait été averti par M. de Béville, officier d'ordonnance du Prince-Président, qu'un travail important, pour lequel on faisait appel à sa discrétion et à son honneur, devait être exécuté dans la nuit à l'Imprimerie. L'actif et spirituel directeur comprit-il ou ne comprit-il pas, c'est ce que ses amis savent à merveille; toujours est-il qu'il fit ses dispositions et manda les ouvriers pour un travail nocturne, incident assez fréquent chez eux. A onze heures, il revint de l'Opéra-Comique, endossa un manteau, mit des pistolets dans ses poches, et descendit dans sa cour où ne tarda pas à arriver un fiacre portant M. de Béville. Le fiacre fut conduit sous la remise, les chevaux mis à l'écurie et le cocher, enfermé dans une salle basse avec un louis de pour-boire et quelques bouteilles, s'endormit en disant: «Voilà des bourgeois qui paient trop bien pour qu'il n'y ait pas quelque chose sous jeu.» Au même moment arrivait la 4ᵉ compagnie du 1ᵉʳ bataillon de gendarmerie mobile (presque tous anciens gardes municipaux), commandés par M. le capitaine de la Roche-d'Oisy à qui une lettre du ministre de la guerre enjoignait d'obéir passivement au directeur de l'Imprimerie nationale. Les armes furent chargées en silence, les soldats apposés aux portes, aux fenêtres, dans les corridors et les ateliers, et la consigne donnée; elle était simple : «Fusiller tout ce qui tenterait de sortir ou de s'approcher d'une fenêtre. »

Rien de plus clair, mais rien de plus nécessaire aussi. Toutes les pièces du coup d'État étaient là, c'est-à-dire toutes les pièces de conviction écrites de la main du Président et contre-signées par deux ministres et le préfet de police. Si l'entreprise avortait, l'Imprimerie devait soutenir un siége en règle, et nous croyons que, dans cette hypothèse, chacun se fût fait tuer à son poste.

On monta dans les ateliers, où le directeur, après avoir rappelé aux ouvriers la consigne donnée, leur accorda une heure pour composer le décret de dissolution, l'appel au peuple et l'appel à l'armée, le décret de convocation des comices, la proclamation du préfet et sa lettre aux commissaires. Au bout d'une heure, on mettait sous presse, prodige de travail digne d'inaugurer cette journée de prodiges. A quatre heures tout était prêt. Le directeur et M. de Béville pour juger de l'effet des actes immenses que Paris en s'éveillant allait trouver affichés sur ses murs, eurent l'idée d'en donner lecture aux gendarmes mobiles. Ces braves gens furent, en effet, les premiers soldats de l'armée qui connurent le coup d'État, et peu s'en fallut que leurs acclamations enthousiastes, refoulées par un geste impérieux, ne donnassent l'alarme au voisinage. Puis on tira de leur retraite le cocher et les chevaux qui avaient amené l'officier d'ordonnance ; on emballa dans les caisses du fiacre les décrets imprimés, et à quatre heures du matin MM. de Béville et de Saint-George arrivaient à la Préfecture de police où ce dernier remettait les affiches à M. de Maupas, qui lui disait : « C'est la première fois que nous nous parlons, Monsieur, mais deux hommes de cœur doivent être heureux d'échanger, dans une pareille circonstance, leur première poignée de main. »

A cinq heures, avant de prendre possession du ministère de l'intérieur dont il allait faire pendant quelques jours le quartier-général de toute l'administration et le ministère des ministères, M. de Morny poussa jusqu'à l'Assemblée, et vit ce qu'il comptait voir. La porte de la rue de l'Université avait été ouverte, et le 42ᵉ de ligne, son vaillant colonel en tête, grossi de détachements de chasseurs à pied et de garde républicaine conduits par le commissaire de police Bertoglio, occupait silencieusement les cours et interceptait toutes les communications du dehors. M. de Persigny assistait à cette opération. Encore quelques minutes, et les questeurs ainsi que le commissaire spécial de l'Assemblée allaient être arrêtés, avant que personne dans le Palais-Bourbon soupçonnât même la présence du 42ᵉ. Cet incroyable bonheur d'exécution présida, du reste, à tous les détails de cette vaste, minutieuse et périlleuse entreprise, et, sur plusieurs points même se traduisit, comme on va le voir, par des incidences et des soudainetés qui tinrent du miracle.

Pendant que, tranquille de ce côté là, M. de Morny s'installait paisiblement aux lieu et fonctions de M. de Thorigny, et entrait en besogne en dictant au secrétaire ébahi de son prédécesseur sa première circulaire aux préfets ; les commissaires de police de Paris et de la banlieue se réunissaient à la Préfecture où M. de Maupas les avait mandés pour cinq heures. A mesure qu'ils arrivaient, ils étaient placés par groupes de deux ou trois dans des pièces séparées ; un coup de sonnette les convoqua un par un dans le cabinet du Préfet. Là, le jeune et intelligent magistrat, en quelques phrases de cette nerveuse et pénétrante éloquence qu'on ne trouve qu'aux heures d'extrême conviction et d'extrême danger, en appela à leur patriotisme, à leur honnêteté et à leur courage, et fit si bien passer dans ces hommes de dévouement et d'expérience l'ardeur dont il était animé lui-même, que sa seule crainte, — il l'a avoué depuis, — fut d'avoir à les contenir. Seize d'entre eux, les plus habiles, furent nominativement chargés d'aller saisir et conduire à la prison Mazas MM. Thiers, Baze, Roger (du Nord), Charras, Nadaud, Cholat, Valentin, Greppo, Miot, Lagrange, Baune, et les généraux Changarnier, Lamoricière, Cavaignac, Bedeau et Leflo, inculpés, disait le mandat, de complot contre la sûreté de l'État; leur mission devait être terminée à sept heures et demie, sans bruit, sans déploiement de forces apparent, et avec les égards les plus courtois et les formes les plus convenables. Les quarante autres devaient à la fois, conjointement avec les officiers de paix porteurs de mandats analogues, procéder à l'arrestation des soixante-dix-huit chefs de clubs, de sociétés secrètes et de barricades, anciens transportés ou condamnés politiques les plus notoirement signalés à la sécurité publique, faire évacuer les garnis, lieux de réunions clandestines ou avouées, associations démocratiques ou autres, cafés et cabarets socialistes, et plein pouvoir leur était donné d'effectuer les razzias les plus complètes dans tous les repaires de la démagogie et de prendre au collet tout individu trouvé en flagrant délit de révolution ou de résistance.

C'était là le moment critique, c'était peut-être celui qui devait décider du succès; on ne pouvait se dissimuler ni la difficulté, ni le péril de la mission qu'on allait confier à des hommes qui, bien que connus déjà par leur zèle et leur dévouement à leurs devoirs, pouvaient néanmoins être effrayés de la responsabilité qu'ils allaient assumer sur eux, et refuser d'enfreindre une légalité qui conduisait la France à sa ruine. Certes, à ce moment suprême M. de Maupas dut puiser dans son intelligence et son courage cette ardeur et cette verve qui réussissent en un instant à électriser les hommes chargés de l'exécution d'une mission périlleuse, et révéler ainsi tout l'ascendant que peut exercer un homme profondément convaincu de la grandeur et de l'importance de l'acte qu'il va accomplir. Plusieurs commissaires nous ont rapporté qu'ils avaient été amenés par les paroles de M. de Maupas à un tel degré de foi que non seulement il n'exista plus ni doute ni indécision dans leur esprit, mais encore qu'ils se sentirent si résolus, qu'en partant ils remercièrent le préfet de police de leur avoir confié cette haute mission.

Il a fallu sans doute à M. de Maupas, qui seul combina toutes les arrestations et en arrêta le plan jusque dans les plus minutieux détails, une grande netteté d'esprit et une complète précision de coup d'œil, deux conditions qu'il possède au plus haut degré ; mais il lui fallut surtout cette chaleur de cœur, et cet enthousiaste dévouement dont la jeunesse ne fait qu'exciter les élans. Quelle responsabilité de signer de son nom, sans hésitation aucune et en temps de paix, l'ordre d'arrêter des généraux et des représentants que l'on considérait comme les gloires militaires et parlementaires de la France !

En somme, tout commentaire est inutile ; il fallait, sous peine de défaite honteuse et de guerre civile, non pas seulement prévenir, mais épouvanter. En matière de coups d'État, on ne discute pas, on frappe ; on n'attend pas l'ennemi, on fond dessus ; on broie, ou l'on est broyé.

---

Les commissaires de police de Paris furent admirables de sagacité, de promptitude, de prudence et de bonheur. A cinq heures dix minutes, ils s'élançaient, — c'est le mot, — de l'hôtel de la Préfecture, et à sept heures, les seize représentants incriminés étaient enfermés dans les cellules de la prison Mazas, dont le colonel Thirion, commandant du palais de Fontainebleau, avait pris le commandement dans la nuit. Quant aux soixante-dix-huit autres inculpés, deux seulement purent échapper par la fuite aux mains de leurs terribles chasseurs.

Tout ce qui se lie à cette histoire est du domaine de l'avenir, et nous devons raconter en détail chacune des arrestations parlementaires que Paris apprit dans la matinée ; il va sans dire que les moindres particularités de notre récit défient la contradiction la plus minutieuse ; que les quelques nudités douloureuses ou choquantes que notre réserve pourrait laisser transparaître, seront, non pas notre fait, mais notre nécessité, et que personne plus que nous ne répugne aux narrations personnelles, excepté le cas où l'édification du public, la moralité de l'histoire et l'intérêt de la vérité les commandent. On verra si ces trois exigences nous ont été épargnées (1).

———

M. Hubault aîné, assisté de quatre agents, entrait à cinq heures trente-cinq minutes dans le jardin de l'hôtel habité par M. Thiers, place Saint-George. Tout Paris connaît cette élégante demeure.

Un valet de chambre les conduisit au premier étage, et leur montrant du doigt une porte au bout d'un long couloir, leur dit : Il est là. Un bon feu brûlait dans la chambre et une petite lampe donnait en plein sur l'expressive figure de l'illustre orateur, encadrée par d'épais rideaux de soie rouge. Il semblait dormir. Son domestique le toucha à l'épaule et lui dit : Monsieur, voilà des messieurs qui désirent vous parler.

Il se soulève brusquement, et porte la main à sa tête : — De quoi s'agit-il !

— D'une perquisition chez vous, dit le magistrat.

(1) M. Granier de Cassagnac, dans sa brochure intitulée : *Relation authentique des Événements de Décembre*, a publié, sur quelques-unes des quinze arrestations que nous racontons, des détails analogues à ceux que nous donnons nous-même. L'illustre écrivain a puisé aux mêmes sources que nous, et nous nous félicitons de cette conformité, qui est une confirmation.

Mais ne craignez rien, on n'en veut pas à votre sûreté.

— Mais encore, qu'entendez-vous faire, Messieurs? Savez-vous que je suis représentant, et que ce que vous accomplissez à cette heure peut porter votre tête sur l'échafaud ?

— Je le sais, dit gravement le commissaire. Mais cette perspective même ne peut empêcher un fonctionnaire de faire son devoir.

— Mais c'est donc un coup d'État ? Suis-je le seul, au moins, qu'on exécute de la sorte ?

Le commissaire se tut. Il ne voulait, il ne devait pas plus instruire M. Thiers que discuter avec lui, et se borna à lui réitérer l'ordre de se lever et de le suivre. L'ancien président du conseil obéit, s'habilla lentement et en silence, prit sa montre qu'il regarda attentivement, et tout à coup, saisi d'un mouvement fébrile :

— Si je vous brûlais la cervelle, Monsieur ? Connaissez-vous la loi ? Savez-vous que vous violez la Constitution ?

Le commissaire sourit :

— Je n'ai pas à vous répondre, Monsieur, j'exécute les ordres du préfet de police, comme j'exécutais les vôtres, quand vous étiez ministre de l'intérieur.

On ne trouva chez M. Thiers que les manuscrits de ses beaux travaux historiques, une paire de pistolets chargés et capsulés, et six lettres politiques, dont une, écrite par un ami inconnu, lui offrait un asile en cas de coup d'État. En quittant le somptueux cabinet de travail, merveille d'art et de bon goût digne de la merveilleuse intelligence qui l'habite, le prisonnier demanda à embrasser sa femme. Madame Thiers arriva au bout de cinq minutes, vêtue de noir et coiffée en cheveux : — Qu'y a-t-il, mon ami, s'écria-t-elle ? — Rien, ma chère Elisa, reprit-il affectueusement, c'est M. le préfet de police qui me mande. Faites en sorte que votre mère, qui est malade, ne sache rien de tout ceci.

On descendit, et en s'asseyant dans le fiacre qui prit la direction de la Bastille, l'homme d'État retrouva toutes ses facultés d'improvisation et de dialectique. La violation des lois, les dangers de la situation, le revirement possible des affaires, les chances de l'avenir fournirent à sa parole des saillies étincelantes, et s'il n'eût pas si bien connu l'homme qu'il avait devant lui, peut-être eût-il essayé d'un nouveau triomphe oratoire. Mais il n'y avait ni possibilité ni urgence.

La cour de la prison était pleine de troupes. Au greffe, où il fut écroué sous les prénoms de Marie-Joseph-Louis-Adolphe, il remercia le commissaire qu'il chargea d'une lettre pour sa femme et dont il nota soigneusement le nom, demanda qu'on lui servît du café au lait, et refusa de signer au procès-verbal d'arrestation, parce que c'eût été, disait-il, reconnaître la légalité de la violation commise à son égard. (1)

---

Chez M. le général Changarnier, faubourg Saint-Honoré, 3, M. le commissaire Lerat, accompagné du capitaine de la garde républicaine Baudinet et de dix sergents de ville déguisés, à qui le concierge refusait d'ouvrir la porte de la rue, entra moitié par force, moitié par ruse, en se glissant par le magasin d'un épicier dont l'arrière-boutique donne dans l'allée. L'escouade monta avec une grande rapidité, mais déjà le portier avait donné l'alarme et cachait la clef qui lui fut arrachée par le commissaire. L'antichambre s'ouvre, et le héros de Constantine, pieds nus, en chemise, pâle de colère et superbe de provocation, paraît, armé de deux pistolets, sur le seuil du modeste appartement où il campe : — Qu'allez-vous faire ? crie le commissaire en saisissant les armes braquées sur lui. Vous ne tuerez qu'un homme qui a des enfants, et nous

(1) M. Thiers, mis en liberté au bout de six jours, est aujourd'hui à l'étranger. *C'est sur sa demande expresse* qu'un agent de l'autorité l'a conduit à la frontière. Nous garantissons le fait, qui s'explique, du reste, par la double nécessité où se trouvait cet homme d'État, de partir et de ne pas avoir l'air de fuir. La présence d'un agent sauva les apparences et le gouvernement laissa dire.

sommes quinze. Personne n'en veut à votre vie. Laissez-nous faire notre devoir. »

Le général livra ses pistolets et dit, avec ce calme de lion qu'il montre dans les instants critiques : — « C'est bien ; je m'habille et je vous suis. ». Assis sur son petit lit, il reçut les soins de son domestique, et pendant qu'on saisissait dans sa chambre une certaine quantité d'armes, parmi lesquelles les pistolets d'Abd-el-Kader, glorieux trophée qui fut respecté, il eut l'air de ne s'occuper de rien ou de personne. Prêt à partir : — « Je sais, fit-il, que M. le préfet de police est un homme bien né ; veuillez lui dire que j'attends de sa courtoisie qu'on ne me sépare pas de mon domestique dont je ne puis me passer. » Le commissaire s'empressa d'obtempérer à cette demande et fut approuvé, en effet, par M. de Maupas.

On monta en voiture. Le général ne se départit pas de sa calme et digne attitude, et pas une parole de récrimination ne tomba de ses lèvres : — « A quoi bon un coup d'État, observa-t-il ; le Président était sûr de sa réélection ; voilà bien de la peine inutile qu'il se donne. » Un moment après : — « Si jamais le Président a la guerre avec l'étranger, il sera content peut-être de me trouver. — Je suis heureux, général, répondit le commissaire, de voir que vous appréciez si bien le cœur du Président, et j'essaierai de lui transmettre vos paroles. »

En arrivant à la prison, il exprima sa reconnaissance des égards qu'on lui avait témoignés, et qui n'étaient du reste que la stricte exécution des ordres reçus. Il ne pouvait venir à l'idée de personne de manquer de respect à des hommes qu'une nécessité cruelle forçait de placer sous la main de l'autorité, et les odieux récits que la malveillance essaya de répandre n'eurent cours qu'auprès des caractères bas et lâches qui oublient qu'en France rien n'est sacré comme le malheur.

———

Un autre soldat intrépide, le général Lamoricière, ne se montra pas moins semblable à lui-même, et poussa jusqu'à une teinte d'impertinence — qu'on nous pardonne ce mot — l'indomptable sang-froid qu'il conserve au milieu des mêlées. Au moment où, après mille pourparlers, les agents pénétraient dans sa chambre, il appela son domestique : « — Voyez donc, dit-il, si l'argent que j'ai mis sur la cheminée y est encore. — Monsieur, interrompit le commissaire Blanchet, cette question est injurieuse pour moi. — Pourquoi cela, dit le général ? Est-ce que je vous connais ? Qui me prouve que vous n'êtes pas des malfaiteurs ? » Le commissaire exhiba ses insignes et lut son mandat. Alors le général demanda ses vêtements.

On exigea sa parole d'honneur qu'il n'essaierait pas de fuir : « Je ne donne rien, je ne promets rien ; faites de moi ce que vous voudrez, » se borna-t-il à répondre avec cette résignation railleuse du vrai courage qui sent toute résistance impossible. En route, il ne proféra pas une parole, si ce n'est que, devant le poste de la Légion-d'Honneur, il mit la tête à la portière comme pour haranguer les troupes. Le commissaire le contint et il n'insista pas davantage. Ecroué au greffe de la prison, il recommanda qu'on eût grand soin, dans la perquisition qui pourrait être faite chez lui, de ne point détériorer ses belles armes orientales, et qu'on ne manquât pas de lui envoyer des cigares et l'*Histoire de la Révolution Française*.

Le ridicule conte répandu le jour même dans Paris que, dans une lutte sanglante avec les agents, le domestique de M. de Lamoricière avait été mortellement blessé, se réduit à ceci : quand la force publique se présenta dans le petit hôtel de la rue de Las-Cases, ce domestique, pris d'un effarement subit, se sauva en criant : « Au voleur ! » et vint, dans son trouble, tomber au milieu d'un groupe de sergents de ville, où il se fit, en se heurtant à l'épée de l'un d'eux, une légère contusion à la cuisse.

Rue du Helder, n° 17, à l'entresol, habite l'ancien chef du pouvoir exécutif, le plus honnête, à coup sûr, et le plus convaincu, mais aussi le plus désabusé des républicains. M. le général Cavaignac, sauf un mouvement de colère traduit par un violent coup de poing sur une table et quelques exclamations de caserne, accepta avec autant de dignité que ses deux compagnons d'armes la destinée nouvelle que lui commandaient les circonstances. M. Colin, chargé de son arrestation, l'invita au calme, et le général, une fois ce mouvement exhalé, se montra ce qu'il fut toujours, plein de réserve, de tenue et de mélancolie. « Vous avez ma parole, dit-il ; faites retirer votre monde et accordez-moi deux grâces : écrire à M. Odier (son futur beau-père), et n'être conduit à destination que par vous seul. »

La lettre écrite, il partit avec le commissaire à qui cette loyale parole donnait toute garantie, et qui dut, pendant ce tête à tête dans une vulgaire voiture publique, méditer profondément sur les retours de la politique. — Oh ! fit-il en chemin, quand j'étais au pouvoir, si j'avais usé de semblables moyens !
— Phrase acquise à l'histoire, mais qui n'obtint pas de réponse ; le commissaire respecta sans doute assez cette dernière illusion pour ne pas lui dire que de semblables moyens ne réussissent pas à tout le monde.

Les deux autres généraux tombèrent avec moins de fierté. M. Leflo, compris dans les opérations d'occupation de l'Assemblée, dont il était questeur, exhala son réveil en injures déplorables et en menaces insensées : « — Nous fusillerons votre Président, dit-il au commissaire Bertoglio, en commémoration du duc d'Enghien fusillé par son oncle, et nous vous fusillerons tous avec lui ». — On eut pitié de cette infortune, et c'est à peine si le colonel Espinasse répondit par un mouvement d'épaules et par un : — Je ne vous connais pas, — aux reproches que l'ancien questeur lui adressait en montant en voiture, et qui firent que quelques soldats croisèrent la baïonnette sur lui.

L'arrestation du général Bedeau, rue de l'Université, 50, fut plus douloureuse encore. Ce vaillant et malheureux soldat, que le commissaire Hubaut jeune eut beaucoup de peine à trouver dans une maison à plusieurs corps, dont le concierge n'ouvrit la porte que contraint par la menace, fut découvert au fond d'une alcove fermée, où les cris de son domestique le réveillèrent. La vue de la force publique et la lecture du mandat le frappèrent de stupeur, et ce fut un lamentable spectacle que de voir et d'entendre ce vieux soldat disputer sa liberté avec des arguments parlementaires, se justifier, menacer, plaider son droit, invoquer sa dignité de vice-président de l'Assemblée et ses antécédents comme défenseur de l'ordre, devant un fonctionnaire condamné à l'inflexibilité et au silence : — Je n'ai pas à commenter mon mandat, dit textuellement le commissaire, mais à l'accomplir; un soldat devrait comprendre cela mieux qu'un autre, et puisque vous avez risqué votre vie pour la défense des lois, général, pouvez-vous douter que je ne sois prêt à sacrifier la mienne à l'exécution de mes ordres ? Suivez-nous donc, et ne me réduisez pas à employer des rigueurs indignes de votre uniforme. »

Le général s'habilla, mais avec une agitation convulsive et des lenteurs incalculables. Le jour s'avançait, et le commissaire avait à craindre une manifestation sur la voie publique. Une dernière résistance le décida tout-à-fait. Le général refusait formellement de partir et déclarait qu'il ne sortirait de chez lui qu'arrêté comme un malfaiteur et que si on osait le saisir au collet, lui, vice-président de l'Assemblée.

« — Monsieur, fit le commissaire, reconnaissez-vous que j'aie mis à exécuter mon mandat toutes les formes convenables? — Oui. — Eh bien! puisque vous en manquez envers moi, je n'ai plus qu'à agir. Voulez-vous, oui ou non, me suivre? — Non. »

Alors eut lieu une véritable lutte : pris au collet et porté dans l'escalier, le général criait à haute voix : — « A la trahison! hors la loi, ces hommes!

à moi ! à moi ! » — Hissé dans le fiacre, ses cris devinrent plus intenses. Il n'y avait plus à hésiter, et déjà la rue s'emplissait de passants. Les sergents de ville mirent l'épée à la main ; le commissaire baissa les stores et le fiacre partit au galop ; quelques agents suivaient au pas de course. Le général se calma.

En passant sur le Petit-Pont de l'Hôtel-Dieu, où il avait été blessé dans les néfastes journées de juin, il poussa un de ces soupirs qui n'ont pas de nom dans la langue politique, mais que le cœur recueille, et qui lui sera compté.

Dans la cour de la prison, il dit aux gardes : — « Soldats, voilà comme on arrange votre général. » — Il trouva dans le greffe son ami le général Cavaignac, qu'il embrassa avec effusion.

---

M. Roger (du Nord) se conduisit, en face de M. Barlet fils et de ses agents, comme ces grands seigneurs de l'autre siècle devant l'exempt qui venait les chercher pour les mener à la Bastille. — « Ah ! ah ! fit-il en se frottant les yeux, je suis arrêté ! Joseph, servez du Xérès à ces messieurs, et habillez-moi. » Sa placide gaîté ne l'abandonna pas une minute : « Je m'y attendais, disait-il pendant qu'on le coiffait ; depuis deux jours j'étais prévenu, car on a des amis partout. Des biscuits, messieurs ?

Ma foi, j'aime encore mieux cela que le rôle stupide que nous jouions à la Chambre. Napoléon va réussir, c'est incontestable ; mais gare l'avenir ? Enfin, il a été plus adroit que nous. »

M. le colonel Charras n'ouvrit sa porte qu'à demi enfoncée. Une jeune femme, voilée et vêtue de noir, montait de l'étage inférieur et entra avec le commissaire Courteille. M. Charras avoua qu'il s'attendait à ce qui arrivait, mais que, croyant que la chose se ferait deux jours plus tôt, il avait déchargé ses pistolets. Et montrant, en effet, ses armes : « Si vous étiez venu à ce moment-là, dit-il au commissaire, je vous aurais brûlé la cervelle. — Monsieur, répondit en riant celui-ci, je suis enchanté de n'avoir fait votre connaissance qu'aujourd'hui. — Mais c'est infâme, s'écria tout à coup la jeune dame voilée. Ne m'avoir rien dit, à moi qui les servais ! J'étais hier encore avec eux ! »

Le colonel calma cette douleur avec quelques paroles affectueuses. Prêt à partir, il s'attendrit comme un enfant, et ne s'aperçut pas qu'une main dévouée glissait dans son habit un rouleau d'or et quelques objets de cher souvenir. Pendant tout le trajet, il ne montra qu'une résignation sereine et communicative.

Pendant que le 42ᵉ de ligne prenait possession de l'Assemblée, M. le commissaire Primorin sonnait à la porte de M. Baze, dont l'appartement, composé de deux étages, est coupé par un escalier, au haut duquel le redoutable questeur, éveillé par les cris de sa bonne, apparut vêtu d'un caleçon et d'une robe de chambre et coiffé d'un foulard. La gravité de l'histoire répugne à certains récits; nous devons cependant dire que M. Baze ne se démentit pas : au nom de la représentation nationale outragée, dit-il, en sa personne, il mit fièrement le commissaire hors la loi, et comme M. Primorin n'en persistait pas moins à vouloir exécuter son mandat, l'irascible député d'Agen passa de la majesté à la fureur et des sommations aux voies de fait. Des cris de femmes et d'enfants s'y joignirent; le commissaire et ses agents, assaillis par la famille et les domestiques, repoussèrent la porte de l'escalier, et M. Baze, emporté sur leurs bras jusqu'à l'étage inférieur, essaya, malgré son costume, de haranguer la troupe. Mais aux premiers mots de cette éloquence languedocienne, l'hilarité gagna les soldats, et M. Baze consentit enfin à s'habiller et à monter en voiture.

Les autres arrestations n'offrirent que des circonstances de cette médiocrité.

M. Nadaud menaça le commissaire Desgranges de

faire des interpellations à l'Assemblée, et ne s'abstint d'appeler du secours que sur la certitude qui lui fut donnée qu'il n'y avait plus d'Assemblée.

M. Valentin, arrêté rue du Bac, 23, par M. Dourlens, s'assit sur son séant et se mit en devoir de lire la Constitution au commissaire. Puis, il exigea la présence du président, ou, tout au moins, d'un des questeurs de l'Assemblée ; enfin il demanda à écrire à M. Dupin, et on n'eut raison de cet enfant terrible de l'interruption et du rappel à l'ordre qu'en le laissant, en effet, écrire au redoutable punisseur de ses peccadilles parlementaires.

M. Miot habite rue de l'Odéon, 22. L'adresse indiquée à M. Benoist, porteur du mandat, était fausse, et le commissaire s'en retournait chercher d'autres renseignements, quand un passant dans la rue prononça le nom de Miot ; on l'interrogea et il conduisit la brigade à l'adresse réelle. On voit quel prodigieux bonheur d'exécution présidait à tous ces détails. M. Miot protesta beaucoup, et finit par demander au magistrat la permission d'embrasser ses enfants : « Car, dit-il, on nous accuse, nous autres socialistes, de détruire la famille, et je vous avoue que j'aime ces petites créatures. » Le commissaire haussa les épaules, et dit : « Il faut que vous soyez,

Monsieur, bien méchant ou bien stupide, pour me croire capable de trouver étonnant qu'un père aime ses enfants. »

M. Cholat, qui habite Passy, offrit à M. Allard et à ses agents de l'absinthe, dont il but deux grands verres avant de partir. En route, il essaya d'insurger les balayeurs des rues, auxquels il criait à pleins poumons : « Aux armes ! mes amis, aux armes !

Chez M. Greppo, rue de Ponthieu, la scène tint à la fois de Fracasse et de Diafoirus. Le célèbre et unique disciple de M. Proudhon avait en sa possession une hache d'armes fraîchement aiguisée, des poignards et un superbe bonnet rouge, dont il expliqua la présence chez lui par « son goût pour la marine ». Sa femme essaya vainement de l'arracher à l'état de prostration morale et physique où l'avait jeté la vue de M. le commissaire Gronfier qu'elle accabla de menaces et d'injures. M. Greppo, dont l'état n'eût pu se traduire qu'en latin de Molière, n'eut garde de remuer, et le commissaire le vit si dérangé qu'il oublia les injures de madame Greppo, et lui permit d'accompagner le malade à la prison Mazas.

Ce fut M. Boudrot qui arrêta, rue Casimir-Périer, 27, M. Charles Lagrange. Ce Don Quichotte du socialisme, — nous ne prenons pas le mot en mauvaise part, car le chevalier de la Triste-Figure avait un noble cœur, et plus d'un voudrait lui ressembler autant au moral que M. Lagrange lui ressemble au physique, — menaça le commissaire d'appeler le peuple aux armes en tirant un coup de pistolet par la fenêtre. On trouva chez M. Lagrange une incommensurable quantité de paperasses dont l'examen exigea une perquisition de cinq heures, des pistolets, des fusils, des cartouches, des moules à balles et un sabre de cavalerie qui donna lieu à cet incident véritablement providentiel : on arrivait à Mazas, un maréchal-des-logis de la garde républicaine se trouvait dans le greffe, où, en écrouant M. Charles Lagrange, on dut faire l'inventaire des pièces de conviction rapportées de chez lui : « Voici un sabre qui m'a appartenu, s'écria ce sous-officier, nommé Kerkan ; il doit porter le n° 487, et m'a été volé le 23 février 1848, à la caserne de la garde municipale, dont j'étais brigadier. » On vérifia ; le fait était vrai.

Tous les autres représentants étaient dans leur cellule quand arriva M. Lagrange. Il clôt cette première liste et fut le dernier écroué de cette catégorie.

Ainsi, en moins de quarante minutes, cette première et redoutable partie du coup d'État s'accomplissait sans que personne en fût informé et par les mains d'hommes qui, une demi-heure auparavant, ignoraient ce qu'ils allaient faire. Les mesures avaient été si bien prises, les communications si parfaitement organisées, le sang-froid et la présence d'esprit des agents si bien à la hauteur de leur mission, qu'à sept heures un quart le ministre de l'intérieur et le préfet de police apprenaient l'arrestation de la bouche même de ceux qui l'avaient opérée.

Les soixante-dix-huit mandats décernés contre les barricadeurs et chefs de sociétés secrètes recevaient au même moment leur exécution tutélaire. C'était la guerre civile qu'on prévenait ainsi et qu'on frappait à la tête.

Enfin les murs se couvraient d'affiches, les estafettes du ministère de la guerre et de la première division se croisaient en tout sens, les troupes se massaient et prenaient position; le télégraphe fonctionnait sur toutes les lignes, des émissaires partaient à toute bride, et les ministres venaient s'installer à l'hôtel de l'Intérieur, devenu subitement le foyer, la lumière et la vie de la révolution prodigieuse que Paris allait trouver décrétée sur ses murs, dans une langue qu'on ne lui parlait plus depuis

1815, et que l'Histoire, maintenant, est sûre de parler longtemps :

### AU NOM DU PEUPLE FRANÇAIS.

Le Président de la République,

Décrète :

Art. 1er. L'Assemblée nationale est dissoute.

Art. 2. Le suffrage universel est rétabli. La loi du 31 mai est abrogée.

Art. 3. Le peuple français est convoqué dans ses comices à partir du 14 décembre jusqu'au 21 décembre suivant.

Art. 4. L'état de siége est décrété dans l'étendue de la 1re division militaire.

Art. 5. Le conseil d'Etat est dissous.

Art. 6. Le ministre de l'intérieur est chargé de l'exécution du présent décret.

Fait au palais de l'Elysée, le 2 décembre 1851.

LOUIS-NAPOLÉON BONAPARTE.

*Le ministre de l'intérieur,*

DE MORNY.

## APPEL AU PEUPLE.

Français !

La situation actuelle ne peut durer plus long-temps. Chaque jour qui s'écoule aggrave les dangers du pays. L'Assemblée, qui devait être le plus ferme appui de l'ordre, est devenue un foyer de complots. Le patriotisme de trois cents de ses membres n'a pu arrêter ses fatales tendances. Au lieu de faire des lois dans l'intérêt général, elle forge des armes pour la guerre civile ; elle attente au pouvoir que je tiens directement du peuple ; elle encourage toutes les mauvaises passions ; elle compromet le repos de la France ; je l'ai dissoute, et je rends le peuple entier juge entre elle et moi.

La constitution, vous le savez, avait été faite dans le but d'affaiblir d'avance le pouvoir que vous alliez me confier. Six millions de suffrages furent une éclatante protestation contre elle, et cependant je l'ai fidèlement observée. Les provocations, les calomnies, les outrages m'ont trouvé impassible. Mais aujourd'hui que le pacte fondamental n'est plus respecté de ceux-là même qui l'invoquent sans cesse, et que les hommes qui ont déjà perdu deux monarchies veulent me lier les mains, afin de renverser la République, mon devoir est de déjouer leurs perfides projets, de maintenir la République et de sauver le pays en invoquant le jugement solennel du seul souverain que je reconnaisse en France, le peuple.

Je fais donc un appel loyal à la nation tout entière, et je vous dis : Si vous voulez continuer cet état de malaise qui nous dégrade et compromet notre avenir, choisissez un autre à ma place, car je ne veux plus d'un pouvoir qui est impuissant à faire le bien, me rend responsable d'actes que je ne puis empêcher, et m'enchaîne au gouvernail quand je vois le vaisseau courir vers l'abîme.

Si, au contraire, vous avez encore confiance en moi, donnez-moi les moyens d'accomplir la grande mission que je tiens de vous.

Cette mission consiste à fermer l'ère des révolutions en satisfaisant les besoins légitimes du peuple et en le protégeant contre les passions subversives. Elle consiste surtout à créer des institutions qui survivent aux hommes, et qui soient enfin des fondations sur lesquelles on puisse asseoir quelque chose de durable.

Persuadé que l'instabilité du pouvoir, que la prépondérance d'une seule Assemblée sont des causes permanentes de trouble et de discorde, je soumets à vos suffrages les bases fondamentales suivantes d'une Constitution que les assemblées développeront plus tard :

1º Un chef responsable nommé pour dix ans;

2º Des ministres dépendant du pouvoir exécutif seul ;

3º Un conseil d'Etat formé des hommes les plus distingués, préparant les lois et en soutenant la discussion devant le Corps législatif ;

4º Un Corps législatif discutant et votant les lois, nommé par le suffrage universel, sans scrutin de liste qui fausse l'élection ;

5º Une seconde Assemblée formée de toutes les illustrations du pays, pouvoir pondérateur, gardien du pacte fondamental et des libertés publiques.

Ce système, créé par le premier consul au commencement du siècle, a déjà donné à la France le repos et la prospérité; il les lui garantirait encore.

Telle est ma conviction profonde. Si vous la partagez, déclarez-le par vos suffrages. Si, au contraire, vous préférez un gouvernement sans force, monarchique ou républicain, emprunté à je ne sais quel passé ou à quel avenir chimérique, répondez négativement.

Ainsi donc, pour la première fois depuis 1804, vous voterez en connaissance de cause, en sachant bien pour qui et pour quoi.

Si je n'obtiens pas la majorité de vos suffrages, alors je provoquerai la réunion d'une nouvelle Assemblée, et je lui remettrai le mandat que j'ai reçu de vous.

Mais si vous croyez que la cause dont mon nom est le symbole, c'est-à-dire la France régénérée par la révolution de 89 et organisée par l'Empereur, est toujours la vôtre, proclamez-le en consacrant les pouvoirs que je vous demande.

Alors la France et l'Europe seront préservées de l'anarchie, les obstacles s'aplaniront, les rivalités auront disparu, car tous respecteront, dans l'arrêt du peuple, le décret de la Providence.

Fait au palais de l'Elysée, le 2 décembre 1851.

Louis-Napoléon Bonaparte.

## PROCLAMATION

### du président de la république a l'armée.

Soldats !

Soyez fiers de votre mission, vous sauverez la patrie, car je compte sur vous, non pour violer les lois, mais pour faire respecter la première loi du pays, la souveraineté nationale, dont je suis le légitime représentant.

Depuis longtemps vous souffriez comme moi des obstacles qui s'opposaient et au bien que je voulais vous faire et aux démonstrations de votre sympathie en ma faveur. Ces obstacles sont brisés. L'Assemblée a essayé d'attenter à l'autorité que je tiens de la nation entière ; elle a cessé d'exister.

Je fais un loyal appel au peuple et à l'armée, et je lui dis : Ou donnez-moi les moyens d'assurer votre prospérité, ou choisissez un autre à ma place.

En 1830 comme en 1848, on vous a traités en vaincus. Après avoir flétri votre désintéressement héroïque, on a dédaigné de consulter vos sympathies et vos vœux, et cependant vous êtes l'élite de la nation. Aujourd'hui, en ce moment solennel, je veux que l'armée fasse entendre sa voix.

Votez donc librement comme citoyens ; mais, comme soldats, n'oubliez pas que l'obéissance passive aux ordres du chef du Gouvernement est le devoir rigoureux de l'armée, depuis le général jusqu'au soldat. C'est à moi, responsable de mes actions devant le peuple et devant la postérité, de prendre les mesures qui me semblent indispensables pour le bien public.

Quant à vous, restez inébranlables dans les règles de la discipline et de l'honneur. Aidez, par votre attitude imposante, le pays à manifester sa volonté dans le calme et la réflexion. Soyez prêts à réprimer toute tentative contre le libre exercice de la souveraineté du peuple.

Soldats, je ne vous parle pas des souvenirs que mon nom rappelle. Ils sont gravés dans vos cœurs. Nous sommes unis par des liens indissolubles. Votre histoire est la mienne. Il y a entre nous dans le passé communauté de gloire et de malheur ; il y aura dans l'avenir communauté de sentiments et de résolutions pour le repos et la grandeur de la France.

Fait au palais de l'Élysée, le 2 décembre 1851.

Louis-Napoléon Bonaparte.

Quand Washington disait au Congrès des Etats-Unis élaborant sa constitution : « Messieurs, nous faisons un monde », il n'exprimait qu'un vœu et qu'une promesse. Plus heureux que les pères de la liberté américaine, Louis-Napoléon a vu d'un coup d'œil le présent et l'avenir de son œuvre, et il a pu se dire, en signant les trois pages immortelles que nous venons de transcrire : « J'ai refait une civilisation. »

Une génération n'assiste pas deux fois dans sa vie à une renaissance pareille. Il faut avoir vu l'aspect de Paris pendant les quatre heures de cette matinée pour se faire une idée de l'analogie qui fait qu'à certaines heures de son existence, le corps social ressemble tant au corps humain. Quand cette bonne nouvelle rayonna dans sa plénitude officielle, la joie fut si grande que l'audace de la conception disparut devant la simplicité du fait. Ce n'est que cela, c'est si complet et c'était si facile ! tel fut le cri général.

Pas de doute, disait-on, pas de côté faible, pas de restriction, pas d'arrière-pensée. Tout accordé à tous, tout renouvelé, tout refait, mais tout sauvé. Le suffrage universel avait été volé au peuple ; on restitue au peuple le suffrage universel. L'Assemblée voulait, en tuant le Pouvoir exécutif, rejeter le pays aux révolutions ; le Pouvoir exécutif, pour sauver le pays et empêcher la révolution, tue l'Assemblée. On voulait déshonorer l'armée, introniser une dictature, réexhumer la Convention ; l'armée rétablira la loi, le droit chassera les partis, le vote épurera le Parlement. La France était esclave d'une constitution absurde, impie, immorale, impraticable ; que la France se lève demain avec une autorité toute puissante et toute libre, avec l'exercice illimité de ses croyances, la gloire de ses traditions, l'immensité de ses devoirs et la réalisation de ses instincts. C'était la ruine, le sophisme, la misère, l'abjection et le chaos ; ce sera la splendeur, la vérité, l'abondance, l'honneur et l'ordre. Tout cela sera, ou plutôt tout cela est. Ceux-là seulement qui voulaient tout perdre n'auront rien à y gagner ; ceux-là seulement crieront à l'usurpation, à la dictature et à la force, qui voulaient confisquer le pouvoir, noyer la liberté dans le sang et rééditer la terreur. Reprendre n'est pas usurper, restituer n'est pas corrompre, conserver n'est pas confisquer, épurer n'est pas détruire ; il se sauve et nous sauve ; 1852 est mort.

Tel était le cri de toutes les intelligences. Un peuple, dans ses classes les plus rudes comme dans ses castes les plus élevées, a toujours un bon premier mouvement, et ce n'est pas toujours sa faute si ce mouvement se traduit en désordre; ici, rien de pareil. Ouvriers, commerçants, penseurs, hommes de spéculation ou de loisirs, les ambitieux, les indifférents, les jaloux, tout le monde enfin, les femmes elles-mêmes et les étrangers se sentirent frappés par cette révélation inouïe que la masse formula dans une phrase sublime et triviale : «Napoléon vient de faire son coup. — Un vrai coup d'État, à ce compte, nous disait un ouvrier, puisque l'État c'est lui. »

Les trois pièces suivantes (la première affichée à la suite des décrets) furent également imprimées et publiées dans cette aurore bienheureusement révolutionnaire. A défaut de la circonstance, leur style en eût fait un événement; l'histoire en fera un modèle :

Habitants de Paris !

Le Président de la République, par une courageuse initiative, vient de déjouer les machinations des partis, de mettre un terme aux angoisses du pays.

C'est au nom du peuple, dans son intérêt et pour le maintien de la République que l'événement s'est accompli.

C'est au jugement du peuple que Louis-Napoléon Bonaparte soumet sa conduite.

La grandeur de l'acte vous fait assez comprendre avec quel calme imposant et solennel doit se manifester le libre exercice de la souveraineté populaire.

Aujourd'hui donc, comme hier, que l'ordre soit notre drapeau ; que tous les bons citoyens, animés comme moi de l'amour de la Patrie, me prêtent leur concours avec une inébranlable exécution.

Habitants de Paris, ayez confiance dans celui que six millions de suffrages ont élevé à la première magistrature du pays. Lorsqu'il appelle le peuple entier à exprimer sa volonté, des factieux seuls pourraient vouloir y mettre obstacle.

Toute tentative de désordre sera donc promptement et inflexiblement réprimée.

Paris, le 2 décembre 1851.

*Le Préfet de Police*,

DE MAUPAS.

---

Monsieur le Préfet,

Les partis qui s'agitent dans l'Assemblée menaçaient la France de compromettre son repos en fomentant contre le Gouvernement des complots, dont le but était de le renverser. L'Assemblée a été dissoute aux applaudissements de toute la population de Paris.

A la réception de la présente, vous ferez afficher dans toutes les communes les proclamations du Président de la République, et vous enverrez aux maires ainsi qu'aux juges de paix les circulaires que je vous adresse, avec les modèles du registre des votes.

Vous veillerez à la stricte exécution des dispositions prescrites par ces circulaires. Vous remplacerez immédiatement les juges de paix, les maires et les autres fonctionnaires dont le concours ne vous serait pas assuré.

Dans ce but, vous demanderez à tous les fonctionnaires publics de vous donner par écrit leur adhésion à la grande mesure que le Gouvernement vient d'adopter.

Vous ferez arrêter immédiatement tout individu qui tenterait de troubler la tranquillité, et vous ferez suspendre tout journal dont la polémique pourrait y porter atteinte.

Je compte, Monsieur le Préfet, sur votre dévoûment et sur votre zèle pour prendre toutes les précautions nécessaires au maintien de l'ordre public, et, à cet effet, vous vous concerterez tant avec le général commandant le département qu'avec les autorités judiciaires.

Vous m'accuserez réception de cette dépêche par voie télégraphique, et vous me ferez, jusqu'à nouvel ordre, un rapport quotidien sur l'état de votre département. Je n'ai pas besoin de vous recommander de me faire parvenir par le télégraphe toute nouvelle ayant quelque gravité.

Recevez, Monsieur le Préfet, l'assurance de ma considération distinguée,

*Le Ministre de l'Intérieur,*

DE MORNY.

Paris, le 2 décembre 1851.

Monsieur le Commissaire,

Plus les circonstances présentent de gravité, plus vos fonctions grandissent et plus vous devez vous inspirer de tout le sentiment de vos devoirs.

Veillez avec courage, avec une inébranlable énergie, au maintien de la tranquillité publique. Ne tolérez sur aucun point de la capitale le moindre rassemblement; ne permettez aucune réunion dont le but vous paraîtrait suspect. Qu'aucune tentative de désordre ne se produise sans se briser immédiatement contre une inflexible répression.

Je compte sur votre dévoûment, comptez sur mon appui.

*Le Préfet de Police,*

De Maupas.

---

Les troupes se mirent en mouvement vers neuf heures et occupèrent cet immense périmètre coupé en deux par la Seine, et qui embrasse le quai d'Orsay, le Champ-de-Mars et les Invalides d'un côté, les Tuileries, les quais et les Champs-Élysées de l'autre. Par une précaution admirable et que l'évènement justifia, un tiers seulement de l'immense et précieuse armée de Paris sortait à la fois de ses quartiers; on savait que les anarchistes comptaient sur la fatigue du soldat, et ce calcul infâme avait été déjoué de la façon la plus simple; aucun corps ne devait rester plus de douze heures sous les armes; bien nourris, bien couchés, bien vêtus, ne se livrant à aucune manœuvre inutile, les régiments quels que fussent l'heure et le lieu d'un engagement, ne devaient arriver sur le champ de bataille que frais et reposés. Le décret de dissolution fut lu dans les casernes et devant le front des brigades, et les cris de joie qui l'accueillirent, se changèrent en transports d'enthousiasme, quand fut lue à son tour cette admirable proclamation du Président à l'armée, tout empreinte de cet orgueil à la fois paternel et filial, de ces évocations douloureuses ou glorieuses, de ces caresses robustes du cœur au cœur, qui donnent à la noble nature du soldat des jouissances d'une âcreté infinie et expliquent comment les mourants des batailles de l'Empire couvaient Napoléon d'un regard d'adoration et de bonheur. A neuf heures, le ministre de la guerre, passait au galop dans les rangs des brigades Forey, Ripert, Dulac, de Cotte, Reybell, Korte et Canrobert, où l'accueil le plus sympathique attestait qu'on savait la part qu'il avait prise aux événements. A dix heures, le Président montait à cheval.

De l'Élysée aux Tuileries, de la place de la Concorde aux Invalides, l'enthousiasme fut immense; mais quelque habitude qu'il eût des rudes amours militaires, jamais son état-major ne le vit plus profondément ému et jamais lui-même ne dut se sentir plus fort. On eût dit que l'Assemblée en disparaissant avait désobscurci quelque coin du drapeau sans tache de la patrie, tant il y avait de joie sur les visages et de vœux sur ces lèvres, un moment scellées par l'interdiction des cris sous les armes. Quelle revanche ils prirent ce jour-là et quels beaux cris inconstitutionnels la prérogative parlementaire, si elle eût encore été de ce monde, eût pu dénoncer à la suite de cette revue où nous le vîmes passer, emporté par l'acclamation du peuple et de l'armée comme dans un tourbillon triomphal !

---

Pendant ce temps-là, l'incessante activité de la police, servie et secondée par le concours du ministère de la guerre, communiquait à toutes les branches de la sûreté publique une animation extraordinaire et portait jusque dans les plus sombres recoins révolutionnaires le bras déterminé de la répression préventive.

Par suite de l'état de siége, douze journaux, l'*Union*, l'*Assemblée Nationale*, l'*Opinion Publique*, le *Messager*, le *Corsaire*, l'*Ordre*, le *Siècle*, le *National*, l'*Avènement du Peuple*, la *République*, la *Révolution* et le *Charivari* recevaient du ministère de l'intérieur l'ordre de suspendre leur publication, et voyaient leurs presses scellées et leurs bureaux occupés militairement. Un nouveau bureau s'organisait au même ministère, chargé de l'examen préalable de toutes les publications de la presse, et à qui la consigne la plus sévère recommandait la suppression impitoyable de toute polémique systématiquement hostile.

M. de Morny, calme, railleur, infatigable, concentrant tout et répondant à tout, retrouvait dans cette atmosphère grondante et tumultueuse ses jeunes souvenirs du siége de Constantine, et comme ces grands artistes qui, maîtres d'eux-mêmes et de leur public, ne laissent rien percer de l'enivrement intérieur du succès, suivait avec la secrète joie d'un connaisseur le drame palpitant dont il était l'acteur le plus en vue. Dans cette place forte de la rue de Grenelle, entouré d'un état-major de très jeunes gens du monde, gais, spirituels et décidés comme on l'est à vingt ans, ordonnant en généralissime et tiraillant en volontaire, toujours debout mais toujours souriant, c'est lui qui lançait à toute vapeur ou retenait jusqu'à l'immobilité cette motrice haletante et compliquée où viennent converger les fils de tout notre mécanisme administratif et politique, et qu'on appelle le ministère de l'Intérieur. Déjà les nouvelles, sinon alarmantes, au moins sérieuses, se faisaient jour. La tête de l'insurrection probable était sous les verroux, mais dans les bas-fonds il y avait une agitation marquée, et la Préfecture de police recevait de quart en quart-d'heure des rapports significatifs. Dans les faubourgs, on avait arraché les affiches; des sergents de ville avaient dû résister par la force. Les arrestations continuaient, et tandis que les meneurs socialistes s'apprêtaient dans l'ombre, les meneurs parlementaires ne restaient pas inactifs. On pouvait se trouver pris entre deux périls : conspiration rouge, conspiration blanche, et cette probabilité seule exigeait que pas une minute ne fût perdue. Ce qui restait de l'Assemblée tenait à ne pas tomber *sans protestation*, et pour qui sait ce que signifie ce mot parlementaire, les mesures quelles qu'elles fussent, étaient justifiées d'avance. Voici donc ce qui se passait du côté de l'Assemblée:

Peu de minutes après l'envahissement du local et le départ des questeurs, une trentaine de membres pénétrèrent par la petite porte qui mène de la rue de Bourgogne aux bureaux, et se réunirent dans une des salles du Palais Législatif. Le commandant militaire fit avertir le ministre de l'intérieur qui répondit par un ordre d'évacuation immédiate, transmis aussitôt par un chef de bataillon du 42e. Le petit-parlement, assez embarrassé, alla éveiller M. Dupin, qui vint et parut fort surpris. On le mit au fait, mais la surprise était trop forte et le plus avisé des présidents eut peine à retrouver sa verve habituelle : — « Messieurs et honorables collègues, leur dit-il, je proteste comme vous et avec vous au nom du droit et de la Constitution, évidemment violée. Mais je proteste aussi que nous ne pouvons rien contre la force, et si ces messieurs, — ajouta-t-il en montrant les soldats, — sont décidés à nous expulser, je ne vois pas à quoi il vous servirait de rester ici. » Sur quoi, M. Dupin ayant déposé une protestation entre les mains de l'officier, rentra à l'hôtel de la Présidence, qu'il quitta le jour même pour aller habiter le sien propre, où il est encore.

Les représentants se retirèrent. Mais plusieurs d'entre eux coururent au siége de l'ex-réunion conservatrice de la rue de l'Université, à laquelle M. l'ex-vice président Daru venait d'ouvrir son hôtel. L'autorité, déjà prévenue, vint encore dissoudre cette réunion, dont les membres essayèrent, mais vainement, car la police les suivait sans cesse, de s'assembler de nouveau chez le restaurateur Lemardelay et dans la salle Martel, théâtre célèbre, aujourd'hui fermé, des conciles démocratiques.

On se souvint alors que M. Baze et les inventeurs du droit de réquisition directe avaient de la 10ᵉ légion de la garde nationale cette idée assez avantageuse que les citoyens qui la composent se feraient tuer jusqu'au dernier pour la défense de l'Assemblée. Il n'en fallut pas davantage pour croire à une victoire gigantesque, et la mairie du 10ᵉ arrondissement fut appelée à l'honneur de fournir un local à cette Convention errante. Gardes nationaux et représentants furent convoqués à domicile ; on loua deux sténographes, on nomma un bureau et on se rendit processionnellement à la dixième mairie, où quelques républicains modérés vinrent grossir le noyau primitif.

Deux de ces messieurs furent détachés au ministère de l'Intérieur, où ils apportaient, disaient-ils, des conditions de paix. Admis près de M. de Morny, ils le sommèrent de donner sa démission, de se constituer prisonnier et de rapporter (vieux style) le coup d'État. Le calme du ministre les exaspéra. — Mais enfin, Monsieur, s'écria l'un d'eux : si nous nous réunissons et que nous appelions le peuple aux armes, et que la guerre civile éclate, que ferez-vous ? — Monsieur, répondit gravement le ministre, mes amis et moi nous avons joué notre tête pour ce que nous croyons être le salut du pays ; permettez-moi donc de vous dire que si vous faites un appel aux armes et que je trouve des représentants sur les barricades, je les fais tous fusiller jusqu'au dernier. »

Cette réponse fut reportée rue de Grenelle, où la 10ᵉ mairie, retentissante de clameurs, de confusion, de motions extravagantes, d'injures personnelles et de coups de sonnette, ressemblait déjà à une assemblée législative.

---

Une autre nouvelle, non moins grave, coïncidait avec celle-ci. La Haute-Cour de justice s'était constituée d'office au Palais, et avait, disait-on, prononcé la mise en accusation du Président de la République.

Il n'y avait pas à hésiter. M. de Montour, aide-de-camp du ministre de la marine, vint, en toute hâte, de la part du Conseil, se mettre à la disposition du Préfet qui avait déjà dirigé deux commissaires sur le Palais de Justice. Accompagnés de quelques gardes, ils entrèrent dans la salle des délibérations, et enjoignirent aux conseillers de se retirer, sous peine d'arrestation immédiate. La Cour obéit sans mot dire, et avec ce sentiment du devoir individuel qui, dans les dangers de la chose publique, parle plus haut, même au cœur d'un magistrat, que le droit le plus clair ou la loi la plus nette.

On a prétendu que l'arrêt de la Haute-Cour avait été rédigé, mais non signé. Tous les renseignements que nous avons voulu prendre sur ce point nous ont fait défaut. Ce qu'il y a de certain, c'est que le lendemain on affichait dans les faubourgs un placard grossièrement autographié dont nous avons un exemplaire sous les yeux, et qui nous a paru digne d'être reproduit comme document :

RÉPUBLIQUE FRANCAISE.

#### ARRÊT DE LA HAUTE COUR DE JUSTICE.

En vertu de l'art. 68 de la Constitution, la Haute-Cour de justice déclare :

Louis-Napoléon Bonaparte prévenu du crime de HAUTE TRAHISON ;

Convoque le haut jury national pour procéder sans délai au jugement, et charge le conseiller RENOUARD des fonctions du ministère public près la Haute-Cour.

Signé, HARDOUIN, président, DELAPALME, BATAILLE, MOREAU (de la Seine), CAUCHY, juges.

Fait à Paris, le 2 décembre 1851.

On va voir, dans le récit authentique de ce qui se passa à la 10e mairie, que cet arrêt ne fut pas sans influence sur les décisions de la pseudo-législative, car on ne peut admettre que la Haute-Cour se soit assemblée sur un mandat émané de ce parlement posthume.

Nous avons dit qu'on s'était procuré deux sténographes. Oui, pour le châtiment, — non pas de tous, car il y avait dans le nombre des hommes considérables, — mais de ceux qui réglèrent et prirent au sérieux cette dernière et pitoyable comédie parlementaire ; oui, pour leur châtiment et pour l'édification du pays, cette scène a été recueillie, sténographiée, imprimée aux frais et par les ordres de la réunion ; ce n'est donc pas l'œuvre d'une main ennemie. Tel qu'il est, nous acceptons ce document, plus éloquent dans sa nudité que toutes les pages qu'on pourrait écrire. Nous avons essayé d'exposer *pourquoi* le vieux régime parlementaire était mort en France ; ce qu'on va lire apprendra *comment* il est mort ;

## ASSEMBLÉE NATIONALE.

*Séance extraordinaire du 2 décembre 1851, tenue dans la grande salle de la Mairie du 10ᵉ arrondissement, à 11 heures du matin.*

Le bureau est composé de MM. Benoist-d'Asy, Vitet, vice-présidents, Chapot, Moulin, Grimault, secrétaires ; une vive agitation règne dans la salle où sont réunis environ trois cents membres appartenant à toutes les opinions politiques.

Le Président. La séance est ouverte.

Plusieurs membres. Ne perdons pas de temps.

Le Président. Une protestation a été signée par plusieurs de mes collègues ; en voici le texte.

M. Berryer. Je crois qu'il ne convient pas à l'Assemblée de faire des protestations.

L'Assemblée nationale ne peut se rendre dans le lieu ordinaire de ses séances ; elle se réunit ici : elle doit faire un acte d'Assemblée et non une protestation. (Très bien ! — Marques d'assentiment.) Je demande que nous procédions comme Assemblée libre, au nom de la Constitution.

M. Vitet. Comme nous pouvons être expulsés par la force, n'est-il pas utile que nous convenions immédiatement d'un autre lieu de réunion, soit à Paris, soit hors Paris.

Voix nombreuses. Dans Paris ! dans Paris !

M. Bixio. *J'ai offert ma maison.*

M. Berryer. Ce sera le second objet de notre délibération ; mais la première chose à faire par l'Assemblée qui se trouve déjà en nombre suffisant, c'est de statuer par un décret ; je demande la parole sur le décret.

M. Monet. Je demande la parole sur un fait d'attentat. (Bruit et interruption.)

M. Berryer. Laissons de côté tous les incidents ; nous n'avons peut-être pas un quart d'heure à nous. Rendons un décret. (Oui ! oui !) Je demande qu'aux termes de l'art. 68 de la Constitution, attendu qu'il est mis obstacle à l'exécution de son mandat ;

« L'Assemblée nationale décrète que Louis-Napoléon Bonaparte est déchu de la présidence de la République, et qu'en conséquence le pouvoir exécutif passe de plein droit à l'Assemblée nationale. » (Très-vive et unanime adhésion. — Aux voix). Je demande que le décret soit signé par tous les membres présents. (Oui, oui.)

M. BÉCHARD. J'appuie cette demande.

M. VITET. *Nous allons rester en permanence.*

M. LE PRÉSIDENT. Le décret sera immédiatement imprimé par les moyens qu'on pourra avoir. Je mets le décret aux voix. (Le décret est adopté à l'unanimité, aux cris mêlés de *vive la Constitution ! vive la Loi ! vive la République !*)

Le décret est rédigé par le bureau.

M. PISCATORY. Un avis pour hâter le travail. Nous allons faire courir des feuilles sur lesquelles on signera. On les annexera ensuite au décret. (Oui ! oui !)

On fait circuler des feuilles de papier dans l'Assemblée.

UN MEMBRE. Il faut donner l'ordre au colonel de la 10e légion de défendre l'Assemblée. Le général Lauriston est présent.

M. BERRYER. Donnez un ordre écrit.

PLUSIEURS MEMBRES. Qu'on batte le rappel.

( Une altercation a lieu dans le fond de la salle entre des représentants et quelques citoyens qu'on veut faire retirer. Un de ces citoyens s'écrie : « Messieurs, dans une heure peut-être, *nous nous ferons tuer pour vous !* »)

M. PISCATORY. Un mot. Nous ne pouvons, (Bruit. — Ecoutez donc, écoutez !) nous ne devons pas, nous ne voulons pas exclure les auditeurs. Ceux qui voudront venir seront très-bien venus. Il vient de se prononcer un mot que j'ai recueilli : « Dans une heure peut-être, nous nous ferons tuer pour l'Assemblée. » Nous ne pouvons recevoir beaucoup de personnes, mais celles qui peuvent tenir ici doivent y rester. (Bien ! bien !) *La tri-*

*bune est publique* par la Constitution. (Marques d'approbation.)

Le président Vitet. Voici le décret de réquisition :
« L'Assemblée nationale, conformément à l'art. 32 de la Constitution, *requiert* la 10ᵉ légion pour défendre le lieu des séances de l'Assemblée. »

Je consulte l'Assemblée. (Le décret est voté à l'unanimité, une certaine agitation succède à ce vote ; plusieurs membres parlent en même temps).

M. Berryer. Je supplie l'Assemblée de garder le silence. Le bureau qui rédige en ce moment les décrets et à qui je propose de remettre tous les pouvoirs pour les différentes mesures à prendre, a besoin de calme et de silence. Ceux qui auront des motions à faire les feront ensuite, mais si tout le monde parle, il sera impossible de s'entendre. (Le silence se rétablit.)

Un membre. Je demande que l'Assemblée reste en permanence jusqu'à ce qu'on envoie des forces. Si nous nous séparons avant que les forces viennent, nous ne pourrons plus nous réunir.

M. Legros-Devot. Oui, oui. La permanence.

(MM. Odilon Barrot et de Nagle arrivent dans la salle et apposent leur signature sur le décret de déchéance).

M. le Président donne mission à M. Howyn-Tranchère de faire entrer des représentants qui sont retenus à la porte.

M. Piscatory. Je demande à l'Assemblée de lui rendre compte d'un fait qui me paraît important. Je suis allé faire reconnaître plusieurs de mes collègues qui ne pouvaient entrer. Les officiers de paix m'ont dit que le maire avait donné l'ordre de ne faire entrer personne. Je me suis transporté immédiatement chez le maire qui m'a dit : « Je représente le pouvoir exécutif et je ne puis laisser entrer les représentants. » Je lui ai fait connaître le décret que l'Assemblée avait rendu et lui ai dit *qu'il n'y avait pas d'autre pouvoir exécutif* que l'Assemblée nationale (très-bien) ! et je me suis retiré. J'ai cru faire cette déclaration au nom de l'Assemblée. (Oui, oui. — Très-bien !) Quelqu'un m'a dit en passant : Dépêchez-vous, dans peu de moments la troupe sera ici.

M. Berryer. Je demande provisoirement qu'un décret ordonne au maire de laisser les abords de la salle libres.

M. de Falloux. Il me semble que nous ne prévoyons pas deux choses qui me paraissent très-vraisemblables ; la première, que vos ordres ne seront pas exécutés ; la seconde, *que nous serons expulsés d'ici*. Il faut convenir d'un autre lieu de réunion.

M. Berryer. Avec les personnes étrangères qui se trouvent présentes, nous ferions une chose peu utile ; nous saurons bien nous faire avertir du lieu où nous devrons nous réunir. (Non, non.) Un décret provisoire.

M. le Président. M. Dufaure a la parole. Silence, Messieurs, les minutes sont des heures.

M. Dufaure. L'observation qui vient d'être faite est juste ; nous ne pouvons désigner hautement le lieu de notre réunion. Mais je demande que l'Assemblée confère à son bureau le droit de le choisir. Il avertira chacun des membres du lieu de la réunion afin que chacun de nous puisse s'y rendre. Messieurs, nous sommes maintenant *les seuls défenseurs de la Constitution*, du droit, de la République, *du pays*! (Oui, oui, très-bien. — Des cris de *Vive la République* se font entendre.) Ne nous

9

manquons pas à nous-mêmes, et s'il faut succomber devant la force brutale, *l'histoire* nous tiendra compte de ce que, jusqu'au dernier moment, nous avons résisté par tous les moyens *qui étaient en notre pouvoir*. (Bravos et applaudissements.)

M. Berryer. Je demande que, par un décret, l'Assemblée nationale ordonne à tous les directeurs de maisons de force ou d'arrêt, de délivrer, sous peine de forfaiture, les représentants qui ont été arrêtés.

(Ce décret est mis aux voix par le président et adopté à l'unanimité.)

Un représentant arrive et s'écrie : « *Dépêchons-nous*, voilà la force qui arrive. » (Il est midi et demi.)

M. Antony Thouret entre et signe le décret de déchéance en disant : « *Ceux qui ne signent pas sont des lâches.* »

Au moment où l'on annonce l'arrivée de la force armée, un profond silence s'établit. Tous les membres du bureau montent sur leurs siéges pour être vus de toute l'Assemblée et des chefs de la troupe.)

Plusieurs membres dans le fond de la salle : « On monte ! on monte ! » (Sensation suivie d'un profond silence.)

M. le président Benoist d'Azy. Pas un mot, Messieurs, pas un mot ! Silence absolu ! c'est plus qu'une invitation, *permettez-moi* de dire que *c'est un ordre*.

Plusieurs membres. *C'est un sergent*, c'est un sergent qu'on envoie !

M. le président Benoist d'Azy. Un sergent est le représentant de la force publique.

M. de Falloux. Si nous n'avons pas la force, ayons au moins *la dignité*.

Un membre. Nous aurons l'une et l'autre. (Profond silence.)

Le Président. Restez à vos places, songez que l'Europe entière vous regarde !

M. le président Vitet et M. Chapot, l'un des secrétaires, se dirigent vers la porte par laquelle la troupe va pénétrer et s'avancent jusque sur le palier. Un sergent et une douzaine de chasseurs de Vincennes du 6e bataillon occupent les dernières marches de l'escalier.

MM. Grévy, de Charencey et plusieurs autres représentants ont suivi MM. Vitet et Chapot. Quelques personnes étrangères à l'Assemblée se trouvent aussi sur le palier. Parmi elles nous remarquons M. Beslay, ancien membre de l'Assemblée constituante.

M. le président Vitet, s'adressant au sergent. Que voulez-vous ? Nous sommes réunis en vertu de la Constitution.

Le sergent. J'exécute les ordres que j'ai reçus.

M. le président Vitet. Allez parler à votre chef.

M. Chapot. Dites à votre chef de bataillon de monter ici.

Au bout d'un instant, un capitaine faisant fonctions de chef de bataillon se présente au haut de l'escalier.

M. le président s'adressant à cet officier. L'Assemblée nationale est ici réunie. C'est au nom de la loi, au nom de la Constitution que nous vous sommons de vous retirer.

Le commandant. J'ai des ordres.

M. Vitet. Un décret vient d'être rendu par l'Assemblée qui déclare qu'en vertu de *l'art. 68 de la Constitution*, attendu que le Président de la République porte obstacle à l'exercice du droit de l'Assemblée, le Président est déchu de ses fonctions, que tous les fonctionnaires et dépositaires de la force et de l'autorité publique sont tenus d'obéir à l'Assemblée nationale. Je vous somme de vous retirer.

Le commandant. Je ne puis pas me retirer.

M. Chapot. *A peine de forfaiture et de trahison à la loi,* vous êtes tenu d'obéir sous votre responsabilité personnelle.

M. Grévy. N'oubliez pas que vous devez obéissance à la Constitution *et à l'art. 68.*

Le commandant. L'art. 68 n'est pas fait pour moi.

M. Beslay. Il est fait pour tout le monde ; vous devez lui obéir.

MM. le président Vitet et Chapot rentrent dans la salle.

M. Vitet rend compte à l'Assemblée de ce qui vient de se passer entre lui et le chef de bataillon.

M. Berryer. Je demande que ce ne soit pas seulement par un acte de bureau, mais par un décret de l'Assemblée, qu'il soit immédiatement déclaré que l'armée de Paris est chargée de veiller à la défense de l'Assemblée nationale, et qu'il soit enjoint *au général Magnan*, sous peine de forfaiture, de mettre les troupes *à la disposition de l'Assemblée.* (Très bien !)

L'Assemblée consultée vote le décret à l'unanimité.

M. Monet. Je demande qu'il soit envoyé au président de l'Assemblée un double du décret qui a été rendu, prononçant la déchéance.

Plusieurs membres. Il n'y en a plus, il n'y a plus de président ! (Agitation.)

M. Pascal Duprat. Puisqu'il faut dire le mot, M. Dupin s'est conduit lâchement. Je demande qu'on ne prononce pas son nom. (Vives rumeurs.)

M. MONET. J'ai voulu dire le président de la Haute-Cour. *C'est au président de la Haute-Cour qu'il faut envoyer le décret.*

M. LE PRÉSIDENT BENOIST D'AZY. M. Monet propose que le décret de déchéance soit envoyé au président de la Haute-Cour nationale. Je consulte l'Assemblée.

L'Assemblée consultée adopte le décret.

M. JULES DE LASTEYRIE. Je vous proposerai, Messieurs, de rendre un décret qui ordonne *au commandant de l'armée de Paris* et à tous les colonels de légion de la garde nationale d'obéir au président de l'Assemblée nationale, sous peine de forfaiture, afin qu'il n'y ait pas un homme qui ne sache dans la capitale *quel est son devoir* et que s'il y manque, c'est une trahison envers le pays. (Très-bien, très-bien.)

UN MEMBRE. *Je demande qu'on mette en réquisition le télégraphe.*

M. LE GÉNÉRAL OUDINOT. Jamais nous n'avons éprouvé le besoin d'entourer notre président de plus de déférence et de considération que dans ce moment. Il est bien *qu'il soit investi d'une sorte de dictature,* passez-moi l'expression. (Réclamations de la part de quelques membres.) Je retire l'expression, si elle peut éveiller la moindre susceptibilité; je veux dire que sa parole doit obtenir immédiatement respect et silence. Notre force, notre dignité, sont précisément dans l'unité. *Nous sommes unis,* il n'y a plus dans l'Assemblée de côté droit, ni de côté gauche. (Très-bien! très-bien!) Nous avons tous *des fibres au cœur*; c'est la France tout entière qui est blessée en ce moment. (Très-bien!)

M. le président Benoist d'Azy. Je crois que la force de l'Assemblée consiste à conserver une parfaite union. Je propose, conformément à l'avis qui vient de m'être exprimé par plusieurs membres, *que le général Oudinot, notre collègue, soit investi du commandement des troupes.* (Très-bien ! très-bien ! bravo !)

M. Tamisier. Sans doute, M. le général Oudinot, comme tous nos collègues, ferait son devoir ; mais vous devez vous rappeler l'expédition romaine qu'il a commandée. (Vives rumeurs. — Réclamations nombreuses.)

M. de Rességuier. — Vous désarmez l'Assemblée une seconde fois.

M. de Dampierre. *Taisez-vous, vous nous tuez.*

M. Tamisier. Laissez-moi achever, vous ne me comprenez pas.

M. le président Benoist d'Azy. *S'il y a des divisions parmi nous, nous sommes perdus.*

M. Tamisier. Ce n'est pas une division, mais quelle autorité aura-t-il sur le peuple ?

M. Berryer. Mettez la proposition aux voix, Monsieur le président.

De toutes parts. Aux voix ! aux voix !

L'Assemblée consultée rend un décret qui nomme le général Oudinot commandant en chef des troupes.

Pendant qu'on rédige le décret, M. le général Oudinot s'approche de M. Tamisier, et échange avec lui quelques paroles.

Le général Oudinot. Messieurs, je viens de proposer à M. Tamisier *de me servir de chef d'état-major.* (Bravo.) Il accepte. (Très-bien ! bravos enthousiastes.)

En ce moment les membres qui se trouvent auprès de la porte, annoncent qu'un officier du 6ᵉ bataillon de chasseurs arrive avec de nouveaux ordres. Le général OUDINOT s'avance vers lui accompagné de M. TAMISIER.

M. TAMISIER donne lecture à l'officier du décret qui nomme le général Oudinot général en chef de l'armée de Paris.

LE GÉNÉRAL OUDINOT, à l'officier. Nous sommes ici en vertu de la Constitution. Vous voyez que l'Assemblée nationale vient de me nommer commandant en chef. Je suis le général Oudinot, vous devez reconnaître mon autorité. Vous me devez obéissance. Si vous résistiez à mes ordres, vous encourriez les punitions les plus rigoureuses. Immédiatement vous seriez traduit devant les tribunaux. Je vous donne l'ordre de vous retirer.

L'OFFICIER (sous-lieutenant au 6ᵉ chasseurs). Mon général, vous savez notre position ; j'ai reçu des ordres.

LE GÉNÉRAL OUDINOT, à l'officier. Vous déclarez donc que vous avez reçu des ordres et que vous attendrez les instructions du chef qui vous a donné la consigne ?

LE SOUS-LIEUTENANT. Oui, mon général.

LE GÉNÉRAL OUDINOT. C'est la seule chose que vous ayez à faire.

(M. le général Oudinot et M. Tamisier rentrent dans la salle. Il est une heure un quart.)

LE GÉNÉRAL OUDINOT. Monsieur le président, je reçois les deux décrets *qui me donnent* l'un le commandement de la troupe de ligne, l'autre le commandement de la garde nationale. Vous avez bien voulu accepter, sur ma proposition, M. Tamisier comme chef d'état-major pour la troupe de ligne. Je vous prie de vouloir bien accepter M. Mathieu de la Redorte *comme chef d'état-major pour la garde nationale.* (Très bien.)

PLUSIEURS MEMBRES. C'est à vous à faire ce choix, *c'est dans vos pouvoirs.*

M. LE PRÉSIDENT BENOIST D'AZY. Vous usez *de votre droit*; mais puisque vous nous communiquez votre pensée à cet égard, je crois répondre à l'intention de l'Assemblée en disant *que nous applaudissons à votre choix.* (Oui! oui! très bien!)

LE GÉNÉRAL OUDINOT. Ainsi vous reconnaissez M. Mathieu de la Redorte comme chef d'état-major pour la garde nationale? (Marques d'assentiment.)

M. LE PRÉSIDENT BENOIST D'AZY, après quelques instants d'attente. On me dit que quelques personnes sont déjà sorties; je ne suppose pas que personne veuille se retirer avant que nous ayons vu la fin de ce que nous pouvons faire.

DE TOUTES PARTS. Non! non! en permanence.

M. BERRYER, rentrant dans la salle avec plusieurs de ses collègues. Messieurs, une fenêtre était ouverte. Il y avait beaucoup de monde dans la rue. J'ai annoncé par la fenêtre que l'Assemblée nationale, régulièrement réunie en nombre plus que suffisant pour la validité de ses décrets, avait prononcé la déchéance du Président de la République, que le commandement supérieur de l'armée et de la garde nationale était confié au général Oudinot, et que son chef d'état-major était M. Tamisier. Il y a eu acclamation et bravos. (Très bien!)

En ce moment, deux commissaires de police se présentent à la porte de la salle, et sur l'ordre du président, s'avancent auprès du bureau.

L'UN DES COMMISSAIRES (le plus âgé). Nous avons ordre de faire évacuer les salles de la mairie; êtes-vous disposés à obtempérer à cet ordre? Nous sommes les mandataires du préfet de police.

PLUSIEURS MEMBRES. On n'a pas entendu.

M. LE PRÉSIDENT BENOIST D'AZY. M. le commissaire nous dit qu'il a ordre de faire évacuer la salle. J'adresse à M. le commissaire cette question : *Connaît-il l'art. 68 de la Constitution*; sait-il quelles en sont les conséquences ?

LE COMMISSAIRE. Sans doute nous connaissons la Constitution ; mais dans la position où nous nous trouvons, nous sommes obligés d'exécuter les ordres de nos chefs supérieurs.

M. LE PRÉSIDENT BENOIST D'AZY. Au nom de l'Assemblée, je vais faire donner lecture *de l'art. 68 de la Constitution*.

M. LE PRÉSIDENT VITET fait cette lecture.

M. LE PRÉSIDENT BENOIST D'AZY, au commissaire. C'est conformément *à l'art. 68 de la Constitution*, dont vous venez d'entendre la lecture, que l'Assemblée, empêchée de siéger dans le lieu ordinaire de ses séances, s'est réunie dans cette enceinte. Elle a rendu un décret dont il va vous être donné lecture.

M. LE PRÉSIDENT VITET donne lecture du décret de déchéance. (Voir plus loin.)

M. LE PRÉSIDENT BENOIST D'AZY. C'est en vertu de ce décret, dont nous pouvons vous remettre une copie, que l'Assemblée s'est réunie ici, et qu'elle vous somme par ma bouche d'obéir à ses réquisitions. Je vous répète que légalement il *n'existe qu'une seule autorité* en France en ce moment; *c'est celle qui est ici réunie*. C'est au nom de l'Assemblée, *qui en est la gardienne*, que nous vous requérons d'obéir. Si la force armée, si le pouvoir usurpateur agit vis-à-vis de l'Assemblée avec la force, nous devons déclarer que nous, nous sommes dans notre droit. IL EST FAIT APPEL AU PAYS. LE PAYS RÉPONDRA.

M. DE RAVINEL. Demandez leurs noms aux commissaires.

M. LE PRÉSIDENT BENOIST D'AZY. Nous qui vous parlons, nous sommes MM. Vitet, Benoist d'Azy, vice présidents, Chapot, Grimault et Moulin, secrétaires de l'Assemblée nationale.

LE COMMISSAIRE (le plus âgé). Notre mission est pénible, Messieurs; nous n'avons pas même une autorité complète; car, dans ce moment, c'est la force militaire qui agit, et la démarche que nous faisons était pour empêcher un conflit que nous aurions regretté. M. le préfet nous avait donné l'ordre de venir vous inviter à vous retirer; mais nous avons trouvé ici un détachement considérable de chasseurs de Vincennes, envoyés par l'autorité militaire, qui a seule le droit d'agir, puisque Paris est en état de siége; la démarche que nous faisons est officieuse et a pour but d'empêcher un conflit fâcheux. Nous ne prétendons pas juger la question de droit; mais j'ai l'honneur de vous prévenir que l'autorité militaire a des ordres sévères, et elle les exécutera très probablement.

M. LE PRÉSIDENT BENOIST D'AZY. Vous comprenez parfaitement, Monsieur, que l'invitation à laquelle vous donnez en ce moment le caractère officieux, ne peut produire *aucune impression sur nous*. Nous ne cèderons qu'à la force.

LE 2ᵉ COMMISSAIRE (le plus jeune). Monsieur le président, voici l'ordre qu'on nous a donné, et sans plus attendre, nous vous sommons, que ce soit à tort ou à raison, de vous disperser. (Violents murmures.)

PLUSIEURS MEMBRES. Les noms, les noms des commissaires.

Le 1ᵉʳ commissaire (le plus âgé). Lemoine-Tacherat et Barlet.

En ce moment un officier arrive, un ordre à la main, et dit : Je suis militaire, je reçois un ordre, je dois l'exécuter. Voici cet ordre :

« Commandant, en conséquence des ordres du ministre de la guerre, faites occuper immédiatement la mairie du dixième arrondissement, et faites arrêter, s'il est nécessaire, les représentans qui n'obéiraient pas sur-le-champ à l'injonction de se séparer.

Le général en chef, Magnan.

(Explosion de murmures.)

Le président Benoist d'Azy, à l'officier. Vous vous présentez avec un ordre ; nous devons, avant tout, vous demander, ainsi que nous l'avons fait déjà à l'officier qui s'est le premier présenté, si vous connaissez *l'art. 68 de la Constitution*, qui déclare que tout acte du pouvoir exécutif pour empêcher la réunion de l'Assemblée, est un crime de haute trahison qui fait cesser à l'instant même les pouvoirs du chef du pouvoir exécutif. C'est en vertu de son décret qui déclare la déchéance du chef du pouvoir exécutif que nous agissons en ce moment ; si nous n'avons pas de forces à opposer...

M. de Larcy. Nous opposons la résistance du droit.

Le président Benoist d'Azy. J'ajoute que l'Assemblée, obligée de pourvoir à sa sûreté, a nommé le général Oudinot commandant de toutes les forces qui peuvent être appelées à la défendre.

M. de Larcy. Commandant, *nous faisons un appel à votre patriotisme comme Français*.

M. le général Oudinot à l'officier. Vous êtes le commandant du 6ᵉ bataillon ?

L'OFFICIER. Je suis commandant par *interim*. Le commandant est malade.

LE GÉNÉRAL OUDINOT. Eh bien ! commandant du 6ᵉ bataillon, vous venez d'entendre ce que M. le président de l'Assemblée vous a dit.

L'OFFICIER. Oui, mon général.

LE GÉNÉRAL OUDINOT. Qu'il n'y avait pour le moment d'autre pouvoir en France que l'Assemblée. *En vertu de ce pouvoir, qui m'a délégué le commandement de l'armée et de la garde nationale*, je viens vous déclarer que nous ne pouvons obéir que contraints, forcés, à l'ordre qui nous interdirait de rester réunis. En conséquence, et en vertu des droits que nous tenons d'elle, *je vous ordonne* d'évacuer et de faire évacuer la mairie.

*Vous avez entendu*, commandant du 6ᵉ bataillon, *vous avez entendu que je vous ai donné l'ordre de faire évacuer la mairie : allez-vous obéir ?*

L'OFFICIER. Non, et voici pourquoi : j'ai reçu de mes chefs des ordres et je les exécute.

DE TOUTES PARTS. A Mazas ! A Mazas !

L'OFFICIER. Au nom des ordres du pouvoir exécutif, nous vous sommons de vous dissoudre à l'instant même.

VOIX DIVERSES. Non, non, il n'y a pas de pouvoir exécutif. Faites-nous sortir de force, employez la force !

Sur l'ordre du commandant, plusieurs chasseurs pénètrent dans la salle. Un troisième commissaire de police et plusieurs agents y pénètrent également. Les commissaires et les agents saisissent les membres du bureau, M. le général Oudinot, M. Tamisier et plusieurs autres représentants, et les conduisent presque sur le palier. Mais l'escalier est toujours occupé par la troupe. Les commissaires et les officiers montent et descendent pour aller chercher et apporter des ordres. Après un quart-d'heure environ, les soldats ouvrent les rangs, les représentants toujours conduits par les agents et les commissaires descendent dans la cour; le général Forey se présente; le général Oudinot lui parle un instant, et se retournant vers les membres de l'Assemblée dit que le général Forey lui a répondu : « Nous sommes militaires, nous ne connaissons que nos ordres. »

M. LE GÉNÉRAL LAURISTON. Il doit connaître les lois *et la Constitution*, nous avons été militaires *comme lui*.

LE GÉNÉRAL OUDINOT. Le général Forey prétend qu'il ne doit obéir qu'au pouvoir exécutif.

TOUS LES REPRÉSENTANTS. Qu'on nous emmène, qu'on nous emmène à Mazas.

Plusieurs gardes nationaux qui sont dans la cour, crient chaque fois que la porte s'ouvre pour laisser passer les officiers qui vont et viennent : *Vive la République! Vive la Constitution!*

Quelques minutes se passent; enfin la porte s'ouvre et les agents ordonnent aux membres du bureau et de l'Assemblée de se mettre en marche. MM. les présidents BENOIST ET VITET déclarent qu'ils ne sortiront que par la force. Les agents les prennent par le bras et les font sortir dans la rue. MM. les secrétaires, le général Oudinot, M. Tamisier et les autres représentants sont conduits de la même manière, et on se met en marche à travers deux haies de soldats. Le président Vitet est tenu au collet par un agent, le général Forey est en tête des troupes et dirige la colonne. L'Assemblée est conduite jusqu'à la caserne du quai d'Orsay, en suivant les rues de Grenelle, Saint-Guillaume, Neuve de l'Université, de l'Université, de Beaune, les quais Voltaire et d'Orsay.

Tous les représentants entrent dans la caserne et on referme la porte sur eux. Il est trois heures vingt minutes.

Sur la proposition d'un membre on procède, dans la cour même, à l'appel nominal. MM. Grimault, secrétaire, et Antony Thouret font l'appel nominal qui constate la présence de 220 membres.

———

Sauf quelques détails insignifiants, ce compte-rendu est fidèle. Nous ne le commenterons pas, à quoi bon ? Jamais la dignité d'un pays ne souffrit pareille atteinte, et si cette Assemblée eût pu revenir, c'est que Dieu se serait retiré de la France. Au reste, il faut se hâter de dire que l'immense majorité ne se dissimula ni le ridicule, ni les exigences du rôle que la confraternité lui imposait, et qu'un déplorable et puéril amour-propre fut le seul motif qui égara tant d'hommes honorables dans cette voie au bout de laquelle ils laissèrent tout leur avenir politique.

Au cas où quelqu'un de nos lecteurs serait curieux de connaître le texte de ce fameux décret de déchéance, pour lequel on trouva une imprimerie clandestine et des caractères illisibles et que la police déplacarda le lendemain dans les carrefours les plus mal hantés de la capitale, nous avons voulu le reproduire avec ses fautes même d'orthographe :

RÉPUBLIQUE FRANÇAISE.

ASSEMBLÉE NATIONALE.

*Réunion extraordinaire tenue à la Mairie du 10ᵉ arrondissement.*

Vu l'art. 68 de la Constitution,

Attendu que l'Assemblée nationale est empêchée par la violence de remplir son mandat ;

Décrète :

Louis-Napoléon-Bonaparte est déchu de ses fonctions de Président de la République.

Les citoyens sont tenus de lui refuser obéissance.

Le Pouvoir exécutif passe de plein droit à l'Assemblée nationale.

Les juges de la Haute-Cour sont tenus de se réunir immédiatement à peine de *forfaitures*, pour procéder au jugement du Président et de ses complices.

En conséquence, il est enjoint à tous les fonctionnaires et dépositaires de la force et de l'autorité publique, d'obéir à toute réquisition faite au nom de l'Assemblée nationale, sous peine de forfaiture et de haute-trahison.

Fait et arrêté à l'unanimité en séance publique, le 2 décembre 1851.

Signé : BENOIT D'AZY (sic), *président.*
VITET, *vice-président*, MOULIN et CHAPOT, *secrétaires.*

MM.

Dufaure, Jouannet, Montebello, Buffet, Mortimer-Ternaux, Granville, Chapot, Foblant, Brotonne, Dahirel.

Camus de la Guibourg (1), Chauvin, de Gouyon, Duvergier de Hauranne, Saint-Romme, de Melun (Ille-et-Vilaine), Rigal, Duparc, E. Rouillé, Chégaray, de Staplande, Joret, Montiquy, (2), Amable Dubois, de Séré, Lacaze, Houel, de Saint-Priest.

Pascal Duprat, Rouget-Lafosse, Kersauson, Pidoux, Caillet-Dutertre, de Ladevansaye, Talhouet, Mérentié, Sauvaire-Barthélemy, de Fontaine, Bouvattier, Albert de Luynes, Dufournel, Legrand, Boissié.

Dahirel, O. Lafayette, Lanjuinais, Desmars, de Castillon, de Vaujuas, Pioger, Levet.

Daguilhon, Gasselin, Maréchal, Vernhette (Hérault), de Gresset.

Roux-Carbonel, Pigeon, de Sèze, Léo de Laborde, d'Ambray.

Callet, Dieuleveu, Gustave de Beaumont, de Tocqueville, Béchard, Kéridec, d'Hespel, Passy, général Rulhières, du Grossier (3), de Brias, Frichon, de Kerdrel,

(1) *Pour* Camus de la Guibourgère.
(2) *Pour* Montigny.
(3) *Pour* du Grosrier.

Simonot, Rémusat, de Vogué, de Corcelles, de Berset, Symphor Doré, (1).

De Malleville, Arêne, Besse, de Tracy, Lemaire, des Rotours de Chaulieu, Randoing, Berryer, Vesin, Hennecart, d'Olivier, Coquerel, Duparc, Chassaignol.

Salmon (Meuse), Falloux, Prudhomme, Howyn-Tranchère, Ressinguier, (2), Larochette, Lagrenée, Kératry, Thuriot, Botmiliau, Vernhette (Aveyron), Paul de Saint-Georges.

Bixio, Sainte-Beuve, Tamisier, Gicqueau, Bouillé, Legros-Devot, de Luppé, Netterment, Monnet (3), Delavallade, Tréveneuc, Mathieu de la Redorte, Pécoul, Ravinel, Piscatory, d'Havrincourt, Jules de Lasteyrie, de Larcy, de la Tourette, Surville, Dufougeroux, Laimé (4), Germonière, Ferdinand de Lasteyrie, de Goulard, Chambolle, A. Gros, de Tinguy, Louvet, de Vendeuvre, Casimir Périer, Victor Lefranc, Chazaud, Proa, Tron, de Limayrac, Fourtanier, de Belvèze.

Barthélemy Saint-Hilaire, Bouchon de Penhoër (5), de la Broize, de Chazelle, Kermarec, de Coislin.

Raudot, Bernardi, Sesmaisons, Barillon, Emile Leroux, de la Tousche, Cordier, Ferré des Ferris, Laurenceau, Pradié, Denayrousse, Laurence, Sain, Hervé de Saint-Germain, Talon, Blavoyer.

Vatimesnil, Bauchart, Mispoulet, Boissière, Tocqueville, de Kerdrel (*Morbihan*), général Lauriston, de Balsac, Gustave de Beaumont, de Querhoent, de Lafosse

---

(1) *Pour* Symphor Vaudoré.
(2) *Pour* de Rességuier.
(3) *Pour* Monet.
(4) *Pour* Laine.
(5) *Pour* Barchou de Penhoën.

(*Ille-et-Vilaine*), de Roquefeuille, de Dampierre, de Keranflech, Poujoulat, de Melun (Nord), de Faultrier;

Colas de la Motte, Corne, Champanhet, Betting de Laucastel.

Les représentants de la gauche font de leur côté une profession semblable.

---

Le général Forey traita avec les plus grands égards tous ces hommes dans lesquels il ne vit plus que des gens d'esprit, honteux d'avoir fait une sottise. Le soir, quelques autres représentants arrêtés au Palais-Bourbon, MM. Eugène Sue, Treilhard, Arbey, Radoult-Lafosse furent joints à leurs collègues de la caserne; MM. Valette, Bixio et Victor Lefranc qui s'étaient absentés « de l'enceinte législative », revinrent « reprendre leurs fers. » Le général fit donner au vénérable et illustre duc de Broglie, — un tel homme dans une telle foule ! — à MM. Berryer, Kératry et à plusieurs autres de grand nom ou de grand âge, des appartements réservés, et nous pouvons attester que la caserne d'Orsay, où les dames furent admises jusqu'à dix heures du soir, n'offrit aux yeux, aux oreilles et au goût le plus délicat, rien de ce qui constitue une prison. D'ailleurs toutes les captivités étaient volontaires; partait qui voulait, et beaucoup subissaient d'assez mauvaise grâce cette solidarité de martyre que les dupes et les importants seuls avaient l'aplomb de prendre au sérieux. Il courut, à la suite de tout cela, de méchantes et d'amusantes anecdotes dont il n'y a pas à s'occuper ici, ces petits événements n'offrant même plus l'intérêt d'un détail biographique, après l'immense et formidable ridicule dans lequel venait de s'abîmer le régime parlementaire.

Une autre réunion de représentants, présidée (rue des Petits-Augustins) par M. Crémieux, fut dispersée, et ses membres arrêtés. La plupart de ceux-là sont encore sous les verroux.

Seuls, les Montagnards purs ne voulurent pas se faire prendre en flagrant délit de rhétorique constitutionnelle et se réservèrent pour les barricades. Ce fut criminel, mais ce ne fut pas ridicule, et mourir les armes à la main leur parut plus logique que de s'affaisser en faisant des phrases. Peut-être avaient-ils deviné juste. En France on revient de tout, même de la guerre civile; il n'y a que les gens sifflés qui ne reviennent pas.

Dans la nuit, on transporta l'effectif parlementaire de la caserne d'Orsay, moitié au fort du Mont-Valérien, moitié à Vincennes et à Mazas. Les mandataires de la nation, les représentants du peuple, comme on les appelait encore le matin, surent gré à M. le Préfet de police de les soustraire ainsi pour quarante-huit heures au contact de l'hilarité publique, dont les événements de la journée, grossis par l'éloignement et rehaussés par le souvenir, défrayaient de toutes parts les épanouissements impitoyables. Cette gaîté, du reste, pour qui eût vu la bonne humeur des deux cent vingt-sept victimes de l'usurpation, si poliment appréhendées et si courtoisement traitées, n'eut eu rien de disparate. « Je ne croyais pas, disait un ancien ministre, que fructidor pût être si amusant. » A onze heures, l'omnipotence représentative montait dans les omnibus de l'oppression, et échangeait d'affectueuses poignées de main avec ses bourreaux; les lanciers, à moitié endormis, guidaient, lanterne en main, les retardataires, et assistaient au départ un peu bruyant de cette colonie où les avocats dominaient ; transporteurs et transportés riaient à qui mieux mieux ; les officiers présents à la caserne avaient été accablés d'invitations par leurs prisonniers, et on se promettait, et on tint parole, de se retrouver avant trois jours. La bonté et la dignité humaine survivent à tout dans notre chère et bienveillante patrie.

Cinq ou six au plus des membres qui furent dirigés ce soir-là du quai d'Orsay, sont à l'heure qu'il est sous les verroux de la prison de Sainte-Pélagie, et pour qu'on les y laisse, il faut vraiment qu'ils aient demandé à y rester. C'est pendant son court séjour à Vincennes que M. Odilon Barrot prit décidément congé de l'opposition et de la politique. Voici à quelle occasion :

Quand les prisonniers entrèrent dens cette forteresse, on les pria d'attendre dans une cour que les anciens appartements de Mgr le duc de Montpensier fussent disposés pour les recevoir. M. Barrot apercevant dans cette cour une chaise isolée, s'en fit une tribune et harangua ses collègues qui battirent des mains. Le général Courtigis accourut au bruit : « Comment, monsieur Barrot, fit-il en riant, depuis trente ans que vous faites le même discours, vous n'êtes pas encore corrigé ! — Général, répliqua majestueusement l'illustre orateur, le régime représentatif est mort en France, et je lui devais trop pour ne pas lui payer un dernier hommage. »

M. Barrot avait été, du reste, un des héros de cette Odysée à trois cents Ulysses. En arrivant à la caserne d'Orsay, on l'avait entendu dans le propre salon du colonel Feray, avancer cette proposition un peu hasardée que le Gouvernement était à l'heure actuelle bien plus embarrassé que ses prisonniers. Le colonel prit la parole : — « Mon cher monsieur Barrot, dit-il, le Gouvernement, à l'heure qu'il est, est partagé sur la question de savoir ce qu'il fera de vous et de vos collègues. Il y a autant d'avis pour la mansuétude que pour la sévérité ; il serait peu prudent que des paroles insensées fissent perdre des voix à la mansuétude. » On se le tint pour dit. M. Barrot a trop d'esprit pour ne pas être revenu de ses illusions, et eût blâmé, nous en sommes sûrs, cette personne de sa famille qui, le jeudi matin, venait supplier M. de Morny de garder l'ancien président du conseil en prison, au nom des siens qui appréhendaient pour lui les suites d'une « ovation populaire. »

Un autre membre du cabinet du 20 Décembre, l'orateur le plus lucide et le plus constitutionnel de l'ex-tiers parti, demandait au général Forey la permission d'envoyer un soldat chercher des nouvelles de sa femme. — Allez-y vous-même, répondit le général, qui est le meilleur des hommes, et donnez-moi votre parole que vous reviendrez. — Ma parole écrite? — Allons donc, pour qui me prenez-vous? » — Le père de la Constitution insista pour écrire sa promesse : — « Il faut, disait-il, que cela soit acquis à l'histoire. » Il partit, et revint à quatre heures du matin. Un lancier de faction le reçut d'assez mauvaise grâce et refusa d'ouvrir la porte. — Mais je suis représentant, objectait l'honorable membre, et je viens rejoindre mes collègues. — Vos collègues sont partis. — Sans moi, c'est impossible ; que dira la France ? — La France dira, reprit le lancier, que pour ne pas coucher dans la rue vous avez été vous coucher chez vous. » Il y alla en effet.

A l'exemple de M. Odilon Barrot, nous devions un dernier hommage au régime parlementaire. Reprenons le récit de la journée.

Les arrestations préventives continuèrent et les rapports alarmants aussi. A quatre heures, au moment même où le Président passait en revue la division de cavalerie du général Korte, les sociétés secrètes se déclaraient en permanence et à défaut de leurs chefs habituels, placés sous la main de la police, acceptaient la tutelle et le mot d'ordre d'une vingtaine d'ex-représentants de la Montagne. Les 6e, 9e et 12e arrondissements de Paris où la population ouvrière domine, parurent à ces conciliabules, reliés entre eux par un système de colportage très habilement ménagé, les plus propices à un mouvement insurrectionnel, et il fut décidé qu'on accepterait toute alliance avec les partis, quels qu'ils fussent, qui seraient prêts à aider de leur argent ou de leur sang au succès de la guerre civile qu'on décréta pour le lendemain. On savait où trouver des armes, de la poudre et du plomb. « Les ouvriers donneront mollement, disaient unanimement les meneurs. On leur a rendu le suffrage universel, et c'est assez pour que beaucoup ne quittent pas les ateliers; mais ils viendront, une fois la bataille engagée, et il faut qu'elle s'engage. » De l'Assemblée et de la Constitution, on ne s'en occupait que pour mémoire, et cela se conçoit; l'Assemblée et la Constitution, toutes pleines qu'elles fussent de leur vivant de conspirations et d'embûches, se seraient dressées comme une barrière entre la société et le pillage, entre la loi et les brigands, entre l'armée et le socialisme; le coup d'État, disaient encore les anarchistes, a cela de bon qu'il dégage les positions, met chacun à sa place et dans son milieu, et donne à toute chose sa signification la moins indécise. Il fut convenu que l'insurrection commencerait avec le jour; quatre ex-représentants désignés par le sort, MM. Baudin, Schœlcher, Madier de Montjau, Esquiros, eurent mission d'organiser le premier combat et de se montrer sur la première barricade, et des imprimeries clandestines commencèrent à vomir ce que M. Proudhon, dans son langage pittoresque, appelait jadis des bottes d'allumettes.

La première affiche apposée fut celle-ci (nous en conservons la disposition et l'orthographe) :

VIVE LA RÉPUBLIQUE
VIVE LA CONSTITUTION
VIVE LE SUFFRAGE UNIVERSEL.

Louis-Napoléon est un *traître !*

Il a violé la Constitution !

Il s'est mis hors la loi !

Les représentants républicains rappellent au Peuple et à l'Armée, l'article n° 68 et l'article n° 110 ainsi conçus :
« L'Assemblée constituante confie la défense de la
« présente Constitution et les droits qu'elle consacre à
« la garde et au patriotisme de tous les Français. »
Le Peuple désormais est à jamais en possession du

Suffrage Universel, n'a besoin d'aucun prince pour la (*sic*) lui rendre, et châtiera le REBELLE.

Que le Peuple fasse son devoir.

Les Représentants républicains marcheront à sa tête.

MICHEL (de Bourges), SCHOELCHER, le général LAYDET, MATHIEU (de la Drôme), LASTEYRAS, BRIVES, BREMAUD (1), JOIGNEAUX, CHAUFFOUR, CASSAL, GILLAUD (2), Jules FAVRE, Victor HUGO, Emmanuel ARAGO, MADIER DE MONJEAU, MATHÉ, SIGNARD, RONJAT (de l'Isère), VIGUIER, Eugène SUE, DE FLOTTE.

Un petit placard, grand comme la main, se distribua toute la soirée à des milliers d'exemplaires ;

HABITANTS DE PARIS,

Les Gardes nationales et le Peuple des Départements marchent sur Paris pour vous aider à saisir le TRAITRE Louis-Napoléon BONAPARTE.

Pour les Représentants du Peuple,

V. HUGO, Président.
SCHOELCHER, Secrétaire.

Voici quelques autres échantillons du même genre. Nous avons eu le courage de toucher et de transcrire ces produits de la typographie révolutionnaire, que

---

(1) *Pour* Breymand.
(2) *Pour* Gilland

la noble main de nos soldats purifia en les arrachant des murailles qu'ils déshonoraient ; le plâtre y adhère encore et donne un aspect plus ignoble à ces chiffons de papier maculé, où la propagande des bandits s'étale imprimée avec des caractères informes et une encre qui a la couleur de la boue :

AU PEUPLE.

Art. 3. La Constitution est confiée à la garde et au patriotisme des citoyens français (1).

LOUIS-NAPOLÉON est mis hors la loi.

L'État de Siége est aboli.

Le Suffrage universel est rétabli.

Vive la République !

Aux Armes !

Pour la Montagne réunie,
*Le Délégué,*
V. HUGO.

Le nom qui figure au bas de cette affiche fut jadis synonyme de génie ; il serait exécrable s'il eût été posé là par la main qui écrivit *le Sacre*, *la Colonne*, et les stances au duc d'Orléans ; nous penchons à croire le contraire.

Citoyens Français,

Nos Représentants meurent ou perdent leur liberté,

(1) C'est l'article 68 qu'on a voulu dire, ce fameux article 68, si souvent et si comiquement évoqué par les présidents de l'Assemblée de la rue de Grenelle.

pour défendre le mandat que vous leur avez confié, votre souveraineté, vos droits et les libertés publiques.

Souffrirons-nous qu'un homme sans gloire, sans honneur, s'empare ainsi de notre belle patrie ?

Non, jamais ! Nous voulons vivre libre (*sic*), n'est-ce pas ?

Aux armes donc, et meurent le TYRAN et les infâmes gorgés de l'or pris *dans la caisse des contributions.*

La province se lève ; du courage, et dans quelques heures, Napoléon périra dans un égout, seul tombeau digne de lui.

### A L'ARMÉE.

Soldats, qu'allez-vous faire ? On vous égare et on vous trompe. Vos plus illustres chefs sont jetés dans les fers ; la souveraineté nationale est brisée ; sa représentation nationale outragée, violée. Et vous allez suivre sur le chemin de l'opprobre et de la trahison un tas d'hommes perdus, un LOUIS NAPOLÉON, qui souille son grand nom par le plus odieux des crimes ; un SAINT-ARNAUD, escroc, faussaire, six fois chassé de l'armée pour ses filouteries et ses vices.

Soldats, tournerez-vous contre la Patrie ces armes qu'elle vous a confiées pour la défendre ? Soldats, la désobéissance est aujourd'hui le plus sacré des devoirs. Soldats, unissez-vous au peuple pour sauver la Patrie et la République.

### A BAS L'USURPATEUR !

Vos Magistrats, vos Représentants, vos Concitoyens, vos Frères, vos Mères et vos Sœurs qui vous demanderont compte du sang versé.

PEUPLE,

Le neveu du meurtrier de la première République, l'homme que *dans ta simplicité* tu avais revêtu de la suprême magistrature, vient de commettre un crime de *Haute Trahison.*

Peuple de Février, qui ne veux plus de maîtres, à toi d'infliger au nouveau Dictateur le châtiment qu'il mérite...

En vertu d'un Décret de l'Assemblée nationale,

Louis-Napoléon Bonaparte est mis HORS LA LOI.

On traque, on emprisonne, on égorge les Représentants, et de farouches soudarts (*sic*), payés *avec l'or des Cosaques,* sont prêts à mitrailler *les Enfants de* PARIS.

AUX ARMES!! AUX BARRICADFS!!!

Les comités des *Proscrits* et *central* de *Résistance* sont à leur poste, attendant le concours de leurs Frères.

Aux Armes!! Aux Armes!! Aux Armes!!!

Mort aux Ennemis de la *République !* pour le comi...... des Procrits...... (*sic*).

---

En même temps, des émissaires intelligents circulaient dans les groupes, et semaient les bruits les plus absurdes ou les calomnies les plus atroces ; les cabarets, ces fonts baptismaux de toute émeute, les bouges où couche la partie infâme de la population, les associations égalitaires où la démagogie débite en même temps les aliments frelatés qui empoisonnent le corps et les excitations qui pervertissent l'intelligence; les rues isolées, les barrières et les marchés pullulèrent, pendant cette soirée et cette nuit, d'hôtes agités, fiévreux, sinistres, et contre leur habitude parlant beaucoup et payant comptant. De temps en temps, un être à la figure plus humaine, aux mains plus propres, bien vêtu et bien reçu, surgissait au milieu d'un groupe sordide, et au bout de quelques minutes chacun avait un rendez-vous dans l'oreille, de l'argent dans la main et des cartouches dans la poche. C'était la veille des armes prédite depuis deux ans et annoncée par les comités révolutionnaires de toute l'Europe. Paris allait s'éveiller en pleine guerre civile.

Dans une réunion présidée par des membres de la Montagne et qui se tint tout près de la barrière du Trône, deux cents fusils furent distribués et un projet de gouvernement provisoire mis en discussion. On agita pendant une heure la question d'assassinat du Président de la République, qu'on abandonna pour cause d'impossibilité physique, disent les uns, et pour ne pas se déshonorer par un assassinat, disent les autres. Quelques ateliers où des tentatives d'embauchage avaient été inutilement essayées dans la journée, furent signalés « à la justice du peuple. » Un des décrets projetés par cet embryon de comité de salut public portait : « Le suffrage universel est provisoirement suspendu ; les élections ne se feront qu'au rétablissement *de la paix.* » La peine de mort était rétablie, et Paris devait avoir un tribunal révolutionnaire par arrondissement.

Le Gouvernement savait tout et apprêtait tout. L'insignifiante baisse qui avait accueilli à la Bourse la nouvelle des événements, l'attitude confiante et satisfaite de la garde nationale, du commerce et de la vraie classe ouvrière, les nouvelles admirables déjà reçues par les télégraphes et les chemins de fer ; l'enthousiasme et l'énergie de l'armée, et par dessus tout cela l'incroyable bonheur qui venait de couronner, dans les moindres détails, cette magnifique et gigantesque entreprise, lui eussent répondu du lendemain, s'il avait eu besoin d'une assurance. Mais on a toute force quand on a toute foi, et depuis le chef de l'état jusqu'au dernier agent de l'autorité la question n'était pas : « Allons-nous vaincre. » mais : « En combien d'heures vaincrons-nous ? » L'armée se chargea de la réponse.

Elle rentra dans ses quartiers à minuit et se reposa dans l'attente d'une bataille. A l'Intérieur où était venu s'installer le nouveau ministère (1), à l'Élysée où les adhésions et les dévouements empruntaient

(1) Composé de MM. DE MORNY, à l'Intérieur ; DE SAINT-ARNAUD, à la Guerre ; TURGOT, aux Affaires Étrangères ; ROUHER, à la Justice ; FOULD, aux Finances ; DUCOS, à la Marine ; MAGNE, aux Travaux publics ; FORTOUL, à l'Instruction ; et LEFEBVRE-DURUFLÉ, au Commerce.

aux circonstances leur plus énergique langage ; à la Préfecture de police où des milliers d'ordres répondaient à des milliers de rapports, et où le Préfet dictait à cinq secrétaires à la fois ; à la Guerre, à l'État-major, partout enfin où se préparait une résistance, où pensait un courage, où travaillait une autorité, on ne connut, ni cette nuit ni l'autre, le repos et le souci de soi-même. Le coup d'État décrété le matin n'était que l'œuvre enfantée par le génie ; d'une dernière et véritable lutte cette œuvre allait sortir consommée par la force. C'est la loi de Dieu : après l'idée le fait ; c'est la loi des sociétés : avant la paix la guerre. On ne chercha pas la bataille puisqu'on l'avait prévue, mais on l'accepta puisqu'elle était offerte. C'est ce que la suite de ce récit va démontrer.

# III

## LA BATAILLE.

---

Il y a un an, l'application de toute l'armée à la compression des troubles civils était encore un problème. Non pas que l'unanimité des régiments n'eût le culte ardent de l'ordre, de l'autorité et de l'obéissance, et que le gouvernement ne pût compter sur l'ardeur des troupes à saisir toute revanche des hontes de Février et des assassinats de Juin ; mais les tiraillements partis de l'Assemblée, l'exemple de quelques généraux, les séductions de la presse, les souvenirs d'affections princières, les caresses de l'ambition et de la vanité, peut-être bien les promesses quasi-officielles des meneurs parlementaires ou autres, pouvaient faire craindre, — nous ne dirons pas des défections, ce mot n'est pas français,

— mais des hésitations, des scrupules et de l'opposition au sein de l'état-major. Quand on vit des officiers supérieurs s'attacher à la fortune d'un compagnon d'armes, glorieux il est vrai et digne de commander une armée, mais enfin simple général comme eux et rien de plus ; quand à propos de la révocation, non-seulement très légale et très politique mais encore très morale, du général Changarnier, une Assemblée française donna l'affligeant spectacle d'une majorité d'hommes d'affaires, de faiseurs de discours et de conspirateurs de salons intervenant entre un soldat et ses chefs, et contestant à un ministre de la guerre le droit de déplacer un commandant quelconque, — général ou sergent, le principe était le même et le fait identique ; — quand cette Assemblée, toute fière d'avoir un grief vivant qui justifiât ses coalitions, ravivât ses hostilités et au besoin lui servît d'enseigne, sinon d'épée, décréta implicitement que la hiérarchie, la discipline et le respect étaient susceptibles de restriction et de commentaires ; ce jour-là, l'honneur militaire, s'il n'eût été de sa nature incorruptible et inattaquable, recevait une de ces atteintes fatales qui justifient l'épithète de prétoriens si souvent et si maladroitement jetée par l'opposition à ceux précisément dont elle ne peut parvenir à faire les défenseurs de son prétoire. De ce jour-là aussi, le Président et ses amis les plus chers comprirent ce qu'ils devaient attendre de l'armée et ce qu'il fallait que l'armée attendît du Président. Ou nous nous trompons fort, ou les premiers germes du coup d'État qui devait éclater dix mois plus tard couvèrent alors et devinrent peu à peu une volonté arrêtée, et nous pouvons dire que si les événements dont nous retraçons l'histoire viennent, en fait, de se passer sous nos yeux, en principe leur nécessité avait été reconnue et leur éclosion rêvée depuis le premier mois de l'année actuelle.

Mais, composé comme il l'était encore, l'état-major général, — les généraux seuls étaient à craindre, — n'offrait peut-être pas d'assez complètes garanties, car les plus âgés pouvaient manquer d'audace et la grande majorité des plus jeunes figurait dans le parlement. Une idée tout impériale triompha de cette alternative, et M. de Persigny, cet ardent et infatigable chevalier du napoléonisme, se voua avec enthousiasme à la réalisation de ce mot de génie, négligemment jeté par le Président, et dont l'expédition de Kabylie peut expliquer aujourd'hui la profondeur et la portée : « Si nous faisions des généraux ? »

La graine n'en manquait pas. Un des plus brillants officiers de notre cavalerie, le brave et sympathique commandant Fleury (1), fut chargé d'apprécier les courages, d'évoquer les dévouements,

---

(1) Aujourd'hui colonel.

de certifier les espérances. Sa mission ne fut ni longue, ni pénible ; généraux de division ou de brigade, colonels, lieutenants-colonels, aucun de ceux à qui son entraînante parole peignit les dangers du pays n'avait besoin d'être convaincu. Tous avaient une égale horreur du parlementarisme et du socialisme, qui dissolvent avec une égale rapidité l'honneur militaire, la foi au drapeau et l'obéissance aux consignes. Un officier qui discute ses ordres est presque toujours un homme médiocre, parce qu'il manque au sentiment le plus impérieux et le plus constitutif de l'intelligence humaine : le devoir. S'il a quelque valeur d'esprit ou de services, cet officier est pire encore : c'est un traître, ou un ambitieux prêt à le devenir ; les exemples abondent. Pour le soldat le principe est encore plus rigoureux, parce qu'il est plus applicable. Ce qui a fait la discipline de notre armée, et par conséquent sa gloire, c'est qu'en dépit de la civilisation, des journaux et des livres, elle n'a jamais eu des idées, mais des instincts ; elle aime ou elle hait, carrément, complètement, jusqu'à la mort et jusqu'à la frénésie, mais sans calcul, sans restriction et surtout sans phrases. L'Empire l'a bien prouvé, et Napoléon dut ses victoires miraculeuses autant peut-être à l'amour farouche, exclusif et superstitieux qui tordait à son nom les entrailles du dernier conscrit, qu'aux combinaisons de son génie et au courage de ses lieutenants.

C'est ainsi que les cadets devinrent les aînés, et que le cadre de l'armée active s'habitua aux noms de Saint-Arnaud, de Cotte, Espinasse, Marulaz, Rochefort, Feray, d'Allonville. Gardarens de Boisse, de Lourmel, Herbillon, Dulac, Forey, Courtigis, Canrobert et quelques autres. Ce préliminaire était nécessaire au récit d'une bataille où la plupart des hommes dont nous avons cité le nom viennent de gagner leurs éperons en mettant, pour parler comme le vainqueur de Vendémiaire, leur cachet sur la révolution.

---

Le matin du 3, voici par quel effectif l'insurrection décrétée la veille par la Montagne et les sociétés secrètes, pouvait s'attendre à être reçue :

Première division, commandée par le général Carrelet; généraux de brigade, MM. de Cotte, de Bourgon, Dulac, Reybell et Canrobert : 72$^e$, 28$^e$, 33$^e$, 58$^e$, 27$^e$ et 49$^e$ régiments d'infanterie de ligne, 15$^e$ régiment d'infanterie légère; 9$^e$, 10$^e$ et 11$^e$ batteries du 6$^e$ d'artillerie, 5$^e$ et 7$^e$ compagnies du 1$^{er}$ bataillon du 1$^{er}$ régiment de génie; 5$^e$ bataillon de chasseurs à pied, garde républicaine, deux bataillons de gendarmerie mobile, 2$^e$ et 7$^e$ régiments de lanciers, deux escadrons de guides.

Deuxième division, commandée par le général

Renault; généraux de brigade, MM. Sauboul, Forey et Ripert : 19e, 30e, 37e, 14e, 56e, 6e et 42e de ligne; 4e, 7e et 8e batteries du 7e d'artillerie ; 1re compagnie du 2e bataillon du 1er de génie; 3e et 6e bataillons de chasseurs à pied.

Troisième division, commandée par le général Levasseur ; généraux de brigade, MM. Herbillon, Marulaz et de Courtigis : 3e, 6e, 44e, 31e, 43e, et 54e de ligne, 6e et 19e léger, 2 batteries d'artillerie, 9e bataillon de chasseurs à pied.

Division de grosse cavalerie (réserve), commandée par le général Korte ; généraux de brigade, MM. Tartas et d'Allonville : 1er et 2e carabiniers, 6e et 7e cuirassiers et 12e dragons.

C'est-à-dire, 18 régiments d'infanterie de ligne; 3 régiments d'infanterie légère; 4 bataillons de chasseurs à pied ; 2 bataillons de garde républicaine et 2 bataillons de gendarmerie mobile; 4 compagnies du génie et 1 de mineurs; 2 régiments de lanciers; 2 de carabiniers; 2 de cuirassiers; 1 de dragons; 2 escadrons de guides; 2 escadrons de garde républicaine et 2 de gendarmerie mobile; 19 batteries d'artillerie embrigadées.

De tous les hommes d'épée que nous venons de nommer, la biographie peut se faire en deux lignes : vie pure, actions d'éclat, grades conquis sur le champ de bataille, courage à toute épreuve et dévouement absolu comme le courage ; l'histoire, en un mot, courte, banale et sublime de toutes ces grandes figures que notre patrie propose à l'admiration humaine et qu'on appelle des généraux français. Leur chef, c'est-à-dire leur aîné selon la gloire et leur supérieur selon la règle, mérite, à ce titre, quelques lignes de plus :

———

M. le général Magnan, commandant en chef de l'armée de Paris, est un des plus beaux soldats de cette armée. A soixante-deux ans, il n'en paraît pas quarante, et quand il passe devant un front de bataille avec sa large poitrine constellée de croix et sa haute stature, les soldats qui l'aiment savent que cette mâle vieillesse n'est que l'enveloppe et le symbole d'une âme plus mâle encore, et que chacune de ces décorations fut la récompense d'une victoire ou d'un trait historique ; il vient de recevoir la dernière et la plus précieuse, la grand'-croix de la Légion-d'Honneur, remerciement de la victoire que nous racontons. Le général Magnan est soldat depuis 1809, légionnaire et officier depuis 1811, et n'a pas manqué, depuis Rovigo et Alméida jusqu'à Waterloo, une seule des batailles de l'Empire. La Restauration le trouva officier de la Légion-d'Honneur, et le fit successivement chef de bataillon, chevalier de Saint-Louis et colonel du 49° de ligne, pour sa belle conduite dans la campagne de 1823. En 1830, il conduit son régiment en Afrique, est mis à l'ordre du jour de l'armée et nommé commandeur. En 1832, le roi des Belges le nomma général de brigade, comme dix-huit ans plus tard, Charles-Albert devait le nommer généralissime; il réorganise l'armée belge et à la paix rentre en France. Louis-Philippe l'élève à la dignité de maréchal de camp et lui confie le commandement militaire du Nord, où il put, pendant sept ans, se faire la main contre l'émeute et se préparer aux grands triomphes que Lyon et Paris lui réservaient en ce genre. Le 24 Février, il se mettait à la disposition du roi et s'apprêtait, côte à côte avec son ami le général Carrelet, à défendre les Tuileries : après l'abdication, il ne se crut pas quitte et fut le seul général qui accompagna, en uniforme, la duchesse d'Orléans et ses enfants à la Chambre. Commandant de l'armée des Alpes, il créa cette admirable division que tout Paris alla contempler au camp de Saint-Maur, quand les journées de Juin l'appelant au secours de la capitale, il lui fit faire cent vingt lieues en sept jours. Quand elle partit sans lui pour l'Italie, le général Magnan mandé à Lyon par le maréchal Bugeaud pour le remplacer provisoirement dans le commandement en chef, pour « prendre son rôle, » comme écrivait le vainqueur d'Isly, exécuta la dernière volonté de ce grand capitaine en écrasant et en noyant dans le sang, après un combat de six heures au canon et à la baïonnette, la formidable insurrection communiste du 15 juin 1849. Payant de sa personne, le premier au milieu de la fusillade, il eut son cheval tué sous lui ; il fut nommé grand officier de la Légion-d'Honneur, à la suite de cette victoire qui sauva cinq départements et la France. Paris reconnaissant, le porta par 124,492 voix à la représentation nationale, qui représentait alors quelque chose ; il quitta le commandement de la 4ᵉ division pour l'Assemblée, puis donna sa démission et reçut enfin le commandement de l'armée de Paris. C'était l'homme, c'était l'heure.

---

L'agitation commença avec le jour, bien que la physionomie habituelle de Paris ne trahît aucune inquiétude sérieuse. La Montagne était, disait-on, en permanence, et les affiches hideuses, dont nous avons reproduit quelques spécimens, circulaient dans les faubourgs. Les groupes annonçaient, non pas la prise d'armes régulière et avouée, mais la tendance au coup de main, aux processions de cadavres, aux exhibitions renouvelées de 1848 ; le cadavre seul manquait. On en voulut faire, et un malheureux désigné par le sort, l'ex-représentant Baudin, accepta la mission d'élever la première barricade,

Quand on refait ces pages sinistres, si nombreuses dans notre histoire, une tristesse inexprimable saisit l'âme, et on se demande si les avantages d'une victoire, même sociale, sont aux yeux de Dieu une compensation suffisante du sang répandu par elle. Si peu qu'il en coule, il y a toujours dans ce sang une parcelle de la poussière divine dont nous fûmes formés, et si l'être, tout à l'heure plein de jeunesse et de vie, que nous voyons passer sur une civière, frappé à mort par une balle, n'était qu'une de ces pauvres dupes, déplacées de leur sphère, qui pouvaient vivre en gens de bien et que le régime parlementaire a fait passer successivement du républicanisme au socialisme, et du socialisme qui est l'émeute morale, à l'émeute qui est le socialisme pratique ; n'est-il pas juste que l'humanité ait ses droits comme la patrie, et qu'au nom de l'une aussi bien que de l'autre, on aide de toutes ses forces au renversement d'un ordre de choses qui se résout fatalement par des coups de fusil, arme les citoyens contre les soldats et dit à un homme, honnête la veille et père de famille peut-être : « Va te faire tuer pour une constitution que tu ne comprends pas ; car si tu la comprenais, tu ne te ferais pas tuer pour elle. » Toute l'absurdité de la politique révolutionnaire éclate dans ce simple rapprochement, et il faut être ce que sont tous les anarchistes, c'est-à-dire aveuglé et assourdi par la vanité, seul et incurable mobile de tous ces cerveaux médiocres, pour endosser cette responsabilité au bout de laquelle est un ridicule si formidable qu'il n'épargne pas même la mort! C'est ce qui rend l'histoire des luttes civiles aussi humiliante que triste; l'aberration humaine poussée aux dernières limites de l'extravagance et de l'orgueil, n'y afflige pas moins l'intelligence du penseur que le sang versé n'y brise le cœur du chrétien, et le jour n'est pas loin peut-être où les passions démocratiques, définitivement classées parmi les maladies mentales, quitteront le domaine de la politique et ne livreront de bataille que dans les cabanons de Bicêtre et de Charenton.

A moins que le crime ne s'en mêle et que l'émeutier ne soit plus qu'un bandit ivre de luxure et altéré de pillage, une bête fauve de cette famille dont la Nièvre et le Var viennent d'offrir de si complets exemplaires, auquel cas il n'y a plus combat, mais battue; d'un côté la Jacquerie, de l'autre la Société; tout est permis alors, et du moment qu'au lieu d'hommes on n'a en face de soi qu'un troupeau de loups enragés, la seule crainte à concevoir, c'est d'en laisser échapper quelqu'un. Ainsi la démagogie militante, comme on l'appelle, sous quelque prétexte qu'elle s'arme ou de quelque côté qu'elle se lève, n'a d'issue que dans l'un ou dans l'autre de ces deux échappatoires: tomber la fourche aux reins dans le ruisseau de la rue, et finir comme Vitellius traîné aux gémonies avec des crocs et des éclats de rire ; ou se ruer aux abominations du vol et du meurtre, pour périr d'une volée de mitraille, comme périssaient les honnêtes gens sous Carrier de démocratique mémoire.

———

Baudin fut tué raide par quelques soldats de la brigade Marulaz, stationnée place de la Bastille. On vint prévenir ce général qu'une barricade se construisait à la bifurcation des trois rues de Cotte, Sainte-Marguerite et du faubourg Saint-Antoine. Trois compagnies du 19ᵉ léger, sous les ordres du commandant Pajol, s'élancèrent dans cette dernière direction, c'est-à-dire au-devant de la barricade, tandis que le général, à la tête d'un bataillon du 44ᵉ, enfilait au pas de course la rue de Charonne pour emporter la barricade à revers. Trois représentants décorés de leurs insignes étaient aux côtés de Baudin : Schœlcher, l'ancien ministre de la marine, le plus connu des abolitionnistes sous la monarchie, le plus riche des montagnards sous la République et, sous les deux régimes, le plus inoffensif et le plus discoureur des révolutionnaires ; l'avocat Madier de Montjau, défenseur bruyant de la constitution et du peuple, — la veuve et l'orphelin ; — le poëte Esquiros, imagination sans génie, échauffée et affaiblie par un ascétisme bizarre, rêveur larmoyant et féroce qui, la plume à la main, écrit la réhabilitation des courtisanes, l'apologie de Marat, travestit l'Évangile en catéchisme terroriste, et dans la vie privée n'est que le plus doux et le plus craintif des monomanes : tel était le personnel de la souveraineté représentative, décrétant la guerre civile pour sauver le droit et s'insurgeant pour l'honneur des principes. Baudin fit signe qu'il voulait parler aux soldats; le commandant Pajol lui barra le passage. Il remonta sur la barricade et cria : Feu! Quelques coups de fusil partirent derrière lui, et l'un d'eux alla tuer un soldat du 44°. La troupe fit une décharge, et Baudin, touché en plein front, tomba raide mort. Les soldats emportèrent tout. Esquiros fut pris, Schœlcher et Madier de Montjau parvinrent à s'échapper. La foule qui était immense dans ces rues spacieuses, fit comme un mouvement pour s'élancer; la vue de deux obus pointés et prêt à balayer le faubourg la dispersa en un clin d'œil.

Il était neuf heures. A neuf heures et demie toute la partie des boulevarts depuis la Bastille jusqu'au Château-d'Eau était occupée militairement par la cavalerie et la troupe de ligne; la brigade Marulaz gardait la Bastille avec du canon. Toutes les maisons faisant angle, où les insurgés de juin avaient en 1848 trouvé un refuge, étaient occupées de la cave au grenier. Acculés dans le fond du faubourg, les révoltés crurent fuir du côté de Vincennes et vinrent tomber dans les rangs de la brigade Courtigis, qui en prit un nombre considérable.

L'insurrection grandissait. Vers trois heures, le Préfet de police qui suivait au doigt et à l'œil les progrès de cette marée, fit afficher l'ordonnance suivante :

Nous préfet de police, etc.
Arrêtons ce qui suit :
Art. Ier. Tout rassemblement est rigoureusement interdit. Il sera immédiatement dissipé par la force.
Art. II. Tout cri séditieux, toute lecture en public, tout affichage d'écrit politique n'émanant pas d'une autorité régulièrement constituée, sont également interdits.
Art. III. Les agents de la force publique veilleront à l'exécution du présent arrêté.
Fait à la préfecture de police, le 3 décembre 1851.

*Le préfet de police,*  DE MAUPAS.

Vu et approuvé :

*Le ministre de l'intérieur,*  DE MORNY.

Le Ministre de la guerre, de son côté, publiait la proclamation catégorique et significative qu'on va lire :

Habitants de Paris !

Les ennemis de l'ordre et de la société ont engagé la lutte. Ce n'est pas contre le Gouvernement, contre l'élu de la nation qu'ils combattent, mais ils veulent le pillage et la destruction.

Que les bons citoyens s'unissent au nom de la société et des familles menacées.

**Restez calmes, habitants de Paris !** Pas de curieux inutiles dans les rues ; ils gênent les mouvements des braves soldats qui vous protégent de leurs baïonnettes.

Pour moi, vous me trouverez toujours inébranlable dans la volonté de vous défendre et de maintenir l'ordre.

---

Le ministre de la guerre,

Vu la loi sur l'état de siége,

Arrête :

Tout individu pris construisant ou défendant une barricade, ou les armes à la main, SERA FUSILLÉ.

*Le général de division, ministre de la guerre,*

DE SAINT-ARNAUD.

---

Pendant qu'on les placardait dans tout Paris, ce qui restait de la Montagne et des sociétés secrètes faisait, de son côté, afficher son dernier manifeste. On remarque dans ce document une forme plus parlementaire, une dialectique plus serrée, quelque chose enfin qui ressemble à des idées et affecte une logique qui manquait aux précédentes excitations. De plus, le papier et l'impression en sont, à peu de chose près, convenables ; il est évident qu'on

avait en vue la partie intelligente de la démocratie.
On croirait lire un article du *National* :

### AUX TRAVAILLEURS.

Citoyens et Compagnons !

Le pacte social est brisé !

Une majorité royaliste, de concert avec Louis-Napoléon, a violé la Constitution le 31 mai 1850.

Malgré la grandeur de cet outrage, nous attendions, pour en obtenir l'éclatante réparation, l'élection générale de 1852.

Mais hier, celui qui fut le président de la République a effacé cette date solennelle.

Sous prétexte de restituer au peuple un droit que nul ne peut lui ravir, il veut en réalité le placer sous une dictature militaire.

Citoyens, nous ne serons pas dupes de cette ruse grossière.

Comment pourrions-nous croire à la sincérité et au désintéressement de Louis-Napoléon ?

Il parle de maintenir la République, et il jette en prison les républicains ;

Il promet le rétablissement du suffrage universel, et il vient de former son conseil consultatif des hommes qui l'ont mutilé ;

Il parle de son respect pour l'indépendance des opinions, et il suspend les journaux, il envahit les imprimeries, il disperse les réunions populaires ;

Il appelle le peuple à une élection, et il le place sous l'état de siége ; il rêve on ne sait quel escamotage perfide qui mettrait l'électeur sous la surveillance d'une police stipendiée par lui.

Il fait plus, il exerce une pression sur nos frères de l'armée, et viole la conscience humaine en les forçant de voter pour lui, sous l'œil de leurs officiers, en quarante-huit heures.

Il est prêt, dit-il, à se démettre du pouvoir, et il contracte un emprunt de vingt-cinq millions, engageant l'avenir sous le rapport des impôts qui atteignent directement la subsistance du pauvre.

Mensonge, hypocrisie, parjure, telle est la politique de cet usurpateur.

Citoyens et Compagnons ! Louis-Napoléon s'est mis hors la loi ! La majorité de l'Assemblée, cette majorité qui a porté la main sur le suffrage universel, est dissoute.

Seule, *la minorité garde une autorité légitime*. Rallions-nous autour de cette minorité. Volons à la délivrance des républicains prisonniers ; réunissons au milieu de nous les représentants fidèles au suffrage universel ; faisons-leur un rempart de nos poitrines ; que nos délégués viennent grossir leurs rangs, et forment avec eux le noyau de la nouvelle Assemblée nationale !

Alors, réunis au nom de la Constitution, sous l'inspiration de notre dogme fondamental Liberté-Fraternité-Egalité, à l'ombre du drapeau populaire, nous aurons facilement raison du nouveau César et de ses prétoriens !

Le Comité central des Corporations.

*P. S.* La ville de Reims est au pouvoir du peuple ; elle va envoyer à Paris, au milieu de ses patriotiques phalanges, ses délégués à la nouvelle Assemblée.

Les républicains proscrits reviennent dans nos murs seconder l'effort populaire.

---

A quatre heures, l'action s'engageait sur trois points à la fois.

Le général Herbillon s'élançant de la place de l'Hôtel-de-Ville où il stationnait depuis le matin, à la tête du 9ᵉ bataillon de chasseurs à pied, d'un bataillon du 6ᵉ léger, d'un bataillon du 3ᵉ de ligne et d'une section du génie flanquée d'une pièce d'artillerie, déblayait les rues du Temple, Rambuteau et Beaubourg, et poussait jusqu'à la Pointe Saint-Eustache. Chassés sur ces points, les insurgés se réfugient dans les petites rues qui font de ce quartier un fouillis inextricable d'embûches et de rendez-vous, et ne tardent pas à se reformer en ordre de bataille. Un coup définitif est jugé nécessaire. Le colonel Chapuis, à la nuit tombante, prend avec lui un bataillon de son héroïque 3ᵉ de ligne et le lance au pas de course sur les barricades reformées des rues Grenétat, Transnonain et Beaubourg. La résistance fut désespérée ; on tirait des fenêtres et déjà cinq hommes étaient tombés. Tout à coup les insurgés entendent la fusillade sur leur arrière-garde; c'est le commandant Boulatigny du 6ᵉ léger qui les a tournés et qui les tue en les enveloppant. Ils fuient et viennent tomber dans le 3ᵉ de ligne qui fait un feu terrible et qui ne s'arrête qu'aux cris de grâce poussés par les vaincus. Cent prisonniers, des fusils, des paquets de poudre et un drapeau rouge sont le résultat de cette vigoureuse riposte, où les colonnes de la division de chasseurs, conduites par le commissaire Bertoglio, se sont couvertes de gloire.

A la même heure, une bande de deux cents individus élevaient une barricade dans les alentours de l'Imprimerie Nationale, toujours gardée par cette même compagnie de gendarmes mobiles qui avaient surveillé l'impression des décrets et les premiers avaient participé au coup d'Etat. M. de la Roche-d'Oisy qui les commande, et le directeur de l'Imprimerie Nationale organisent une sortie ; le lieutenant Fabre, à la tête de vingt-cinq gendarmes, enlève les barricades formées au moyen de diligences, de tonneaux pleins de pavés et de pièces de bois, et ramène l'une des voitures qui avaient servi à les construire.

Enfin, quelques barricades isolées sont dispersées à coups de carabine aux environs du marché Saint-Martin.

---

Les troupes rentrent à huit heures dans leurs quartiers respectifs, ne laissant sur place que les renforts strictement nécessaires pour assurer la sécurité publique. L'émeute s'était ajournée au lendemain. Quelques attroupements formés sur le boulevard des Italiens cédèrent à la présence des patrouilles de cavalerie, et les gens crédules purent s'imaginer que tout était fini.

Tout recommençait au contraire. On avait trouvé, et ceci est un nouvel aspect de l'émeute, que la bourgeoisie s'échauffait peu ; les fonds avaient fermé en hausse à la Bourse ; on ne parlait plus de l'Assemblée! Les meneurs avisèrent qu'une protestation bien lancée remuerait peut-être l'ouvrier qui n'avait pas voulu quitter et qui ne quitta pas ses ateliers, le petit commerçant, le bourgeois parlementaires et les gardes nationaux. A dix heures, en conséquence, la proposition de déchéance et d'appel du peuple à la guerre civile, rendue la veille par un fantôme d'Assemblée, se trouva autographiée, comme par enchantement, et distribuée ou plutôt jetée sur les boulevarts à milliers d'exemplaires. Quelques ex-représentants, sortis le matin du Mont-Valérien et de Mazas, colportaient dans les groupes de gens bien mis, dans les cercles, dans les lieux publics, cent récits plus ou moins fantastiques, inventés par la haine et propagés par la peur. Ces contes odieux trouvaient créance, et les exaltés de tous les partis s'en repaissaient avec l'avidité de gens qui n'en croyaient pas un mot, mais dont l'intérêt était de le faire croire aux autres.

Le boulevart de Gand qu'on a accusé de cette propagande, plus divertissante du reste que dangereuse, n'y prit, nous l'avons vu de nos yeux, d'autre part qu'une abstention discoureuse et railleuse. Mais pendant que les désillusions en habit noir et les rancunes fashionables savouraient leurs petites vengeances distillées en caricatures et en épigrammes, la blouse qui a des illusions, elle, et des rancunes à la façon de février, organisait une plaisanterie dont les beaux esprits de la coalition ne rirent que du bout des dents. Ce n'était pas neuf, mais un premier essai avait si bien réussi quatre ans auparavant, que l'imprévu pouvait en jaillir encore. On refit dans le faubourg Saint-Martin la fameuse scène du boulevart des Capucines, avec cette différence que, vu la facilité de se procurer des cadavres, on put se dispenser du coup de pistolet. Cent cinquante misérables armés de fusils et de sabres qu'ils venaient de voler à un armurier, se réunirent dans une impasse où deux morts des barricades de l'après-midi avaient été cachés sous un tas de paille. Le hideux cortége, —moins la charrette, car la rue Lepelletier était trop loin, — se mit en marche éclairé par des torches et poussa sa promenade funèbre jusqu'au cœur même du quartier où la poudre du 6ᵉ léger se sentait encore ; les soldats étaient partis. Grossi de toutes les clameurs, de tous les instincts sauvages, de toutes les infamies dont ces carrefours ont le monopole, il arriva ainsi rue des Gravilliers, où passait une escouade de vingt sergents de ville commandés par le brigadier Revial. Ces vieux soldats sans se consulter, sans se compter, sans attendre le commandement, fondirent l'épée à la main sur ce lâche troupeau d'insulteurs de la tombe qui, trompés par l'impétuosité de l'attaque, se crurent cernés par tout un régiment, et se laissèrent pousser la pointe aux reins par cette poignée d'honnêtes gens, jusqu'au milieu d'un bataillon de chasseurs qui en conduisit cent deux à la Préfecture. Le brigadier Revial a été décoré pour ce miracle d'intrépidité et d'à propos, vu et attesté par tout un quartier de Paris.

---

Ce fut le dernier épisode de ce premier jour de bataille. Des deux côtés on avait besoin de préparation et de repos; aussi Paris fut calme cette nuit-là. On profita du silence des rues, garanti par la fréquence des patrouilles, pour expédier sur Ham MM. les généraux Changarnier, Cavaignac, Lamoricière, Bedeau, Leflo, le colonel Charras, Baze et Roger (du Nord); ce dernier, ainsi que le général Cavaignac, est libre à l'heure qu'il est. Cette translation, opérée sans bruit, le fut aussi sans récriminations. L'écho de la journée avait porté jusqu'à ces hommes tombés les premières rumeurs de la guerre civile, et leurs erreurs, dont l'infortune les absout mais que l'histoire doit constater, durent, aux grondements lointains de la fusillade, surgir devant eux comme des remords. Leur captivité ne sera point imputée à ceux qui l'ordonnèrent ; quand un pays répond aux coups d'État comme vient de répondre la France, le gouvernement de ce pays n'a pas plus de reproches à se faire que d'accusations à appréhender. Nous souhaitons, nous espérons que cette captivité sera courte, car le cœur de Louis-Napoléon est magnanime. Et qui ne le serait maintenant ?

---

Au point du jour, le préfet de police fit afficher la proclamation suivante, qui pour tout le monde, excepté pour les sourds et les aveugles, devait et voulait dire : « Il y aura aujourd'hui une grande bataille ; que ceux qui ne veulent pas être tués n'aillent pas sur le champ du combat. » Cette pièce répond et a répondu à tous les reproches d'inhumanité et à toutes les évocations de sang innocent répandu que les partis, depuis le fatal combat du boulevart Poissonnière, ont essayé de faire remonter jusqu'au gouvernement :

Habitants de Paris !

Comme nous, vous voulez l'ordre et la paix ; comme nous, vous êtes impatients d'en finir avec cette poignée de factieux qui lèvent depuis hier le drapeau de l'insurrection.

Partout notre courageuse et intrépide armée les a culbutés et vaincus.

Le peuple est resté sourd à leurs provocations.

Il est des mesures néanmoins que la sûreté publique commande.

L'état de siége est décrété.

Le moment est venu d'en appliquer les conséquences rigoureuses.

Usant des pouvoirs qu'il nous donne,

Nous, Préfet de police, arrêtons :

Art. 1er. La circulation est interdite à toute voiture publique ou bourgeoise. Il n'y aura d'exception qu'en faveur de celles qui servent à l'alimentation de Paris et au transport des matériaux.

Les stationnements des piétons sur la voie publique et la formation de groupes seront, *sans sommation, dispersés par la force.*

*Que les citoyens paisibles restent à leur logis.*

*Il y aurait péril sérieux à contrevenir aux dispositions arrêtées.*

Paris, le 4 décembre 1851.

*Le préfet de police,*
DE MAUPAS.

———

La parole est maintenant au général Magnan ; c'est lui qui doit raconter cette grande journée du 4, sa journée à lui surtout, car il y a doublé sa gloire et sauvé son pays, et près du récit qu'il en a fait toute narration est pâle et toute imagination impuissante :

. . . . . . . . . . . . .

Voyant que la journée s'était passée en escarmouches insignifiantes et sans résultat décisif, et soupçonnant que l'intention des meneurs était de fatiguer les troupes, en portant successivement l'agitation dans tous les quartiers, je résolus de laisser l'insurrection livrée à elle-même, de lui donner la facilité de choisir son terrain, de s'y établir et de former enfin une masse compacte que je pusse atteindre et combattre.

Dans ce but, je fis retirer tous les postes, rentrer toutes les troupes dans leurs casernes, et j'attendis.

Dès le 4 au matin, les rapports de M. le préfet de police et mes propres reconnaissances m'informèrent que des attroupements nombreux se formaient dans les quartiers Saint-Antoine, Saint-Denis, Saint-Martin, et qu'ils commençaient à y élever des barricades.

L'insurrection paraissait avoir son foyer dans l'espace compris entre les boulevards et les rues du Temple, Rambuteau et Montmartre.

A midi, j'appris que les barricades devenaient formidables et que les insurgés s'y retranchaient ; mais j'avais décidé de n'attaquer qu'à deux heures, et, inébranlable dans ma résolution, je n'avançai pas le moment, quelques instances qu'on me fît pour cela. Je connaissais l'ardeur de mes troupes, je savais leur impatience de combattre, et j'étais sûr de vaincre cette insurrection en deux heures, si elle voulait franchement accepter le combat.

Le succès a justifié mon attente. L'attaque ordonnée

pour deux heures, devait avoir lieu par un mouvement convergent des divisions Carrelet et Levasseur.

En conséquence, la brigade Bourgon prit position entre la porte Saint-Denis et la porte Saint-Martin.

Les brigades de Cotte et Canrobert se massèrent sur le boulevard des Italiens, pendant que le général Dulac occupait la pointe Saint-Eustache, et que la brigade de cavalerie du général Reibell s'établissait dans la rue de la Paix.

Le général Levasseur, reprenant ses positions, forma ses colonnes pour appuyer le mouvement de la division Carrelet.

A deux heures de l'après-midi, toutes ces troupes s'élancèrent en même temps.

La brigade Bourgon balaie le boulevard jusqu'à la rue du Temple, et descend cette rue jusqu'à celle de Rambuteau, enlevant toutes les barricades qu'elle trouve sur son passage.

La brigade de Cotte s'engage dans la rue Saint-Denis, pendant qu'un bataillon du 15e léger était lancé dans la rue du Petit-Carreau, déjà barricadée.

Le général Canrobert, prenant position à la porte St-Martin, parcourt la rue du faubourg de ce nom et les rues adjacentes, obstruées par de fortes barricades, que le 5e bataillon de chasseurs à pied, aux ordres du commandant Levassor-Sorval, enlève avec une rare intrépidité.

Le général Dulac lance, à l'attaque de la barricade de la rue de Rambuteau et des rues adjacentes, des colonnes formées des trois bataillons du 51e de ligne, colonel de Lourmel, et de deux autres bataillons, l'un du 19e de ligne, l'autre du 43e, appuyés par une batterie.

En même temps, la brigade Herbillon, formée en deux colonnes, dont l'une était dirigée par le général Levasseur en personne, pénétrait dans le foyer de l'insurrection par les rues du Temple, de Rambuteau et Saint-Martin.

Le général Marulaz opérait dans le même sens par la rue Saint-Denis, et jetait dans les rues transversales une colonne légère aux ordres de M. le colonel de la Motte-rouge, du 19e léger.

De son côté, le général Courtigis, arrivant de Vincennes, à la tête de sa brigade, balayait le faubourg St-Antoine, dans lequel plusieurs barricades avaient été construites.

Ces différentes opérations ont été conduites, sous le feu des insurgés, avec une habileté et un entrain qui ne pouvaient pas laisser le succès douteux un instant. Les barricades, attaquées d'abord à coups de canon, ont été enlevées à la baïonnette. Toute la partie de la ville qui s'étend entre les faubourgs Saint-Antoine et Saint-Martin, la pointe Saint-Eustache et l'Hôtel-de-Ville, a été sillonnée en tous sens par nos colonnes d'infanterie; les barricades enlevées et détruites, les insurgés dispersés et tués. Les rassemblements qui ont voulu essayer de se reformer sur les boulevards ont été chargés par la cavalerie du général Reibell, qui a essuyé, à la hauteur de la rue Montmartre, une assez vive fusillade.

Attaqués de tous les côtés à la fois, déconcertés par l'irrésistible élan de nos troupes et par cet ensemble de dispositions, enveloppant, comme dans un réseau de fer, le quartier où ils nous avaient attendus, les insurgés n'ont plus osé rien entreprendre de sérieux.

A cinq heures du soir, les troupes de la division Carrelet venaient reprendre position sur le boulevard.

Ainsi, commencée à deux heures, l'attaque était terminée avant cinq heures du soir. L'insurrection était vaincue sur le terrain qu'elle avait choisi.

Toutefois, quelques combats partiels ont eu lieu en dehors de ce terrain, et je crois devoir vous les signaler :

Le 4, vers sept heures du soir, quelques rassemblemens d'insurgés, dispersés par les diverses colonnes, se réunirent dans le haut de la rue Saint-Honoré, des Poulies, et plusieurs petites rues adjacentes, où ils commencèrent à se barricader.

D'autres attroupemens avaient lieu en même temps dans les rues Montmartre et Montorgueil, dont les réverbères avaient été éteints, et où les insurgés, à la faveur de l'obscurité, avaient pu élever de nouvelles barricades.

Vers huit heures, le colonel de Lourmel, du 51e de ligne, qui était resté en position près de la pointe Saint-Eustache, bien qu'appréciant toutes les difficultés d'une attaque de nuit, se décida à faire attaquer immédiatement par le 2e bataillon de son régiment.

Les quatre premières barricades furent enlevées au pas de course, et avec le plus grand élan, par les grenadiers et les voltigeurs de ce bataillon. Une cinquième restait debout, plus élevée et mieux défendue que les autres. Malgré son éloignement, malgré l'obscurité, le colonel de Lourmel n'hésita pas à prendre ses dispositions pour l'attaquer. Quinze grenadiers, aux ordres du sergent Pitrois, s'élancent les premiers, bientôt suivis par les grenadiers et les voltigeurs du bataillon, entraînés par le commandant Jeannin.

Rien ne peut résister à l'élan de ces braves soldats. La barricade est enlevée, malgré une résistance désespérée. Cent insurgés environ la défendaient. Quarante sont tués sur place, les autres sont faits prisonniers. Une centaine de fusils, des armes de toute espèce, d'abondantes munitions, tombent au pouvoir de nos soldats.

Le colonel Courant, du 19ᵉ de ligne, qui occupait, avec son régiment, le Palais-National, apprenant qu'un nombre considérable d'insurgés, chassés du carré Saint-Martin, s'étaient ralliés sur la place des Victoires et menaçaient la Banque de France et les quartiers environnants, s'y porte au pas de course avec son régiment, enlève les barricades des rues Pagevin et des Fossés-Montmartre, et revient s'établir à la Banque, d'où il a pu maintenir la tranquillité des quartiers de la Banque et de la Bourse.

Je n'achèverai pas de citer ; je ne puis cependant pas m'empêcher de rendre justice à l'énergique habileté avec laquelle M. le capitaine de La Roche-d'Oisy, commandant la 4ᵉ compagnie du 1ᵉʳ bataillon de gendarmerie mobile, a su, pendant tout le temps qu'a duré l'insurrection, préserver de toute insulte l'Imprimerie Nationale, entourée sans cesse de groupes menaçants. Plusieurs barricades ont été construites dans les rues voisines, dans le but de couper les communications de cet établissement. M. le lieutenant Fabre, de cette compagnie, à la tête de vingt-cinq gendarmes, a enlevé au pas de course la plus forte de ces barricades, formée au moyen de diligences renversées, de tonneaux pleins de pavés et de pièces de bois. Les autres barricades ont été successivement abordées et détruites, la circulation rétablie et maintenue par de fréquentes patrouilles.

A la Chapelle-Saint-Denis, quelques compagnies du 28ᵉ ligne ont enlevé de nombreuses barricades et maintenu la tranquillité dans ces quartiers populaires, que les sociétés secrètes avaient profondément remués.

Pendant que ces événemens se passaient sur la rive

droite de la Seine, le général Renault, commandant la 2ᵉ division, occupait la rive gauche, et, par l'habileté de ses dispositions, par la bonne contenance de ses troupes, il a pu garantir de toute agitation la population ouvrière des 11ᵉ et 12ᵉ arrondissements, dans laquelle, à une autre époque, l'insurrection avait fait de nombreux prosélytes.

La division de cavalerie de réserve, aux ordres du général Korte, appelée de Versailles, a pris position, d'abord aux Champs-Elysées, puis sur les boulevarts, et a puissamment contribué, par de nombreuses et fortes patrouilles, à l'arrestation d'un grand nombre d'insurgés et au rétablissement complet de la tranquillite.

Les rapports qui me furent adressés dans la nuit du 4, sur l'état de Paris, me donnant la presque certitude que l'insurrection n'oserait plus relever la tête, je retirai à minuit une partie des troupes de leurs positions de combat, pour leur donner un repos qu'elles avaient si bien mérité.

Le lendemain 5 décembre, je voulus montrer toute l'armée de Paris à la population. Je voulais, par cette démonstration, rassurer les bons, intimider les méchants.

J'ordonnai aux brigades d'infanterie, avec leur artillerie et leurs compagnies du génie, de parcourir la ville en colonne mobile, de marcher aux insurgés partout où ils se montreraient encore, d'enlever et de détruire les obstacles qui pourraient gêner la circulation.

A cet effet, le général Carrelet, à la tête d'une colonne de sa division, se porta vers neuf heures du matin à la barrière Rochechouart, où l'on signalait encore l'existence d'une barricade formidable. Mais les insurgés, atterrés par le résultat de la journée du 4, n'osèrent plus défendre leurs retranchements et les abandonnèrent à l'approche des troupes.

Une autre barricade, élevée dans le faubourg Poissonnière, fut pareillement désertée par ses défenseurs avant l'arrivée de la colonne aux ordres du général Canrobert, chargé de l'enlever.

A partir de ce moment, la tranquillité n'a plus été troublée dans Paris, et la circulation a été rétablie sur tous les points. L'armée est rentrée dans ses quartiers, et, dès le lendemain 6, Paris ne voyant plus dans les rues ce déploiement de forces, était rendu à son activité, à son mouvement, à sa vie habituelle.

Je ne sais, monsieur le ministre, comment rendre aux troupes qui ont combattu dans ces deux journées toute la justice qui leur est due pour la fermeté, l'élan et la discipline dont elles n'ont cessé de donner les plus éclatantes preuves. Officiers et soldats, tous ont compris ce que la patrie, ce que la société, exigeaient d'eux en ce moment solennel ; tous ont noblement fait leur devoir.

J'ai eu surtout à me louer beaucoup du concours énergique des officiers généraux sous mes ordres. Tous ont suivi mes instructions avec une intelligence et un dévoûment qui me pénètrent de la plus vive reconnaissance pour eux. Partout ils ont montré aux troupes le chemin qu'elles ont si noblement suivi.

Malheureusement, des opérations aussi compliquées ne pouvaient s'exécuter sans pertes sensibles. Nous avons eu dans ces deux journées 24 tués, dont 1 officier, et 184 blessés, dont 17 officiers. De ce nombre est M. le colonel Quilico, du 72e de ligne, qui a eu le bras traversé d'une balle, en même temps que son lieutenant-colonel, M. Loubeau, tombait à ses côtés frappé mortellement. L'armée entière s'est associée aux regrets qu'a causés, dans le 72ᵉ de ligne, la perte de cet officier supérieur de la plus haute distinction.

La faiblesse numérique de notre perte, comparée à celle des insurgés ne peut s'expliquer que par l'élan avec lequel tous les obstacles ont été abordés par nos soldats, et par l'énergie avec laquelle ils ont écrasé l'insurrection. En deux heures de combat, l'armée de Paris a obtenu le résultat qu'elle désirait; elle a justifié dignement la confiance du Président de la République : elle a le sentiment de l'avoir noblement aidé à sauver la société en France, et peut-être en Europe.

J'aurai l'honneur de vous adresser très incessamment l'état des militaires de tous grades qui m'ont paru avoir le plus de titres à des récompenses, et sur lesquels je vous prierai d'appeler le bienveillant intérêt de M. le Président de la République.

Agréez, monsieur le ministre, l'assurance de mon respectueux dévoûment.

*Le général commandant en chef,*

Magnan.

---

Pas un mot de trop, pas un mot de moins dans ce simple et fier récit d'un soldat qui rend compte à son chef et justice à ses compagnons d'armes. La réponse ne se fit pas attendre, elle était le soir même sur tous les murs de Paris et dans le cœur de chaque soldat :

## PROCLAMATION.

Paris, 4 décembre.

Soldats !

Vous avez accompli aujourd'hui un grand acte de votre vie militaire. Vous avez préservé le pays de l'anarchie, du pillage, et sauvé la République. Vous vous êtes montrés ce que vous serez toujours : braves, dévoués, infatigables. La France vous admire et vous remercie. Le Président de la République n'oubliera jamais votre dévoûment.

La victoire ne pouvait être douteuse ; le vrai peuple, les honnêtes gens sont avec vous.

Dans tous les garnisons de France, vos compagnons d'armes sont fiers de vous et suivraient au besoin votre exemple.

*Le ministre de la guerre,*

A. DE SAINT-ARNAUD.

---

Telle fut la fin de l'insurrection la plus menaçante, mais la plus habilement et la plus prodigieusement réprimée qui ait jamais menacé une société. Une nuit suffit pour en effacer les traces, et le lendemain même, sauf les promenades militaires qui rassurèrent ce qui restait encore de craintifs, Paris avait repris son aspect accoutumé. Les fonds montèrent, les boutiques se rouvrirent, la circulation reprit active et incessante, et les bonnes nouvelles venues des provinces répondirent à cette confiance de la capitale. La police, dont l'action vigoureuse avait si bien secondé le commencement des répressions, ne fut pas moins énergique dans l'application finale des châtiments. Traqués dans leurs derniers repaires, les anarchistes vinrent par milliers encombrer les prisons et les forts. On constata que les partis avaient payé l'émeute : un grand nombre d'insurgés morts ou faits prisonniers avaient leurs poches pleines d'or. Les fausses nouvelles accréditées pendant le combat, et qui dépassaient tout ce que l'imagination la plus féconde a jamais essayé en ce genre, débarquement de princes en Bretagne et en Normandie, arrivée des réfugiés de Londres, défection de régiments, villes et départements au pouvoir de l'émeute, calomnies stupides contre le gouvernement et les fonctionnaires, tombèrent devant l'incrédulité publique et devant la poursuite énergique dirigée contre les colporteurs de mensonges.

Les ouvriers n'avaient pas quitté leurs ateliers. C'est là un fait immense, mais que tout le monde avait prévu. La grande majorité des classes laborieuses avait battu des mains à la restitution du suffrage universel; elle ne pouvait donc prendre les armes. Quant à la minorité qui d'ordinaire descend dans la rue, ses chefs et ses corrupteurs étant placés depuis deux jours sous la main de la justice, elle dut, moitié par remords, moitié par défaut d'ordre, s'abstenir et se résigner. Dans toutes les rues où s'étaient élevées des barricades, ce fut la population ouvrière qui replaça les pavés, répara les dommages et s'offrit spontanément pour le déblaiement de la circulation, le service des ambulances et le soulagement des troupes fatiguées. La nuit du 4 au 5 vit Paris éclairé par des feux de bivouacs où soldats et citoyens fraternisaient avec joie; aux soins presque paternels dont l'armée avait été entourée par ses chefs se joignirent les cordiales et caressantes prévenances dont le caractère parisien est si prodigue, et qui, après toutes les émeutes, font une diversion à la fois consolante et charmante aux horreurs et aux inhumanités du combat.

Il y eut des traits individuels admirables. Un tambour du 1$^{er}$ bataillon de la gendarmerie mobile, blessé près de l'Imprimerie nationale à l'attaque d'une barricade, continua à battre la charge jusqu'à ce qu'il tombât épuisé. Un guide, nommé Glade, portant au galop un ordre du Ministre de l'intérieur au Préfet de police, est renversé par un omnibus qui lui broie la jambe; il n'en continue pas moins sa route, sachant que l'ordre était pressé, et vient le remettre dans la cour de la Préfecture où il s'évanouit. Un commissaire de police, pris entre le feu de la troupe et celui des insurgés, monta sur la barricade attaquée, tendit la main au premier soldat arrivé, et pendant l'engagement, renversé sur la barricade, tua d'un coup de pistolet le bandit qui allait l'égorger. Le directeur d'un hôtel de la rue du Mail, M. Stupuy et son fils, âgé de vingt ans, luttèrent corps à corps avec une troupe de barricadeurs, et par suite d'une de ces méprises de guerre civile si fréquentes, furent atteints et blessés grièvement par le feu d'un peloton détaché du poste de la Banque. Un soldat, amputé du bras, disait au Président qui le visitait : « J'en ai encore un à votre service. » — « Tout ce que je demande, disait un autre à l'aumonier qui consolait ses derniers moments, c'est de voir Napoléon avant de mourir. » Il le vit, en effet, une heure plus tard, et mourut en le bénissant. Ces épisodes ineffables ne font cependant qu'une saillie sur la masse des actes d'intrépidité et d'abnégation dont ces trois jours de lutte furent les témoins ; on sait que tous ont eu leur récompense et que la gratitude du chef de l'Etat a été égale au dévouement et au courage dont son nom produisit de si magnifiques exemples (1).

Il faut le dire, l'armée n'était pas seulement

---

(1) Voir la note D aux pièces justificatives.

convaincue, mais fanatisée. Le brave et spirituel colonel du 7ᵉ lanciers, M. Féray, racontait une anecdote qui a la valeur d'un événement. Il se trouvait avec un escadron de son régiment dans les environs de Chaillot. On lui amène un des plus notoires démagogues de cette commune, pris les armes à la main et les poches pleines de balles. Le colonel voulant essayer jusqu'où allait l'obéissance chez ses soldats, appelle ses deux plantons d'ordonnance et leur dit, en secouant la cendre de son cigare : « Vous allez me brûler la cervelle à ce brigand-là. Faites-le mettre à genoux, et au commandement de : feu ! cassez-lui la tête. » Les deux lanciers arment froidement leurs pistolets, prennent à la cravate l'homme qui se tordait et criait grâce, lui appliquent leur arme sur chaque tempe, et attendent avec le plus grand calme le commandement du colonel. « Emmenez-le, dit M. Féray, il est trop lâche pour être fusillé par de braves gens comme vous, » et il le fit conduire à la Préfecture de police. « Quels hommes ? » disait-on à M. Féray quand il raconta cet incident. — « Tout mon régiment eût fait de même, » répondait le gendre du maréchal Bugeaud.

Et toute l'armée aussi. L'humanité cependant n'a pas eu, comme la rage malveillante des partis s'est plu à le répandre, d'exécutions de sang froid à déplorer. M. le général Herbillon faisait donner le fouet aux insurgés âgés de moins de vingt ans qu'on lui amenait, et les livrait aux sergents de ville. Les chirurgiens de l'armée, ces hommes de science austère et de vertus incomparables, prodiguaient aux barricadeurs blessés leurs soins les plus tendres et leurs consolations les plus efficaces. Aucune brutalité, aucune injure, aucune négligence n'affligea les prisonniers et les vaincus, et ne déshonora le caractère français. Tout ce que la circonstance prescrivit de rigueurs et le salut public de mesures restrictives, fut accompagné de ces formes courtoises et affectueuses qui donnent à ceux qui en sont l'objet l'intelligence des nécessités sociales et la patience des infortunes, même imméritées. Les journaux, soumis à la censure préalable la plus complète, mais la plus légitime, — et nous ne sommes pas suspect en écrivant ceci, nous qui sommes un ouvrier de la presse, — trouvèrent au ministère de l'Intérieur, une aménité, une sympathie, une bonté, infatigables chez les hommes de cœur qui acceptèrent la fonction pénible de contrôler et de contenir les écarts de l'esprit, et les écrivains de l'opposition la plus avancée avouèrent que si l'autorité n'était que juste en surveillant leur plume, elle se montrait plus qu'indulgente en compensant par tant d'urbanité les sacrifices que la liberté devait faire à l'ordre. Des représentants montagnards sollicitèrent et obtinrent de nombreux secours (1); les familles des captifs eurent et ont encore toutes facilités de communications et d'épanchements ; magistrats civils et militaires, fonctionnaires et employés de toute sorte n'épargnèrent ni leur temps, ni leur peine à réparer, autant qu'il fut en eux, les désastres et les afflictions privées. La bénignité du fils d'Hortense se communiquait, comme sa volonté absolue, aux derniers agents du gouvernement et donnait une autorité de plus à ces vérités que nous espérons voir un jour vulgarisées ; que la tolérance n'enlève à la justice aucun de ses droits ; qu'un pouvoir à qui la foi de tous donne la force qui fonde, se perpétue en conquérant l'affection qui sanctifie, et que, semblable à la religion qui est amour parce qu'elle est vérité, un vrai gouvernement peut parfois s'appeler la Clémence sans cesser de s'appeler la Loi.

A la suite de la bataille du 4, où des passants inoffensifs avaient été victimes de la terrible fusillade

(1) L'indemnité représentative fut payée aux caisses du Trésor jusqu'au 1ᵉʳ décembre. La notification officielle en fut envoyée au *Moniteur* par M. de Morny, à la suite de démarches faites, dès le 5, par les familles de quelques représentants appartenant à l'opposition avancée.

des brigades Reybell et Canrobert, les plus monstrueuses exagérations coururent Paris et la France. On parlait de centaines, de milliers même de personnes massacrées de sang froid et à bout portant par des soldats ivres de sang et de poudre, et les calomnies renouvelées de juin, avec cette différence pourtant que maintenant ce n'étaient plus les démagogues mais les anciens conservateurs qui accusaient l'armée, ces calomnies n'ont pas été partout détruites. Les chiffres douloureux, mais enfin peu considérables, publiés par la voie officielle ont été taxés de mensonge. C'est pour nous un devoir de reprendre, et avec l'impartialité mathématique de l'honneur et de la vérité, de rétablir ces chiffres, dont nous croyons être assez sûrs pour que les incrédulités les plus persistantes encore se rendent enfin à l'évidence.

D'abord, pour ce qui concerne l'armée, on a pu voir dans l'admirable rapport du général Magnan, cité plus haut, que le nombre des morts, au 10 décembre, ne s'élevait qu'à 24, dont un officier (le regrettable lieutenant-colonel du 72ᵉ), et celui des blessés à 184, ainsi répartis : 167 soldats et 17 officiers. Ce dernier chiffre a diminué depuis le rapport, puisque plusieurs blessés sont sortis guéris des hospices ; mais depuis le rapport aussi, 3 soldats sont morts par suite de leurs blessures, ce qui porte le chiffre des morts de l'armée à 27 (1).

Quant aux blessés civils, nous avons sous les yeux la liste dressée par un homme dont le nom, dans la science et dans l'administration, est synonyme de talent, de probité et d'intelligence, M. Trébuchet, chef du bureau de la salubrité à la Préfecture de police, le successeur et l'émule de Parent-Duchatelet, qui éleva, on le sait, ces fonctions jusqu'au génie. M. Trébuchet a constaté lui-même, dans les hôpitaux, dans les ambulances, à la Morgue, dans les prisons et dans les cimetières, avec la patience du savant et la conscience de l'administrateur, non seulement l'état civil, mais l'état morbide et moral de chaque cadavre, et sur chaque cadavre sa main a pu jurer que devant Dieu et devant les hommes, ce corps, couché sans vie par une balle, de son vivant s'appelait bien du nom inscrit par lui, savant et fonctionnaire, sur l'étiquette clouée à la civière funèbre. C'est lui qui, le matin même du 5, expédiait aux cimetières les corps entassés dans les seize ambulances établies la veille, rues du faubourg Montmartre, 4, et Montmartre, 4; boulevart Bonne-Nouvelle, 8; rue du faubourg Saint-Denis, à l'entrepôt des Marais, rue de Bondy, boulevart Saint-Martin, rue de Cléry, rue Saint-Martin, au Théâtre-Historique, rue du Temple, à l'Hôtel-de-Ville, au

---

(1) Voir la note E aux pièces justificatives.

Luxembourg, et enfin à la mairie du 11ᵉ arrondissement. Ces convois lamentables se subdivisent dans l'ordre suivant :

Trente-cinq, provenant de l'ambulance de la cité Bergère (tués sur les boulevarts Montmartre et Poissonnière), ci. . . . 35

Trois, transportés au même cimetière, par ordre des commissaires de police, ci. 3

Quarante-trois, provenant des barricades et portés à la Morgue, ci. . . . 43

Cent-dix, la plupart insurgés, décédés dans les hôpitaux ; quelques-uns, inoffensifs, morts dans leur domicile, ci. . . 110

Total, cent quatre-vingt onze, ci. . . 191 (1)

Et si nous ajoutons à ce premier total les vingt-sept morts de l'armée, nous trouvons qu'un total définitif de deux cent dix-huit personnes mortes par suite de l'insurrection des 3 et 4 Décembre 1851, est le seul chiffre exact et possible du nécrologe de ces deux fatales journées. C'est trop, sans doute, et un deuil éternel attristera l'humanité et la patrie au souvenir des cinquante ou soixante infortunées victimes du guet apens, dans lequel tombèrent à la fois et les tués et les tueurs, car cette décharge meurtrière ne fut qu'une riposte aux coups de feu

(1) Voir aux pièces justificatives, note F, la liste alphabétique des morts appartenant à ces quatre catégories.

tirés sur les soldats par des gens qui comptaient bien « exploiter le massacre; » sans doute, le sang innocent est irréparable et crie justice dans le cœur des bons citoyens, quand les mauvaises passions crient vengeance; mais enfin ce malheur qui pouvait être plus immense encore, n'a eu ni les proportions excessives que lui prêta la malveillance, ni le caractère atroce que la démagogie victorieuse, par exemple, n'eût pas manqué de donner à son triomphe. Si quelque chose enfin pouvait atténuer ce désastre, et nous ne dirons pas consoler, mais rassurer la douleur publique, c'est que la conscience du Gouvernement eut la satisfaction douloureuse d'avoir prévu dès la veille, et d'avoir tout fait, du moins, pour empêcher cette sinistre éventualité. La proclamation du Préfet de police disait clairement à tout le monde : « N'allez pas sur les boulevarts ; ne vous mêlez pas aux attroupements, car ils seront dissipés par les armes et sans sommations préalables. » Il est hors de doute que si la troupe, assaillie par tant de côtés à la fois, n'eût pas pris le parti d'écraser instantanément et exemplairement l'insurrection, la guerre civile durerait encore. Cela dit tout et aux yeux, non pas des gens de bien qui n'ont pas attendu le lendemain pour se prononcer, mais des faibles et des incertains, justifie tout.

Le chiffre des blessés n'appartenant pas à l'armée s'élève à 87. C'est donc, en comprenant les militaires, un effectif de DEUX CENT SOIXANTE ET ONZE blessés. Ce chiffre, — chose étrange, — est à peu près le même qu'en Juin 1848 ; celui des morts, constaté à la même époque par M. Trébuchet, s'éleva à quatorze cent deux.

———

Le lendemain même de la bataille, c'est-à-dire au moment où il eût pu agir et parler dictatorialement, le Gouvernement donnait un exemple admirable d'à-propos et une preuve incontestable de sa force en concédant librement et spontanément la substitution du vote secret au mode de votation à découvert, prescrit par l'acte du 2 Décembre.

Peut-être le premier mode était-il un hommage rendu au courage civique de la nation ; et moralement il eût été grand, il eût été beau de voir un pareil peuple sacrant un pareil homme de ses millions de suffrages, et chaque citoyen signant de son nom la libre expression de son adhésion ou de son refus. Mais nous ne sommes plus, ou nous ne sommes pas encore ce peuple. D'abord, pour l'immense majorité des électeurs des campagnes, signer sur un registre d'acceptation, c'était en cas de non-élection s'être inscrit soi-même sur la table de proscription où les rouges seraient venus moissonner pour la guillotine. Puis, l'indépendance ne se décrète pas plus que le courage, et la grande science gouvernementale, c'est de prendre les peuples non pas comme on les voit ou comme on les souhaite, mais comme ils sont et pour ce qu'ils sont. C'est ce que fit le Président, et ce sacrifice à l'opinion publique, au moment précis où on eût été applaudi de se mettre au dessus d'elle ; cette déférence et ce scrupule à l'heure où les tempêtes de la rue absolvaient toute politique personnelle et confondaient les partis dans une peur prête à toutes les lâchetés ; ce pas en avant quand tout, excepté l'armée, faisait un pas en arrière, s'il n'eût pas été l'élan d'une inspiration bien connue pour son honnêteté, eût eu, du moins, le mérite de l'habileté la plus consommée, — deux choses qu'on distingue encore l'une de l'autre, mais qui vont tendre à se confondre, et dont la fusion nous donnera peut-être la meilleure des Constitutions et la plus possible des Assemblées.

Voici les trois constatations officielles de ce premier acte d'une politique habile quoique honnête, ou plutôt habile en raison de son honnêteté :

Le Président de la République,

Considérant que le mode d'élection promulgué par le décret du 2 décembre avait été adopté dans d'autres circonstances comme garantissant la sincérité de l'élection;

Mais, considérant que le scrutin secret actuellement pratiqué paraît mieux garantir l'indépendance des suffrages ;

Considérant que le but essentiel du décret du 2 décembre est d'obtenir la libre et sincère expression de la volonté du peuple,

Décrète :

Les art. 2, 3 et 4 du décret du 2 décembre sont modifiés ainsi qu'il :

Art. 2. L'élection aura lieu par le suffrage universel.

Sont appelés à voter tous les Français âgés de vingt et un ans, jouissant de leurs droits civils et politiques;

Art. 3. Ils devront justifier, soit de leur inscription sur les listes électorales dressées en vertu de la loi du 15 mars 1849, soit de l'accomplissement, depuis la formation des listes, des conditions exigées par cette loi.

Art. 4. Le scrutin sera ouvert pendant les journées des 20 et 21 décembre, dans le chef-lieu de chaque commune, depuis huit heures du matin jusqu'à quatre heures du soir.

Le suffrage aura lieu : au scrutin secret, par oui ou par non, au moyen d'un bulletin, manuscrit ou imprimé.

Fait au palais de l'Élysée, le 4 décembre 1851.

Louis-Napoléon Bonaparte.

*Le Ministre de l'Intérieur,*

De Morny.

Le Président de la République et son gouvernement ne reculeront devant aucune mesure, pour maintenir l'ordre et sauver la société ; mais ils sauront toujours entendre la voix de l'opinion publique et les vœux des honnêtes gens.

Ils n'ont pas hésité à changer un mode de votation qu'ils avaient emprunté à des précédents historiques, mais qui, dans l'état actuel de nos mœurs et de nos habitudes électorales, n'a pas paru assurer suffisamment l'indépendance des suffrages.

Le Président de la République entend que tous les électeurs soient complètement libres dans l'expression de leur vote, qu'ils exercent ou non des fonctions publiques, qu'ils appartiennent aux carrières civiles ou à l'armée.

Indépendance absolue, complète liberté des votes, voilà ce que veut Louis-Napoléon Bonaparte.

*Le Ministre de l'Intérieur,*

De Morny.

Au Ministre de la Guerre.

Mon cher général,

J'avais adopté le mode de votation avec la signature de chaque votant, parce que ce mode, employé autrefois, me semblait mieux assurer la sincérité de l'élection; mais, cédant à des objections sérieuses et à de justes réclamations, je viens, vous le savez, de rendre un décret qui change la manière de voter.

Les suffrages de l'armée sont presque entièrement donnés, et je suis heureux de penser qu'il s'en trouvera un assez petit nombre contre moi. Cependant, comme les militaires qui ont déposé un vote négatif, pourraient craindre qu'il n'exerçât une fâcheuse influence sur leur carrière, il importe de les rassurer.

Veuillez donc bien, sans retard, faire savoir à l'armée que, si le mode d'après lequel elle a voté est différent de celui d'après lequel voteront les autres citoyens, l'effet en sera le même pour elle, c'est-à-dire que je veux ignorer les noms de ceux qui ont voté contre moi.

En conséquence, le relevé des votes une fois terminé et dûment constaté, ordonnez, je vous prie, que les registres soient brûlés.

Agréez, etc.

Louis-Napoléon Bonaparte.

---

On n'enraye pas sur la pente du bien, et si l'histoire de cette semaine révolutionnaire est féconde en châtiments tour à tour humiliants ou terribles, elle eut aussi des enseignements d'une profondeur morale irrésistible. Le pouvoir exécutif, en débarrassant la France du régime parlementaire, en tuant du même coup l'anarchie révolutionnaire et les vieux partis monarchiques pour se substituer tout entier à leur place, n'avait accompli pourtant que la moitié de sa tâche ; il lui restait à prouver, non par des études, des discours ou des tentatives, — ce temps-là est passé, — mais par des initiatives complètes, par des actes sérieux, par des réformes radicales et pratiques, que ce que ces partis, ce régime et cette anarchie n'auraient jamais pu rêver seulement, il était prêt, lui, à l'accomplir et l'accomplirait, en effet, dans le temps matériellement nécessaire à la rédaction d'un décret. Le *Moniteur* parla donc, et dans le silence unanime de l'ancienne presse, morte elle aussi du coup d'État, le journal officiel devint la plus éloquente, la plus pleine et la plus instructive feuille de l'Europe. Jamais on ne fit plus d'histoire, même sous l'Empire où la gloire finissait par n'être plus qu'une monotonie sublime, que dans ces jours dont nous pouvons à peine indiquer par une date les dévorantes éphémérides. Chaque intérêt voulut avoir sa satisfaction, chaque branche de l'administration publique ses progrès, chaque problème et chaque souffrance sa solution et son soulagement. Le ministère, libre, pour la première fois depuis trente-cinq ans, de l'étreinte représentative, n'avait plus ni excuses pour les retards, ni motifs pour l'hésitation, ni prétexte pour l'inertie. D'ailleurs, composé comme il l'est, d'hommes foncièrement et virilement honnêtes, contraints, sous peine de ridicule, de répondre à la confiance et de seconder la mission du chef unique et responsable de l'État, et stimulés par l'activité merveilleuse et l'exemple incomparable du Ministre de l'intérieur, il offrait toute assurance et pouvait entreprendre toute amélioration. Suivons-le dans cette marche bienfaisante et facile; nous n'avons qu'à citer aujourd'hui pour remplir nos pages, matériaux, avons-nous dit en commençant, d'une histoire réservée à de plus habiles et dont nous serons fiers, dans notre humble tâche, d'avoir enregistré la première chronologie.

Le 7, les départements de l'Allier et de Saône-et-Loire sont déclarés en état de siége. — Un décret du Président stipule, sur la proposition du ministre de la guerre, que les services rendus par l'armée dans l'intérieur du pays seront récompensés comme ceux des armées au dehors, et que l'ordre rétabli dans la rue sera compté comme campagne active.— Enfin, un troisième décret, digne de la nature profondément chrétienne de Louis-Napoléon, digne aussi de la France catholique de Clovis, de Saint-Louis, de Jeanne d'Arc et de Bossuet, rend au culte l'église de Sainte-Geneviève, dont le philosophisme avait fait un temple païen, la révolution un égout, et la monarchie de juillet un théâtre. La patronne de Paris aura son temple ; il appartenait à celui qui vient de nous sauver des barbares de rouvrir le sanctuaire où doit être honorée la sainte qui contint Attila. Quant aux dieux de fabrique humaine qui peuplaient les caveaux du Panthéon, illustré par M. David (d'Angers), il y a de la place au cimetière du Mont-Parnasse. Mais nous doutons que Voltaire y soit conduit processionnellement.

Le même jour, M. Carlier était nommé commissaire extraordinaire dans la Nièvre, l'Allier et le Cher ; M. Maurice Duval dans les cinq départements bretons, et M. Bérard dans la Somme.

Le 8, l'état de siége est décrété dans l'Hérault et le Gard ; une commission est nommée pour apprécier les dommages éprouvés par les victimes innocentes de l'insurrection. — La commission des théâtres et la commission des beaux-arts sont dissoutes, et le *Moniteur* publie la correspondance suivante, qui nous dispense de tout commentaire :

*A M. le général commandant supérieur des gardes nationales de la Seine.*

Paris, le 7 décembre.

Général, dans plusieurs quartiers de Paris, quelques propriétaires ont l'impudeur de mettre sur leur porte : *Armes données.* On concevrait qu'un garde national écrivît : *Armes arrachées de force*, afin de mettre à couvert sa responsabilité vis-à-vis de l'État et son honneur vis-à-vis de ses concitoyens ; mais inscrire sa honte sur le front de sa propre maison, révolte le caractère français.

J'ai donné l'ordre au préfet de police de faire effacer ces inscriptions, et je vous prie de me désigner les légions où ces faits se sont produits, afin que je propose à M. le Président de la République de décréter leur dissolution.

Agréez, général, l'expression de ma considération la plus distinguée.

*Le ministre de l'intérieur,*

A. DE MORNY.

Paris, le 7 décembre 1851.

Monsieur le ministre,

Toute la garde nationale applaudira aux sentiments exprimés dans la lettre que vous m'avez fait l'honneur de m'écrire.

Une des légions de Paris a subi le double affront du désarmement à domicile et des inscriptions honteuses dont vous parlez. Sa mairie, malgré la présence de plus de soixante hommes, a été prise par les insurgés : c'est la 5<sup>e</sup> légion.

Je viens vous la signaler et demander son licenciement. Je suis heureux d'avoir, d'un autre côté, un grand nombre de faits qui constatent l'esprit d'ordre et d'obéissance qui n'a cessé de régner dans beaucoup d'autres légions.

Agréez, Monsieur le ministre, l'assurance de ma haute considération.

*Le général commandant supérieur des gardes nationales de la Seine.*

LAWOESTINE.

Inutile d'ajouter qu'à la suite du décret rendu en conséquence de cette correspondance, la 5<sup>e</sup> légion de la garde nationale a été dissoute et désarmée.

Enfin, le Président achève de rassurer les esprits en prenant à son tour la parole, et publie cette proclamation finale, dont l'effet n'est pas moins salutaire que retentissant, et qui en annonçant que le champ du combat est dégagé, présage aussi que ce champ ne sera plus fécondé que par le travail, le devoir et l'intelligence :

### PROCLAMATION DU PRÉSIDENT DE LA RÉPUBLIQUE AU PEUPLE FRANÇAIS.

Français,

Les troubles sont apaisés. Quelle que soit la décision du peuple, la société est sauvée. La première partie de ma tâche est accomplie; l'appel à la nation, pour terminer les luttes des partis, ne faisait, je le savais, courir aucun risque sérieux à la tranquillité publique.

Pourquoi le peuple se serait-il soulevé contre moi?

Si je ne possède plus votre confiance, si vos idées ont changé, il n'est pas besoin de faire couler un sang précieux; il suffit de déposer dans l'urne un vote contraire. Je respecterai toujours l'arrêt du peuple.

Mais, tant que la nation n'aura pas parlé, je ne reculerai devant aucun effort, devant aucun sacrifice pour déjouer les tentatives des factieux. Cette tâche, d'ailleurs, m'est rendue facile.

D'un côté, l'on a vu combien il était insensé de lutter contre une armée unie par les liens de la discipline, animée par le sentiment de l'honneur militaire et par le dévoûment à la patrie.

D'un autre côté, l'attitude calme des habitants de Paris, la réprobation dont ils flétrissaient l'émeute, ont témoigné assez hautement pour qui se prononçait la capitale.

Dans ces quartiers populeux où naguère l'insurrection se recrutait si vite parmi des ouvriers dociles à ses entraînements, l'anarchie, cette fois, n'a pu rencontrer qu'une répugnance profonde pour ses détestables excitations. Grâces en soient rendues à l'intelligente et patriotique population de Paris ! Qu'elle se persuade de plus en plus que mon unique ambition est d'assurer le repos et la prospérité de la France.

Qu'elle continue à prêter son concours à l'autorité, et bientôt le pays pourra accomplir, dans le calme, l'acte solennel qui doit inaugurer une ère nouvelle pour la République.

Fait au palais de l'Élysée, le 8 décembre 1851.

LOUIS-NAPOLÉON BONAPARTE.

---

L'histoire n'a plus maintenant qu'à poursuivre, le *Moniteur* en main et ses souvenirs personnels sous les yeux, cette statistique sommairement prodigieuse où chaque jour apporte son bienfait, où chaque signature témoigne d'une réforme, où chaque acte atteste une difficulté vaincue, une misère soulagée, un abus réprimé, une réclamation satisfaite. Ce qu'une Assemblée eût mis des mois entiers à préparer, à discuter et à perdre, un rapport de ministre le tranche, le propose et un décret présidentiel le promulgue et l'exécute à la fois. Plus de projets, de propositions, de rapports, de commissions, de délibérations; mais des lois réelles, des améliorations toutes faites, des progrès réalisés, des solutions toutes trouvées, des décisions aussitôt obéies que rendues; le temps, cette unique et précieuse monnaie politique dont le régime parlementaire se montrait si prodigue, n'est plus dépensé qu'à coup sûr et avec la parcimonie savante du calcul et de la certitude; de cette machine représentative, où toute idée bonne ou mauvaise, toute initiative sérieuse ou ridicule, tout progrès possible ou utopique, devaient fatalement et indistinctement passer; de cette filière calibrée par l'impuissance, la vanité et l'ambition, de façon que l'ennui y eût ses degrés aussi bien que l'ignorance, et la vérité ses épreuves aussi bien que le sophisme; de cette boussole à contre-vent et à contre-courant où la loi, faite ou à faire, errait éperdue de l'examen dans les bureaux à la demande d'urgence, de la première délibération à la troisième, de l'amendement au renvoi à la commission, de vingt éloquences ennuyeuses à vingt spécialités incapables, sans compter les rancunes de clocher, d'intérêts et de partis, les spéculations privées, les amours-propres implacables, les promesses jurées, les engagements pris, les incidents imprévus fabriqués à l'avance, et surtout, mais surtout ce rocher de Sisyphe perpétuellement suspendu sur les neuf têtes infortunées qu'enfermait le bonnet du ministère, et qu'on appelait la question de cabinet; — de tout cela, que restait-il huit jours après le 2 Décembre? — Comme valeur, comme application, comme orgueil national, comme date et comme souvenir, rien, absolument rien, pis que rien peut-être, car souvent au bout de ce néant était la honte.

Mais comme enseignement au pouvoir et comme éducation du pays, deux choses profondes, deux résultats immenses restaient et resteront. Pour le pouvoir, c'était l'obligation ardue, irrécusable, parfois même ingrate et stérile, de réparer à force de rapidité dans les conceptions et, — qu'on nous permette ce mot, — de praticabilité dans les actes, les sommes énormes de temps, d'argent, de gloire, de génie et d'activité gaspillées et perdues par ces trente-trois années constitutionnelles dont le bilan intellectuel et moral pourrait s'intituler l'histoire des crimes, des sottises, des révolutions et des malheurs commis par la voie de la tribune et de la presse. Pour le pays, c'était l'avertissement solennel et l'alternative radicale que Dieu jette aux peuples quand il les aime assez pour leur laisser le libre choix de leur salut ou de leur ruine, de leur honneur ou de leur honte éternelle. Gloire au pouvoir qui a compris, gloire au pays qui a entendu.

Poursuivons sans commentaire :

Le 9, un décret mémorable sur la transportation des repris de justice et des membres des sociétés secrètes, contresigné par M. de Morny, dénoue le grand problème pénitentiaire qui travaillait depuis tant d'années le cerveau des économistes, des jurisconsultes, des philanthropes, des moralistes, et apprend à ces médecins sociaux, gens de science dévouée mais incomplète, qui n'ont étudié chacun qu'une famille de maladies et qu'une classe de remèdes, que le mal dont la société était atteinte n'était pas aigu, mais chronique ; que l'extirpation seule était par conséquent nécessaire et possible, et que ce n'est pas en multipliant les lois pénales, les prisons et les bagnes, mais en éloignant les malfaiteurs par la transportation et en les moralisant par le travail et la religion qu'on arrivera à rassurer les honnêtes gens, à diminuer le nombre des crimes, à enlever aux insurrections leur armée la plus naturelle et à la démagogie ses chefs et ses instruments les plus directs. Par ce décret, les membres ou affiliés des sociétés secrètes sont identifiés aux criminels de toutes les espèces ; c'est justice. Quiconque, sous un gouvernement issu du suffrage universel, organise ou appuie dans l'ombre le renversement des lois et de l'autorité, est un ennemi de la société dont il conspire la perte et compromet la sécurité, et cette société peut, quel qu'il soit, le bannir à coup sûr, car il est évident qu'il ne s'associait que pour mal faire ; les gens de biens seuls ne conspirent pas :

Le Président de la République,

Sur la proposition du ministre de l'intérieur,

Considérant que la France a besoin d'ordre, de travail et de sécurité ; que depuis un trop grand nombre d'années, la société est profondément inquiétée et troublée par les machinations de l'anarchie ainsi que par les tentatives insurrectionnelles des affiliés aux sociétés secrètes et repris de justice, toujours prêts à devenir des instruments de désordre ;

Considérant que, par ses constantes habitudes de révolte contre les lois, cette classe d'hommes, non seulement compromet la tranquillité, le travail et l'ordre public, mais encore autorise d'injustes attaques et de déplorables calomnies contre la saine population ouvrière de Paris et de Lyon ;

Considérant que la législation actuelle est insuffisante, et qu'il est nécessaire d'y apporter des modifications, tout en conciliant les devoirs de l'humanité avec les intérêts de la sécurité générale,

Décrète :

Art. 1er. Tout individu placé sous la surveillance de la haute police qui sera reconnu coupable de rupture de ban, pourra être transporté, par mesure de sûreté générale, dans une colonie pénitentiaire, à Cayenne ou en Algérie. La durée de la transportation sera de cinq années au moins et de dix ans au plus.

Art. 2. La même mesure sera applicable aux individus reconnus coupables d'avoir fait partie d'une société secrète.

Art. 3. L'effet du renvoi sous la surveillance de la haute police sera, à l'avenir, de donner au gouvernement le droit de déterminer le lieu dans lequel le condamné devra résider après qu'il aura subi sa peine.

L'administration déterminera les formalités propres a constater la présence continue du condamné dans le lieu de sa résidence.

Art. 4. Le séjour de Paris et celui de la banlieue de cette ville sont interdits à tous les individus placés sous la surveillance de la haute police.

Art. 5. Les individus désignés par l'article précédent seront tenus de quitter Paris et sa banlieue dans le délai de dix jours, à partir de la promulgation du présent décret, à moins qu'ils n'aient obtenu un permis de séjour de l'administration ; il sera délivré, à ceux qui le demanderont, une feuille de route et de secours qui réglera leur itinéraire jusqu'à leur domicile d'origine ou jusqu'au lieu qu'ils auront désigné.

Art. 6. En cas de contravention aux dispositions prescrites par les art. 4 et 5 du présent décret, les contrevenants pourront être transportés, par mesure de sûreté générale, dans une colonie pénitentiaire, à Cayenne ou en Algérie.

Art. 7. Les individus transportés en vertu du présent décret, seront assujettis au travail sur l'établissement pénitentiaire ; ils seront privés de leurs droits civils et politiques ; ils seront soumis à la juridiction militaire ; les lois militaires leur seront applicables. Toutefois, en cas d'évasion de l'établissement, les transportés seront condamnés à un emprisonnement qui ne pourra excéder le temps pendant lequel ils auront encore à subir la transportation. Ils seront soumis à la discipline et à la subordination militaires envers leurs chefs et surveillants civils ou militaires pendant la durée de l'emprisonnement.

Art. 8. Des règlements du pouvoir exécutif détermineront l'organisation de ces colonies pénitentiaires.

Art. 9. Les ministres de l'intérieur et de la guerre sont chargés, chacun en ce qui le concerne, de l'exécution du présent décret.

Fait à Paris, à l'Élysée-National, le conseil des ministres entendu, le 8 décembre 1851.

Louis-Napoléon Bonaparte.

*Le Ministre de l'intérieur,*

A. DE MORNY.

---

La lettre suivante, adressée aux Préfets, paraissait le même jour dans le *Moniteur*, comme pour prouver que si, d'un côté, le gouvernement resserrait inexorablement les liens de la répression et de la justice, de l'autre, il ne demandait qu'à relâcher les ressorts dictatoriaux que le salut public lui avait imposés de mettre en œuvre dès le commencement des événements :

Monsieur le Préfet,

Par ma circulaire en date du 2 décembre, vous avez été investi du droit de suspendre et même de remplacer immédiatement tous les fonctionnaires dont le concours ne vous serait point assuré.

Ces pouvoirs extraordinaires ont dû vous être conférés alors qu'il y avait nécessité de briser immédiatement les résistances qui auraient été de nature à compromettre le succès des grandes mesures de salut public décrétées par le prince Louis-Napoléon.

Ces pouvoirs vous permettaient d'atteindre les juges de paix ; ils doivent cesser aujourd'hui que le gouvernement est maître de la situation. Le temps qui doit s'écouler avant l'ouverture du scrutin permet d'ailleurs de suivre les voies ordinaires de nomination.

Vous devrez donc à l'avenir, monsieur le préfet, laisser aux chefs des Cours d'appel le libre et plein exercice du droit qui leur appartient de présenter, et au ministre de la justice l'exercice du droit qui lui appartient également de pourvoir à toutes les fonctions de la magistrature. M. le ministre de la justice invite au reste les procureurs généraux à prendre votre avis sur les révocations et sur les déplacements qui devraient être opérés.

*Le ministre de l'intérieur.*

DE MORNY.

---

Le 10, est enfin publiée la loi relative au chemin de fer de Lyon à Avignon, que l'Assemblée avait mis trois ans à préparer, à discuter et à refaire, et que le pouvoir exécutif promulgue et réalise dans les vingt-quatre heures. Ce grand acte industriel n'était lui-même qu'un incident dans la reprise inouïe du commerce, des travaux et des transactions de toute sorte, constatée dans toutes nos villes fabricantes et maritimes, sur tous nos marchés, à toutes nos bourses. Les fonds avaient monté de 10 fr. en dix jours ; que dire de plus ?

Le Gers, le Var, le Lot et le Lot-et-Garonne sont à leur tour déclarés en état de siége (1).

Le 12, la perception des impôts est autorisée jusqu'en avril 1852 et un crédit provisoire ouvert aux ministres.

Le général Harispe, un des doyens de notre gloire, et le général Vaillant, véritable et seul triomphateur de l'expédition de Rome dont l'honneur officiel fut attribué hiérarchiquement à un autre (2), sont élevés à la dignité de maréchal de France, et le général de division Randon, nommé gouverneur de l'Algérie.

Un chemin de fer de ceinture, destiné à relier les gares des lignes qui rayonnent de la capitale vers les principaux points du territoire, est décrété sur la proposition du ministre des travaux publics. Inutile d'insister sur l'avantage et l'urgence de cette admirable et vaste entreprise réclamée par le commerce, la civilisation et la stratégie, dont les études

---

(1) Pour ne pas scinder notre récit, et dans l'intérêt même de la vérité, nous avons groupé dans un seul cadre, tous les faits relatifs aux départements.

(2) Voir la note G aux Pièces justificatives.

sont toutes prêtes, les opérations immédiates, l'importance reconnue par toutes les commissions et administrations, et qui va jeter dans l'industrie pour plus de six millions de travaux.

En même temps, le secrétaire-général de la Préfecture de la Seine annonce aux architectes de la ville de Paris que, par décision de l'administration municipale, tous les travaux d'entretien arriérés ou remis à d'autres temps, sont définitivement ordonnancés. C'est à la fois une justice rendue aux ouvriers qui se sont abstenus dans la lutte impie dont vient de triompher l'autorité, et un acte de prévoyance incontestable pour l'intérêt de tous. Enfin, un crédit de 2,100,000 francs est ouvert au ministère des travaux publics sur l'exercice 1852, pour terminer les opérations relatives tant à l'acquisition et à la démolition des maisons situées entre le Louvre et les Tuileries qu'au nivellement des terrains compris entre ces deux édifices.

———

La Commission consultative, faisant fonctions de Conseil-d'État et de Corps Législatif, est définitivement constituée par décret du 13. On sait que dans la première liste, arrêtée le 3, quelques intrusions s'étaient glissées et qu'on avait cru devoir faire à quelques anciens représentants l'honneur d'une admission qu'ils ne méritaient pas, et d'un choix contre lequel le vieil esprit parlementaire s'avisa de protester. Cette commission qui va jeter les bases de toutes les grandes lois d'ordre public et d'amélioration sociale réclamées par le Gouvernement et la nation, discuter le projet d'une Constitution nouvelle et vérifier le résultat des comices électoraux convoqués pour les 20 et 21 Décembre, se trouve désormais composée des hommes honorables et illustres dont les noms suivent :

MM. Abbatucci, ancien conseiller à la Cour de cassation; Achard (général) [Moselle]; André (Ernest) [Seine]; André (Charente); d'Argout, gouverneur de la Banque de France, ancien ministre; Arrighi de Padoue (général) [Corse]; d'Audiffret, président de la Cour des comptes;

De Bar (général) [Seine]; Baraguey d'Hilliers (général) [Doubs]; Barbaroux, ancien procureur général (Réunion); Baroche, ancien ministre de l'intérieur et des affaires étrangères, vice-président de la Commission (Charente-Inférieure); Barrot (Ferdinand), ancien ministre [Seine]; Barthe, ancien ministre, premier président de la cour des comptes; Bataille (Haute-Vienne); Bavoux (Evariste) [Seine-et-Marne]; de Beaumont (Somme); Bérard (Lot-et-Garonne); Berger, préfet de la Seine (Puy-de-Dôme); Bertrand (Yonne); Bidault (Cher); Bigrel (Côtes-du-Nord); Billault, avocat; Bineau, ancien ministre

(Maine-et-Loire); Boinvilliers, ancien bâtonnier de l'ordre des avocats (Seine); Bonjean, avocat général à la Cour de cassation (Drôme); Boulatignier; Bourbousson (Vaucluse); Bréhier (Manche);

De Cambacérès (Hubert); de Cambacérès (Aisne); Carlier, ancien préfet de police; de Casabianca, ancien ministre (Corse); de Castellane (général), commandant supérieur à Lyon; de Caulaincourt (Calvados); Cécille (vice-amiral) [Seine-Inférieure]; Chadenet (Meuse); Charlemagne (Indre); Chassaigne-Goyon (Puy-de-Dôme); de Chasseloup-Laubat (général) [Seine-Inférieure]; de Chasseloup-Laubat (Prosper) [Charente-Inférieure]; Chaix d'Est-Ange, avocat à Paris (Marne); de Chazelles, maire de Clermont-Ferrand (Puy-de-Dôme); Collas (Gironde); de Crouseilhes, ancien conseiller à la Cour de cassation, ancien ministre (Basses-Pyrénées); Curial (Orne); de Cuverville (Côtes-du-Nord);

Dabeaux (Haute-Garonne); Dariste (Basses-Pyrénées); Daviel, ancien ministre; Delacoste, ancien commissaire général du Rhône; Delajus (Charente-Inférieure); Delavau (Indre); Deltheil (Lot); Denjoy (Gironde); Desjobert (Seine-Inférieure); Desmaroux (Allier); Drouyn-de-Lhuys (Seine-et-Marne), ancien ministre; Ducos (Théodore) [Seine], ministre de la marine et des colonies; Dumas (de l'Institut) [Nord], ancien ministre; Dupin (Charles), de l'Institut

(Seine-Inférieure); Durrieu (général) [Landes]; Duval (Maurice), ancien préfet;

Eschassériaux (Charente-Inférieure); Exelmans (maréchal), grand chancelier de la Légion-d'Honneur;

Favre (Ferdinand) [Loire-Inférieure]; de Flahault (général), ancien ambassadeur; Fortoul, ministre de l'instruction publique (Basses-Alpes); Fould (Achille), ministre des finances (Seine); de Fourment (Somme); Fouquier-d'Hérouël (Aisne); Frémy (Yonne); Furtado (Seine);

Gasc (Haute-Garonne); Gaslonde (Manche); De Gasparin, ancien ministre; De Girardin (Ernest) [Charente]; Giraud (Augustin) [Maine-et-Loire]; Giraud (Charles), de l'Institut, membre du conseil de l'instruction publique, ancien ministre; Godelle (Aisne); Goulhot de Saint-Germain (Manche); De Grammont (général) [Loire]; De Grammont (Haute-Saône); De Greslan (Réunion); De Grouchy (général) [Gironde].

Hallez-Claparède (Bas-Rhin); D'Hautpoul (général), ancien ministre (Aude); Hébert (Aisne); De Heeckeren (Haut-Rhin); D'Hérambault (Pas-de-Calais); Hermann; Heurtier (Loire); Husson (général) [Aube].

Janvier (Tarn-et-Garonne).

Lacaze (Hautes-Pyrénées); Lacrosse, ancien ministre (Finistère); Ladoucette (Moselle); De Lagrange (Frédéric) [Gers]; De Lagrange (Gironde); De La Hitte (général), ancien ministre; Delangle, ancien procureur-général; Lanquetin, président de la commission municipale; De Lariboisière (Ille-et-Vilaine); Lawœstine (général); Lebeuf (Seine-et-Marne); Lebreton (général) [Eure-et-Loir]; Le Comte (Yonne); Le Conte (Côtes-du-Nord); Lefebvre-Duruflé, ministre du commerce (Eure); Lélut (Haute-Saône); Lemarois (Manche); Lemercier (Charente); Lequien (Pas-de-Calais); Lestiboudois (Nord); Levavasseur (Seine-Inférieure); Le Verrier (Manche); Lezay de Marnésia (Loir-et-Cher).

Magnan (général), commandant en chef de l'armée de Paris; Magne, ministre des travaux publics (Dordogne); Maigne (Edmond) [Dordogne]; Marchant (Nord); Mathieu Bodet, avocat à la Cour de cassation (Charente); De Maupas, préfet de police; De Mérode (Nord); Mesnard, président de chambre à la Cour de cassation; Meynadier, ancien préfet (Lozère); Minerel (Nord); Monin, doyen des maires de Paris; De Montalembert (Doubs); De Morny, ministre de l'intérieur (Puy-de-Dôme); De Mortemart (Henri) [Seine-Inférieure]; De la Moskowa (colonel) [Moselle]; De Mouchy (Oise); De Moustier (Doubs); Murat (Lucien) [Lot].

Odier (Antoine), censeur de la banque de France; D'Ornano (général) [Indre-et-Loire].

De Parieu, ancien ministre (Cantal); Pascalis,

conseiller à la Cour de cassation; Pelet (général) [Ariége]; Pepin-Lehalleur (Seine-et-Marne); De Persigny (Nord); De Plancy (Oise); Plichon, maire d'Arras (Pas-de-Calais); Portalis, premier président de la Cour de cassation; Pongérard, maire de Rennes (Ille-et-Vilaine; De Préval (général).

De Rancé (Algérie); Randon (général), ancien ministre, gouverneur-général de l'Algérie; Regnaud de Saint-Jean-d'Angély (général, ancien ministre [Charente-Inférieure]; Renouard de Bussières (Bas-Rhin); Renouard (Lozère); Rogé (général); Rouher, garde des sceaux, ministre de la justice (Puy-de-Dôme); De Royer, ancien ministre, procureur-général à la Cour d'appel de Paris.

De Saint-Arnaud (général), ministre de la guerre; De Saint-Arnaud, avocat à la Cour d'appel de Paris; De Salis (Moselle); Sapey (Isère); Schneider, ancien ministre; De Ségur d'Aguesseau (Hautes-Pyrénées); Seydoux (Nord).

Thayer (Amédée); Thieullen (Côtes-du-Nord); De Thorigny, ancien ministre; Toupot de Béveaux (Haute-Marne); Tourangin, ancien préfet; Troplong, premier président à la Cour d'appel de Paris; De Turgot, ministre des affaires étrangères.

Vaillant, maréchal de France; Vaïsse, ancien ministre (Nord); De Vandeul (Haute-Marne); Vast-Vimeux (général) [Charente-Inférieure]; Vauchelle, maire de Versailles; Viard (Meurthe); Vieillard

(Manche) ; Vuillefroy ; Vuitry, sous-secrétaire d'État au ministère des finances,

De Wagram.

Nous demandons, à propos de cette Commission, qu'une courte digression nous soit permise.

Le jour où parut la première liste, M. Léon Faucher dont le nom y avait été introduit, soit par erreur, soit par déférence pour les souvenirs d'une ancienne confiance assez mal justifiée, écrivit au Président de la République l'insolente lettre qu'on va lire, et que les meneurs de l'ancienne majorité, de cette majorité qui avait si souvent et si impitoyablement frappé M. Léon Faucher, firent imprimer clandestinement et distribuer par la poste ; il est juste que nous donnions à cette lettre un peu de la publicité qu'elle demanda à tant de personnes :

MONSIEUR LE PRÉSIDENT,

C'est avec un étonnement *douloureux* que je vois mon nom figurer parmi ceux des membres d'une commission consultative que vous venez d'instituer. Je ne pensais pas vous avoir donné le droit de me faire *cette injure : les services* que je vous ai rendus en croyant les rendre *au pays* m'autorisaient peut-être à attendre de vous *une autre reconnaissance.* MON CARACTÈRE, EN TOUT CAS, MÉRITAIT PLUS DE RESPECT. Vous savez que, dans une carrière déjà longue, je n'ai pas plus démenti *mes principes de liberté* que mon dévouement *à l'ordre.* Je n'ai jamais participé ni directement ni indirectement à la violation des lois, et pour décliner le mandat que vous me conférez *sans mon aveu*, je n'ai qu'à me rappeler CELUI QUE J'AI REÇU DU PEUPLE, QUE JE CONSERVE.

LÉON FAUCHER.

On aurait trop beau jeu à reprendre chacune des expressions soulignées, et comme nous ne faisons pas de polémique personnelle, tel n'est pas notre dessein. Bien plus, si ce factum n'était pour nous que ce qu'il a été pour tous ceux qui le lurent, c'est-à-dire un monument grotesquement impérissable de l'idéal d'infatuation et du délire d'orgueil où sous l'empire de sa bile extravasée peut atteindre le plus mal élevé de tous les précepteurs, nous ne l'eussions assurément pas reproduit. Mais à côté d'un incurable pédant dont nous n'avons que faire, il y a la conscience qui crie, la pudeur publique qui se soulève et le bon sens qui tire un enseignement. Cet enseignement est double : il montre d'un côté ce qu'étaient à la fois un parlement dont M. Faucher était une des illustrations, une époque où de semblables fortunes politiques étaient possibles, un malheureux pays qui, à une heure donnée, avait besoin que certains hommes fussent ses ministres ; et d'autre part, il atteste quel immense service Louis-Napoléon a rendu à la France en la débarrassant par degrés, au 10 Décembre 1848 des Flocon démocratiques, et au 2 Décembre 1851 des Flocon conservateurs.

C'est ce même M. Léon Faucher qui disait en parlant de l'un des hommes d'État les plus anciennement illustres de l'Europe : « Il a de la vénération pour moi ; » — Qui, se comparant à Casimir Perrier de glorieuse mémoire, ajoutait : « Il était cependant moins administrateur que moi ; — Qui, en pleine salle des Conférences, pensait ainsi tout haut devant un groupe de représentants : « Hier j'ai sauvé la Société, aujourd'hui le Gouvernement; qui vais-je sauver demain ? » — Qui, après le vote de la loi sur l'achèvement de la rue de Rivoli, fait un jour mander le Préfet de la Seine et l'apostrophe en ces termes : — « Savez-vous, Monsieur le Préfet, que je suis très mécontent de l'édilité parisienne ? — Et pourquoi, Monsieur le Ministre, objecte l'excellent M. Berger ? — Vous me le demandez ! Comment ? J'achève le projet le plus gigantesque de ce temps, une œuvre devant laquelle l'Empire, la Restauration et Louis-Philippe ont reculé, et la Commission municipale ne me vote pas des remerciements ! » — Qui, enfin, s'est jugé de la sorte devant des témoins irréfutables : « La révolution de février n'a mis en relief que trois grandes figures : Louis-Napoléon, Changarnier et moi. »

Encore une fois, nous demandons grâce pour cette digression.

Le ministre de l'Intérieur met fin à la mission extraordinaire confiée à MM. Carlier, Maurice Duval et Bérard, et leur adresse la lettre suivante :

Paris, 13 décembre 1851.

M. le commissaire extraordinaire, dès le début de la crise que nous venons de traverser, le Gouvernement a jugé, à la conduite du parti socialiste, que, surpris avant l'échéance de 1852, il allait user de ses dernières ressources et tenter un effort désespéré. Les correspondances expédiées de Paris, les émissaires envoyés dans toutes les directions, les mots d'ordre transmis avec rapidité et précision, les preuves d'une organisation souterraine formidable, tout a démontré que les projets sinistres dont la société aurait pu être victime six mois plus tard allaient éclater sur une grande échelle. C'est afin de parer à ces graves éventualités et d'imprimer un mouvement rapide à la répression, que le Gouvernement a eu recours à votre patriotisme, en vous chargeant de diriger l'action de l'autorité avec ensemble sur les points où les honnêtes gens paraissaient le plus menacés.

Le plan des anarchistes a été déjoué dans la capitale par la bravoure de l'armée et par le mépris des bons ouvriers qui ont été si souvent la dupe de ces faux frères : partout l'autorité a repris son empire, et il devient inutile de conserver en France rien qui puisse avoir un caractère révolutionnaire. Cela n'empêchera pas le Gouvernement d'accomplir résolument ce qui est nécessaire pour le bien et contre le mal.

Ces considérations ont engagé M. le Président de la

République à faire cesser la mission extraordinaire que vous avez bien voulu accepter. Veuillez donc, au reçu de cette lettre, considérer votre mandat comme expiré, et venir à Paris me rendre compte de ses résultats en me mettant à même d'apprécier les dispositions des populations que vous avez visitées.

Veuillez agréer, M. le commissaire extraordinaire, l'assurance de ma considération la plus distinguée.

*Le ministre de l'intérieur,*

A. DE MORNY.

Une somme de deux millions sept cent mille francs vient augmenter la dotation de la Légion-d'Honneur, pour être distribuée en secours annuels et viagers aux anciens militaires de la République et de l'Empire.

Les départements de l'Aveyron et de Vaucluse sont déclarés en état de siége ; la 6e légion de la garde nationale de Paris est dissoute, en raison de la disposition des rues qu'elle habite, qui favorise, en temps de guerre civile, les plans des insurgés et rend les manœuvres de l'armée difficile. Précaution excellente et spirituelle à la fois. Ce n'est jamais la garde nationale qui se plaindra d'être dissoute.

Le Conseil d'hygiène et de salubrité de la Seine est reconstitué. Une bourse est accordée à la ville de Marseille. De nombreuses décorations récompensent la division navale qui, sous le commandement de l'amiral Dubourdieu, a obtenu, par le bombardement de Salé et de Rabat, une éclatante réparation des pirateries marocaines.

Le numéro du *Moniteur* du 16 contient, en outre, les deux pièces ci-après, inspirées par ce sentiment chrétien qui est le fond même de notre civilisation, de nos mœurs et de notre caractère, et qu'une des gloires de ce gouvernement sera d'avoir si hautement respecté et compris. Le clergé, dont l'adhésion aux actes du 2 Décembre a été sur tous les points de la France unanime, enthousiaste et féconde, proclama en quelque sorte la grâce de Dieu répandue sur le coup d'État, et par ses prières, sa reconnaissance, son influence et son exemple, sanctifia ce qu'il y avait de sévère et racheta ce qu'il y eut de douloureux dans cette révolution, qui, pour sauver le monde moral, a dû changer la face du monde politique. On sait d'ailleurs quelle ferveur de croyances, quelle piété simple et forte professe le Président de la République, élevé à la double école de la foi et du malheur, imbu comme son oncle immortel et comme sa gracieuse mère, de respect et de passion pour les dogmes miséricordieux du catholicisme, et qu'on a vu, dans toutes les circonstances de sa vie incidentée, implorer la protection et remercier la munificence du Dieu qui protége la France. Les deux pièces qu'on va lire remuèrent tout ce qu'il y a de bons esprits et de cœurs chrétiens, et le chef illustre du parti politique, le premier orateur de ce temps, M. de Montalembert, dans une lettre mémorable adressée au journal l'*Univers*, expliqua par les considérations les plus hautes et les preuves les plus éloquentes, les motifs et la nécessité du dévouement de tous les serviteurs de l'Eglise. Enfin, le Saint-Père lui-même éleva sa voix vénérée. Pie IX, qui devait tant comme souverain à nos armées et à notre Gouvernement, scella de son autorité infaillible et de sa bénédiction apostolique ce nouveau Concordat qui, s'il ne rétablissait pas le culte comme avait fait l'ancien, purifiait du moins le sanctuaire et frappait à mort le philosophisme, l'immoralité et le mensonge dont 1852 promettait le triomphe :

Paris, le 15 Décembre 1851.

M. le préfet, à plusieurs reprises, depuis quelques années, le Gouvernement s'est attaché à faire comprendre aux administrations et aux fonctionnaires de tous ordres quelles règles ils ont à suivre en ce qui concerne la cessation des travaux publics le dimanche et les jours fériés reconnus par la loi.

Les efforts que le Gouvernement a tentés dans ce sens n'ont point, jusqu'à ce jour, obtenu le succès désirable. Tantôt on a rencontré des résistances de la part des municipalités, tantôt les intérêts se sont crus menacés, et, chose plus grave, les agents du pouvoir eux-mêmes, soit incertitude, soit faiblesse, ont négligé de se conformer aux ordres qui leur étaient transmis.

Le repos du dimanche est l'une des bases essentielles de cette morale qui fait la force et la consolation d'un pays. A ne l'envisager qu'au seul point de vue du bien-être matériel, ce repos est nécessaire à la santé et au développement intellectuel des classes ouvrières ; l'homme qui travaille sans relâche et ne réserve aucun jour pour l'accomplissement de ses devoirs et pour le progrès de son instruction, devient tôt ou tard en proie au matérialisme, et le sentiment de sa dignité s'altère en lui en même temps que ses facultés physiques. Trop souvent, d'ailleurs, les classes ouvrières que l'on assujettit au travail du dimanche, se dédommagent de cette contrainte en chômant un autre jour de la semaine; funeste habitude qui, par le mépris des traditions les plus vénérées, conduit insensiblement à la ruine des familles et à la débauche.

Le Goûvernement ne prétend pas, dans des questions de cette nature, faire peser une sorte de contrainte sur la volonté des citoyens. Chaque individu reste libre d'obéir aux inspirations de sa conscience; mais l'État, l'administration, les communes, peuvent donner l'exemple du respect des principes. C'est dans ce sens et dans ces limites que je crois nécessaire de vous adresser des instructions spéciales.

En conséquence, je vous invite à donner des ordres pour qu'à l'avenir, autant qu'il dépendra de l'autorité, les travaux publics cessent le dimanche et les jours fériés. Vous veillerez à ce que, désormais, lorsqu'il s'agira de travaux à entreprendre pour le compte des départements et des communes, on insère dans les cahiers des charges une clause formelle qui interdise aux entrepreneurs de faire travailler les jours fériés et les dimanches ; il conviendra même que l'acte soit rédigé de telle sorte que cette interdiction ne demeure pas une formule vaine et susceptible d'être éludée. Enfin, pour ce qui concerne les réglements municipaux destinés à prohiber, pendant les exercices du culte, les réunions de cabaret, chants et autres démonstrations extérieures qui troubleraient ces mêmes exercices, vous userez, avec une sage prudence et un zèle éclairé de votre influence pour diminuer, autant que possible, les fâcheux scandales qui se produisent trpp souvent.

Agréez, M. le préfet, l'assurance de ma considération distinguée.

*Le ministre de l'intérieur*,

De Morny.

Chartres, le 12 Décembre.

Monsieur le Curé,

Pénétrez-vous de l'avis renfermé dans cette lettre. Je vous engage fortement à vous y conformer.

Le 20 ou le 21 de ce mois, le peuple français décidera si Louis Bonaparte doit être, pendant dix ans, président de notre patrie. Le *Oui* ou le *Non*, écrit sur des bulletins par tous les citoyens, décidera cette question, dont les conséquences sont infinies.

Entraîné par vos propres vues, et plus encore par l'amour de la patrie, dont Jésus-Christ nous a donné l'exemple, vous signerez : *Oui*, je n'en doute pas. La Providence ne nous donne, en ce moment, que ce moyen de salut. Il est évident que si Bonaparte était rejeté, la

France ne trouverait plus qui lui substituer. Le peuple, trompé par des intrigues et de fausses suggestions, pourrait faire un choix détestable, qui plongerait notre pays dans de nouveaux et incomparables malheurs.

Nous avons évité le 2 mai 1852, qui ouvrait à la France un abîme effroyable. Il serait insensé de ramener cette chance de ruine et de mort.

Tout ce que nous apprenons ces jours-ci des abominations, des horreurs et des excès les plus sauvages qui viennent d'avoir lieu, sont en petit un échantillon et un crayon anticipé des monstruosités qui auraient été commises en grand et dans toute la France, si Dieu avait permis le triomphe du socialisme.

Vous sentirez, Monsieur, la force irrésistible de ces réflexions, qui frapperont tous les hommes sensés et auxquelles, je crois, ils se hâteront de souscrire.

J'ai l'honneur d'être, avec une considération distinguée et un inviolable attachement, Monsieur, votre serviteur,

† CL.-HIP., *évêque de Chartres.*

---

Mais l'adhésion du clergé, si spontanée qu'on la suppose et si bienfaisante qu'on la constate, ne fut elle-même qu'une partie numériquement faible dans cette masse de témoignages de toute sorte qui convergèrent soudainement vers Paris. Tous les corps constitués, toutes les administrations, tous les fonctionnaires civils, militaires et judiciaires, tinrent à honneur et à envie de donner à leur adhésion le cachet le plus énergique et la forme la plus enthousiaste. De la plus humble commune comme de la ville la plus importante, partirent par millions les protestations du dévouement le plus inaltérable des individus, de la reconnaissance, de la glorification et de la joie nationales. Partout où il y eut, comme dit l'Evangile, trois hommes réunis au nom d'un pouvoir reconnu, d'un intérêt légitime, d'une communauté d'opinion, d'études, de travaux ou de croyances, Louis-Napoléon fut au milieu d'eux. Les plus obscurs et les plus célèbres, les corporations d'ouvriers des campagnes aussi bien que les sociétés savantes et les académies, les conseils généraux comme les plus petites municipalités, les cours d'appel aussi bien que les justices de paix, le commerce, les arts, la marine, l'armée, les sciences, tout ce qui put signer d'un nom ou d'une croix, jeta sur le papier, tantôt en formules magnifiques, tantôt en épanchements naïfs et pittoresques, mais toujours avec une conviction puissante et un accent irrésistible, l'expression libre et volontaire de son admiration, de sa gratitude et de son amour. C'était la préface du vote, c'était le véritable suffrage écrit, commentant et développant d'avance avec les noms à l'appui, le Oui non signé que le suffrage secret allait faire resplendir à sept millions et demi d'exemplaires. De véritables charretées d'adresses et de messages arrivèrent à l'Élysée et au ministère de l'Intérieur où un bureau, qui fonctionne encore, dut être organisé pour leur dépouillement.

---

Résumons rapidement les derniers de ces vingt jours qui résument vingt années.

Le 17, mise en état de siége du Jura ; réorganisation du ministère de l'Intérieur ; circulaire du ministre sur les gardes nationales.

Le 18, reconstitution du comité consultatif de l'Algérie ; décrets sur les bibliothèques et établissements d'instruction publique.

Le 19, convocation de la commission consultative au palais d'Orsay pour le dépouillement des votes.

On connaît déjà ceux de l'armée :

| | |
|---|---:|
| Nombre des votants. | 344,275 |
| Ont voté pour l'acceptation. | 303,290 |
| Ont voté pour le rejet. | 37,359 |
| Se sont abstenus. | 3,626 |
| Total égal au nombre des votants. | 344,275 |

Le relevé des votes de l'armée de mer (marins et troupes de la marine) donne les résultats suivants :

| | |
|---|---:|
| Nombre des votants. | 21,588 |
| Pour. | 15,979 |
| Contre. | 5,123 |
| Abstensions. | 486 |
| Total égal au nombre des votants. | 21,588 |

Le 20, ouverture du scrutin sur le plébiscite.

L'histoire du 2 Décembre est finie pour Paris, car la victoire du pouvoir, contre l'émeute dans la rue et contre la révolution dans le gouvernement, va recevoir son couronnement solennel et suprême. C'est pour ne pas séparer l'un de l'autre le triomphe de la force et le triomphe de l'autorité que nous avons, dans un même récit intitulé la Bataille, essayé de résumer les événements dénoués par l'épée et les actes accomplis par la pensée. Pendant que Paris vote, allons maintenant étudier ce que fut et ce que fit le 2 Décembre dans les départements.

IV

## LA JACQUERIE.

---oOo---

Le soir même du 2 Décembre, le télégraphe apportait au ministère de l'Intérieur, et le Gouvernement fit pendant trois jours afficher dans Paris les innombrables assurances du calme contentement qui avait accueilli dans cinquante départements la nouvelle de la dissolution de l'Assemblée et de la restitution du suffrage universel. Le coup d'État, pour les neuf dixièmes de la population, n'était en effet que la traduction en langage pratique des pétitions adressées à la défunte Législative, des vœux des conseils généraux et d'arrondissements, des votes de la majorité véritable, et pardessus tout du désir et de l'espérance du pays. Lyon, Bordeaux, Marseille, Strasbourg, Nantes, Rouen, le Havre, Brest,

Caen, Lille, Metz, Saint-Etienne, Arras, Colmar, Besançon, Epinal, Poitiers, Tours, Périgueux, Nancy, Bar-le-Duc, Napoléon-Vendée, Limoges, Saint-Lô, Dunkerque, Grenoble, Quimper, Aix, Melun, Versailles, Troyes, Clermont, Angoulême, Saint-Brieuc, Mézières, Foix et Saint-Quentin n'éprouvèrent, ainsi que les arrondissements et les cantons qui en dépendent, d'autre agitation que celle de l'enthousiasme.

A Orléans, à Amiens, à Reims, à Thiers, à Bourg, à Cahors, à Valenciennes et à Estagel, quelques démocrates essayèrent d'envahir les préfectures, de constituer un gouvernement provisoire, d'appeler le peuple aux barricades et de débaucher l'armée. Ces agitations durèrent juste le temps nécessaire à la garde nationale pour prendre les armes, à la troupe pour effectuer quelques charges, aux bons citoyens pour recevoir les agitateurs à coups de pied et à coups de canne, aux autorités pour sévir avec énergie, aux magistrats pour lancer des mandats, et aux gardiens des prisons pour écrouer dans leurs geôles quatre ou cinq cents notabilités démagogiques au nombre desquelles figurent une cinquantaine d'anciens représentants, fonctionnaires de février et républicains de la veille et du lendemain. En trente-six heures tout fut fini à la satisfaction générale. A Valenciennes, à Anzin, au Mans, à Perpignan, à Carcassonne, à Dijon, à Alby, à Privas, à

Agen et à Mâcon, on y mit un peu plus de temps, mais le résultat fut le même, et le sang ne coula pas. Le 8, toute appréhension avait disparu et le travail reprenait, ainsi que la confiance, sur tous les points où l'on avait conçu d'abord quelque inquiétude. Le Gouvernement, sûr de lui-même et de l'avenir, avait pû, dès le 4, annoncer en ces termes la situation générale du pays.

On répand à Paris de fausses nouvelles sur l'état de la province.
On doit répandre en province de fausses nouvelles sur l'état de Paris.
L'émeute est comprimée dans la capitale.
Toutes les nouvelles des départements sont excellentes.
Le Gouvernement est assuré de maintenir l'ordre sur tous les points de la France.

L'attitude de soixante-douze départements ne démentit pas cette forte et fière affirmation. Mais les quatorze autres tinrent tout ce qu'avait promis le socialisme pour 1852, et donnèrent à la France et au monde civilisé le dernier avertissement qui leur manquât encore pour avoir une idée complète et définitive de ce que fût devenue la société chrétienne sans l'acte du 2 Décembre. Les jacqueries du moyen-âge, les colonnes infernales de 93, les révoltes d'esclaves de l'antiquité, les invasions des

Vandales et des Lombards, les sacs et les pillages de villes les plus riches en horreurs de tout genre, furent reproduits avec cette addition aggravante que cette fois les Barbares étaient des compatriotes, dans les scènes éternellement lamentables qui ont couvert de deuil et de honte les départements dont les noms suivent : Allier, Nièvre, Côte-d'Or, Saône-et-Loire, Jura, Gard, Gers, Hérault, Yonne, Drôme, Lot-et-Garonne, Var et Basses-Alpes. Pour en retracer la narration officielle, nous avons pris notre cœur à deux mains et nous nous sommes imposé la tâche difficile de parler sans indignation ni colère. En relisant les documents qui sont sous nos yeux, ce que nous éprouvons, maintenant que Dieu a prononcé, c'est moins de la haine pour ces effroyables manifestations de la perversité humaine, de l'esprit révolutionnaire, du philosophisme démocratique et de la propagande socialiste, que du respect pour le châtiment et pour l'exemple dont il a plu à la Providence d'avancer l'heure et d'effrayer les lâches quiétudes où tant d'honnêtes gens s'endormaient. Ce que nous ressentons en face de ces familles qui pleurent les victimes, et de cette justice qui va frapper les coupables, c'est moins d'horreur peut-être pour les pervertisseurs que de pitié pour les dupes ; mais c'est surtout une reconnaissance sans bornes et sans réserves pour le pouvoir sauveur et pacificateur à qui l'arche sociale a dû de conjurer ce nouveau déluge; pour l'Elu du 10 et du 2 Décembre, vers qui tous les partis se sont tournés en criant aide et miséricorde, et qui n'a vu dans ses anciens et implacables ennemis politiques que des égarés à absoudre et des malheureux à sauver; pour cette nuée d'hommes de bien et de courage, fonctionnaires, citoyens, prêtres et magistrats qui, le couteau sur la gorge, l'incendie dans leurs maisons, le viol et le pillage à leurs foyers, confessèrent, comme les martyrs antiques, que la société ne périrait pas, et, plus heureux que les premiers chrétiens, purent combattre leurs bourreaux et assister au triomphe de leur foi; pour notre incomparable armée, enfin, dont la mission jadis glorieuse, aujourd'hui religieuse, n'est plus de conquérir, mais de sauver, dont le drapeau est devenu un Labarum, et pour qui le sol de la patrie a été la Terre-Sainte des anciens croisés.

———

Quand parut, au commencement de cette année, l'admirable et courageuse prophétie que son auteur, l'un des hommes les plus spirituels et des écrivains les plus originaux de notre temps, intitula de ce nom apocalyptique : le *Spectre Rouge de 1852*, ce fut, parmi les démocrates avancés, les monarchistes excessifs et les parlementaires de la presse, à qui dénoncerait avec le plus d'indignation, de rhétorique et d'injures cette « orgie de la peur, » ce « vertige de l'éloquence, » cet « appel impie au canon » comme ils l'appelèrent tous. Des amis sincères de l'ordre ne furent pas eux-mêmes sans protester quelque peu et sans trouver que M. Romieu était allé trop loin. On va voir par le récit auquel nous sommes condamnés, que l'auteur du *Spectre rouge* avait poussé la sagacité jusqu'à la divination et que cet esprit impitoyable qu'on accusait d'avoir mal prévu, n'était au contraire que le voyant le plus lucide à qui la logique eût jamais illuminé l'avenir (1). Ce qu'il avait prédit des châtiments réservés à la bourgeoisie frondeuse, à l'opposition systématique et aux partis, du rôle civilisateur réservé à l'armée et du soulèvement effroyable des Jacques du dix-neuvième siècle, n'était que l'écho des appréhensions universelles, la conséquence matériellement évocable de la démoralisation populaire et la réalisation naturelle du travail incessant des sociétés secrètes (2). Rien de plus simplement éventuel que ce qui vient de se produire. Les dix-huit départements où s'est manifestée la Jacquerie, n'étaient que les artères circulatoires du virus démagogique ; l'infection pre-

---

(1) Voir la note H aux Pièces justificatives.
(2) Voir le chapitre Iᵉʳ et la note K aux Pièces justificatives.

mière était au cœur, et le cœur c'était Paris, Paris
d'où le signal et le mot d'ordre étaient attendus
depuis deux ans. Tout ce que la province comptait
d'ambitieux vulgaires évincés des fonctions publiques qu'ils avaient usurpées en Février, d'instituteurs révoqués pour immoralité ou pour ignorance,
d'agents électoraux de la république rouge, de
spéculateurs politiques tarés, d'avocats sans cause
et sans considération, d'écrivassiers dont la presse
conservatrice ne voulait plus et dont la presse anarchiste n'avait pas de quoi subventionner les appétits, correspondaient directement avec le comité de
Londres, les diverses réunions de la Montagne, les
réfugiés de Suisse et d'Italie, les anciens transportés, les prisonniers de Belle-Isle et les représentants de quelques associations ouvrières. Au
premier mot lancé de la capitale, ils devaient appeler aux armes et lâcher à toute bride sur la propriété, sur la magistrature, sur le clergé, sur les
administrations gouvernementales et locales, l'armée
dès longtemps recrutée dont ils étaient l'état-major.
Cette armée, on la connaît, ou si on ne la connaît
pas, on la devine : ouvriers abrutis par la paresse et
l'ivrognerie, paysans fanatisés par l'espoir d'un
partage *légal et régulier* des terres et des châteaux,
— ceci est textuel, — et d'une remise universelle
des impôts, repris de justice dont les instincts n'avaient pas besoin d'autre encouragement que d'une

immatriculation dans les cadres de cette milice prête à tout ce qui n'était pas le bien ; vagabonds, fainéants, envieux, ignorants, toute l'écume en un mot et toute la lie de la population des campagnes et des villes, unis ou plutôt comptant s'unir à cette autre phalange non moins redoutable que la force publique contient dans les voies d'une honnêteté pleine de misères, mais que la moindre insurrection peut déchaîner et qu'on appelle les gens sans ressources, race trop nombreuse et trop peu étudiée, pour qui les gouvernements antérieurs n'ont pas toujours assez fait, et qu'un peu de travail et d'améliorations eût enlevée aux émeutes (1). Cette évaluation, que nous sommes forcés de condenser en quelques lignes, demanderait des pages et les fournirait à de plus éloquents. Mais les faits ont leur éloquence aussi. Qu'ils parlent donc ; nous ne faisons que classer et transcrire.

---

ALLIER. — Dans la nuit du 3 au 4, M. de Charnailles, préfet de Moulins, fut averti que les colonnes

(1) Il va sans dire que nous protestons ici contre toute arrière-pensée de fausse philanthropie et que si l'amélioration progressive des populations laborieuses est à nos yeux le plus saint et le plus grand des devoirs sociaux, cette conviction n'implique en rien la moindre sympathie pour les rêveries humanitaires, socialistes ou économiques dont le 2 Décembre a clos le cycle et va réaliser la confusion.

insurrectionnelles étaient en marche sur la ville, et que le mot d'ordre envoyé par les sociétés secrètes à toutes les communes, indiquait une invasion simultanée de tous les chefs-lieux d'arrondissement à la fois : les démagogues de la ville, parmi lesquels plusieurs arrestations avaient déjà été faites, dirigeaient une première bande de deux cents individus à peu près, au devant desquels deux compagnies marchèrent résolument. Ils furent rencontrés à peu de distance de la ville. Quelques coups de fusil les dispersèrent. On en prit onze, armée de faulx, de poignards et de pistolets. Mais ce n'était là qu'un prélude. Une autre colonne d'insurgés se dirigeait sur Moulins, composée de soixante hommes, sous la conduite, dit le *Constitutionnel,* de trois messieurs *bien mis.* Cent hommes étaient attendus de Dompierre et trente de Chevagnes. Le plan était d'envahir la ville et d'incendier la préfecture. Mais ils se débandèrent dès qu'ils apprirent le sort de la colonne principale.

Le chef-lieu avait été préservé, mais l'insurrection prit des proportions plus graves sur d'autres points. A Saint-Léon des barricades avaient été élevées. Le maire, suivi de quelques bons citoyens, essaya de lutter, mais il fut obligé de céder au nombre. Les émeutiers restèrent maîtres de la place.

A Jaligny, les insurgés firent le maire prisonnier, le jeudi 4. Ce magistrat fut séquestré et gardé militairement jusqu'au lendemain. Les anarchistes s'armèrent de fusils, distribuèrent de la poudre et des balles, et allèrent de commune en commune pour recruter des partisans. Leurs chefs étaient un médecin et un pharmacien. C'est le médecin qui avait arrêté le maire, en lui mettant sur la poitrine le canon de son fusil.

Le mouvement du Donjon éclata le 3. Le médecin, le pharmacien et un notaire, frère d'un ex-représentant, prirent le commandement des bandes armées. Leur premier acte fut de mettre en état d'arrestation le maire, M. de Laboutresse, son adjoint, le juge de paix et un citoyen connu par son dévouement à l'ordre. Le notaire, qui était l'un des chefs de l'insurrection, se rendit chez la directrice des postes et, par un ordre signé de lui, lui défendit de faire partir les lettres.

Les quatre prisonniers furent étroitement gardés pendant la journée du 3 et une partie de la nuit suivante. Le jeudi à quatre heures du matin, on les garotta après mille outrages, on les jeta sur une charrette; il gelait, on leur refusa une couverture pour se garantir du froid.

Les bandes armées arrivèrent vers sept heures et demie à l'entrée de La Palisse. Les insurgés avaient choisi le moment où, d'après un usage assez imprudent, les postes de la garde nationale de nuit s'étaient retirés, sans attendre que les postes du jour les eussent remplacés. La ville est envahie sans résistance, et aussitôt éclatent des scènes de violence et de rapine. Le sous-préfet, M. de Rochefort, averti de cette incursion de barbares, ramasse à la hâte quelques gendarmes et s'élance au-devant des insurgés. Des coups de fusil l'accueillent. Les gendarmes sont blessés ou accablés par le nombre. Le sous-préfet est contraint de se retirer à la sous-préfecture, qui est immédiatement forcée. Puis, il est sommé de ceindre une écharpe rouge; il refuse. On menace de le fusiller sans ébranler sa résolution.

Cependant quelques citoyens énergiques parcouraient la ville en criant : *Aux armes !* pour organiser une résistance contre les bandits. Une quarantaine de gardes nationaux se rassemblent. La brigade de gendarmerie se place à leur tête, et se met en marche pour délivrer le sous-préfet prisonnier.

C'était la seule force militaire qui pût défendre l'ordre public. Les gendarmes marchèrent résolument sur les barricades; mais ils ne purent faire usage de leurs armes à feu. Les insurgés avaient pris l'horrible précaution de placer, au premier rang sur la barricade, leurs quatre prisonniers, qui eussent été infailliblement atteints par la décharge. Les gendarmes, le sabre à la main, fondirent sur les émeutiers, mais ils furent reçus à bout portant par une fusillade terrible,

Quatre gendarmes tombèrent sous ce feu meurtrier ; les deux gendarmes Basson et Jaillard, le maréchal-des-logis Lemaire et le lieutenant Combat. Le maréchal-des-logis était tombé de cheval sur les deux genoux. Un insurgé s'approcha de lui et lui tira deux coups de pistolet qui le renversèrent. Lemaire fut traîné sur les dalles de l'église, et on lui écrasa la tête à coups de crosse de fusils. Telle était la rage de ces forcenés, qu'ils percèrent son cadavre de coups de sabre et qu'ils égorgèrent son cheval. Le lieutenant et les deux gendarmes, tous deux grièvement blessés, furent laissés par terre, sans secours, pendant plus de deux heures. Depuis lors, le lieutenant Combat a succombé à ses blessures. Il laisse une veuve et des enfants.

Après avoir quitté La Palisse, sous l'impression de la peur que leur causa l'arrivée prochaine des troupes, les insurgés rentrèrent au Donjon et mirent en liberté leurs prisonniers. Mais, le soir, le juge de paix et l'adjoint furent de nouveau incarcérés. Les insurgés se rendirent au château de M. de Laboutresse, pour s'emparer de lui : mais, prévenu à temps, il put s'échapper avec sa famille. Le château fut mis à sac, les meubles furent brisés, les provisions dévorées, les vins bus et l'*argenterie volée.*

Ce fut le dernier acte de l'insurrection. Les insurgés venaient d'apprendre l'arrivée des chasseurs. Aussitôt ils prirent peur, et sortirent tumultueusement de la ville. Quelques-uns projetèrent de marcher sur Moulins, et, dans ce but, ils se rassemblèrent dans le village de Jaligny. La colonne, recrutée parmi les vagabonds de cette dernière localité, se mit en marche. Mais une généreuse émulation s'était, ainsi que nous l'avons dit, manifestée à Moulins dès qu'on avait appris ces projets sinistres. La mairie avait été encombrée de citoyens demandant à faire partie de la garde nationale et à être armés sur le champ. Plus de sept cents hommes furent réunis en quelques heures et sortirent bravement de la ville à la rencontre des pillards. Ces derniers n'attendirent pas la répression, ils lâchèrent pied et se dispersèrent.

Le lendemain, vendredi, les troupes allèrent occuper le Donjon et les localités d'où étaient parties les bandes insurrectionnelles. Une colonne mobile de citoyens de Moulins les accompagnait et les secondait. Des arrestations furent faites, et une fois l'impulsion donnée, la répression fut aussi vigoureuse que l'attaque avait été soudaine. Le 7, la tranquillité était rétablie, et des souscriptions spontanées étaient ouvertes pour secourir les blessés et les familles de ceux qui étaient morts pour la défense de la paix publique. Cet appel rencontra les sympathies de tous les honnêtes gens. C'est dire que l'ordre ne fut plus troublé.

Nièvre. — « Clamecy, on le sait, était la ville du département la plus travaillée par les menées démagogiques et les sociétés secrètes. Elle renfermait dans son sein les hommes les plus dangereux par leurs opinions exaltées. Clamecy devait donc être fatalement appelée à fournir à la révolte son ample contingent, et malheureusement elle n'y a pas manqué.

« Vendredi 5 décembre, vers la chute du jour, des rassemblements tumultueux se forment en un instant sur plusieurs points de la ville ; des orateurs pérorent dans les groupes et font la motion de se porter à la prison pour délivrer les prisonniers politiques. La place de la prison est envahie en un clin d'œil par des masses armées qui arrivent de tous points. La gendarmerie, impuissante à arrêter la foule, résiste en désespérée ; deux gendarmes sont atteints mortellement et les autres mis hors de combat. Les portes de la prison sont enfoncées, et parmi les prisonniers qu'on délivre, on choisit le citoyen Guerbet comme chef de l'émeute, et on le charge de la direction de la révolte.

« Sur ces entrefaites, le sous-préfet et les autorités locales s'étaient rendus à l'Hôtel-de-Ville pour tâcher d'y organiser la résistance et prendre les mesures que les circonstances graves exigeaient ; mais là, réduites à leurs propres forces, n'ayant à leur disposition aucun moyen pour faire entendre leurs voix et faire respecter leur pouvoir, les autorités se dispersent et sont obligées de chercher leur salut dans la fuite.

« De leur côté, les insurgés ne perdaient pas leur temps : des barricades sont formées dans plusieurs rues, les issues de la ville sont gardées et défendues. Plusieurs maisons sont fouillées de fond en comble. La recette particulière est envahie ; la caisse, contenant de 3 à 4,000 fr., est enlevée. Des engagements partiels entre les insurgés et quelques hommes d'ordre qui s'opposent à la révolte ont lieu sur plusieurs points de la ville ; les coups de feu partent de toutes parts, et plusieurs individus tombent blessés ou atteints mortellement. La consternation et l'effroi sont partout ; chacun s'enferme chez soi, et la ville est au pouvoir absolu des révoltés.

« C'est alors que la cité offre l'image la plus affreuse de la confusion et du désordre, que les cris les plus barbares se font entendre : *vive Barbès ! vive la guillotine ! mort aux blancs ! mort aux riches !* et que l'orgie la plus cynique succède aux scènes qui viennent d'ensanglanter la ville.

« Des femmes sont violées, des enfants assassinés et, par un de ces rapprochements qui peignent mieux que tous les récits, on arrache les panonceaux des études de notaires dont les registres et les archives sont brûlés. C'était ainsi que le communisme devait en finir avec la propriété.

« Le chef du mouvement était un jeune homme de bonne famille qui a été condamné par la police correctionnelle de Paris à six mois de prison, pour outrage public à la pudeur. C'est lui qui donna un reçu de 5,000 fr. au receveur particulier pour la somme que l'insurrection avait pillée dans sa caisse.

« Au milieu de toutes ces horreurs, le procureur de la République, le commissaire de police et sa femme avaient trouvé un refuge dans la maison d'un honnête boulanger dont le nom nous échappe, et qui n'avait vu d'autre moyen de les cacher aux recherches de leurs assassins qu'en les faisant monter par une lucarne sur le toit de la maison, dans une retraite formée par l'élévation d'une cheminée.

« Le sous-préfet, de son côté, avait été recueilli dans une maison sûre, et son premier soin fut de dépêcher en toute hâte un exprès au préfet de la Nièvre pour l'instruire de tout ce qui se passait.

« Ce ne fut que le matin, peu d'instants avant le jour, que le préfet apprit ces tristes nouvelles.

« ..... M. Carlier, nommé de la surveille commissaire du gouvernement dans l'Allier, le Cher et la Nièvre, venait déjà d'y arriver. La présence de ce haut fonctionnaire, qui a fait preuve de tant d'énergie, d'intelligence et de capacité, inspira aux honnêtes gens la plus haute confiance, et contribua puissamment à comprimer la révolte, en inspirant aux chefs la terreur que son nom leur cause.

« Vers la nuit, M. le général Pellion, à la tête de sa colonne, avec laquelle marchaient le commissaire du gouvernement, le préfet et le procureur-général, arrivait aux portes de Clamecy. Sur l'ordre du général, les barricades formidables élevées par les insurgés furent déblayées en un instant par la troupe, et, de concert avec les trois honorables magistrats, les mesures furent prises sur-le-champ pour le rétablissement du bon ordre et la réinstallation de l'autorité.

« Le premier acte de M. Carlier fut de révoquer une masse d'avoués, notaires, huissiers, agents-voyers et autres fonctionnaires coupables d'avoir pactisé avec l'émeute ou faibli devant elle, ce qui pour lui était tout un.

« On inhuma les braves gendarmes morts pour la cause de l'ordre. La population entière assista à cette cérémonie où M. Corbin, procureur-général, prononça les paroles suivantes (1) :

Officiers, soldats de toutes armes, et vous messieurs,
En présence de ces deux cercueils, qui ne céderait à sa vive émotion ?
Là reposent deux braves, tous deux morts pour la sainte cause de l'ordre et de la société; morts pour vous, habitants de Clamecy ; tous deux lâchement assassinés par les hordes de la démagogie.
Deux jours et deux nuits durant la démagogie a été maî-

1 Voir la note I aux Pièces justificatives.

tresse en cette ville. . . . la populace ameutée, les maisons forcées, envahies et pillées, la terreur dans toutes les âmes honnêtes; huit assassinats et près de vingt victimes; les plus hideuses saturnales; le sac et le meurtre : voilà ses œuvres, les voilà telles qu'on nous les promettait pour 1852.

Et sans le 2 Décembre, sans le patriotique dévouement de Napoléon Bonaparte, qui doute qu'elle n'eût tenu parole?

Mais elle comptait sans vous, ô notre héroïque armée, qui, il y a quelques jours à peine, versiez votre sang à Paris, et arrivez encore à temps au fond de nos provinces!

Elle comptait sans vous, brave gendarmerie, arme d'élite, type du dévouement et du plus vrai courage!

. . . . Et maintenant, messieurs, recueillez-vous dans un suprême hommage pour ces glorieux martyrs!

Honneur à vous, Cléret! honneur à vous, Brohant! au nom de la magistrature, et au nom de vos camarades de toutes armes, au nom de tous les bons citoyens, honneur à vous!

La patrie n'oubliera pas sa dette envers vos familles, et la justice aura bientôt son cours.

« Outre les deux gendarmes massacrés à la défense de la prison avec des circonstances horribles, puisque les insurgés agitèrent la question de savoir s'il ne fallait pas essayer de prolonger leur existence pour jouir de leur martyre, on compte dix personnes tuées pendant l'insurrection, parmi lesquelles se trouvent un enfant de treize ans, atteint près de sa mère, et M. Munier, instituteur à Clamecy depuis plus de vingt ans.

« Parmi les faits qui regardent le clergé, le plus

saillant est celui de l'arrestation de M. Vernet, curé d'Arthel. Cet ecclésiastique, qui arrivait d'Auxerre le 5 au soir, tomba entre les mains des insurgés qui, pendant deux heures et demie, l'abreuvèrent d'outrages et de mauvais traitements; frappé de coups de bâton et de crosses de fusil, plusieurs fois menacé d'un coup de pistolet, frappé enfin d'un coup d'épée dans les reins, ils le relachèrent et il put être recueilli par un flotteur qui lui prodigua les soins les plus dévoués.

« L'évêque de Nevers, dont les événements de Clamecy avaient brisé le cœur, était parti dans la nuit de dimanche pour se rendre sur les lieux de l'insurrection. Il voulait employer tous les moyens pour parvenir jusqu'aux révoltés, afin de les décider, au nom du Dieu de paix, à cesser une guerre impie qui avait déjà amené les maux les plus effroyables dans la ville qui les avait vus naître. Ce digne prélat apprit, à son arrivée à Varzy, que les insurgés avaient abandonné la ville et qu'ils fuyaient à l'approche des soldats.

« On peut se faire une idée de l'acharnement et de la haine aveugle que les apôtres du socialisme ont inspirés à leurs adeptes, par le fait suivant. Après l'inhumation des deux gendarmes, au moment où tout reprenait son cours régulier dans la ville, un individu, signalé comme un des instigateurs de la révolte, tentait d'assassiner un gendarme qui était chargé de mettre à exécution un mandat d'arrêt contre cet homme. L'infortuné gendarme a reçu dans le flanc un coup du poignard que ce scélérat avait caché sous son habit avant de quitter son domicile. Il a failli périr sous l'indignation des personnes témoins de ce crime. »

Pendant que ceci se passait à Clamecy, des troubles éclataient à Neuvy. Le préfet chargea M. Ponsard, secrétaire-général de la préfecture, d'aller les réprimer.

M. Ponsard avait à sa disposition deux détachements des 41e et 18e régiments de ligne. Lorsqu'il arriva devant Neuvy, le tocsin sonnait à l'église, et les insurgés barricadés dans la ville menaçaient d'une opiniâtre résistance. Quoique bien inférieurs en nombre, nos braves soldats prirent immédiatement leurs dispositions pour l'attaque, et après un court engagement, délogèrent les insurgés de leurs retranchements.

Un de ces misérables fut assez infâme pour tirer sur le curé de Neuvy, ecclésiastique universellement aimé et respecté. La balle traversa la poitrine de l'infortuné prêtre de part en part ; cependant, quoique la blessure ait été très grave, on a pu sauver ses jours.

M. Ponsard fit immédiatement assembler une commission militaire, qui, séance tenante, condamna l'assassin, après avoir constaté son identité. La population fut ensuite rassemblée sur la place publique et justice faite du meurtrier.

Finissons avec ce long récit d'horreurs dont nous n'avons pas voulu abréger les détails, car tout y est caractéristique. Un mouvement général de troupes fouilla tout le département ; l'infanterie et la cavalerie explorèrent tous les villages ayant pris part à l'insurrection, et opérèrent de nombreuses arrestations ; plusieurs maires, entres autres ceux de Billy et de Pousseaux, furent ramenés la corde au cou, à la tête des insurgés de leurs villages.

En même temps s'exécutait le désarmement général de la ville et des environs.

Sur la demande du général Pellion, le 2ᵉ conseil de guerre de la 13ᵉ division se transporta immédiatement à Clamecy. Les prisonniers, au nombre de plus de cinq cents, furent divisés en deux catégories. La première, renfermant ceux qui avaient pris une part active à l'insurrection, fut livrée aux conseils de guerre ; la deuxième, comprenant ceux qui ont simplement participé à l'insurrection, fut remise aux mains du gouvernement, qui prononcera sans doute la transportation. Tous les individus reconnus pour s'être affiliés aux sociétés secrètes seront également placés dans cette seconde catégorie, et le nombre en est très considérable.

Cher, Côte-d'Or, Saône-et-Loire et Jura. — Dans les deux premiers de ces départements, le contre-coup des événements de la Nièvre se fit immédiatement ressentir. Le 5, des troubles graves éclatèrent à Saint-Amand, des groupes armés se formèrent ; l'un d'eux cerna et maltraita le sous-préfet et le commissaire de police ; ce dernier, saisi, frappé, terrassé, tua d'un coup de pistolet l'homme qui menaçait sa vie. Le sous-préfet, les autorités, la gendarmerie, les grenadiers du 41e, la compagnie entière de l'artillerie de la garde nationale, les pompiers et de nombreux volontaires se levèrent au premier appel et leur énergie suffit pour rétablir l'ordre dans la ville.

A Auxerre, même vigueur de répression empêcha même tentative de guerre civile. Pendant que l'autorité repoussait avec une vigueur inexorable les bandes hurlantes accourues dans la ville, un soulèvement avait lieu dans les communes entre Clamecy et Coulanges-sur-Yonne ; le tocsin sonna à la fois à Pousseaux et à Surgy. Bientôt l'effervescence gagna Andryes, Druyes et Sougères, dans le département de l'Yonne. Les hommes dépravés qui ont propagé dans ces communes les passions haineuses et cupides du socialisme, entraînèrent leurs partisans et contraignirent par d'affreuses menaces les paisibles et les indifférents à marcher avec eux. On s'empara partout des armes de la garde nationale. Le maire de Pousseaux, M. Bonneau, veillard de soixante-seize ans, qui essaya de faire entendre la voix de la raison à ces furieux, fut odieusement assassiné : il tomba sous six balles tirées à la fois.

Cependant Coulanges-sur-Yonne, où les insurgés voulurent se porter, prit de vigoureuses mesures de défense. La population s'arma tout entière. On barricada le pont, et trois jours entiers, les habitants, réduits à leurs seules forces et privés de tout secours militaire, réussirent à empêcher les brigands d'entrer dans la ville. Le maire, M. Barrey, notaire, donna en cette circonstance des preuves d'une grande résolution et d'une présence d'esprit remarquable. Il reçut des renforts de troupes, que les autorités du département purent lui envoyer lorsque les dangers qui menaçaient Auxerre furent écartés.

A Dijon, les membres d'une société secrète résolurent, en haine des actes qui venaient de s'accomplir, de donner la mort à quelque membre du parti de l'ordre, et un jeune homme, M. Arthur Marey, officier de la garde nationale, fut assassiné en plein jour dans les rues de la ville. Ce meurtre tua du même coup le communisme, car il rallia les honnêtes gens de tous les partis.

Dans Saône-et-Loire, le vol fut le cachet distinctif de l'insurrection. 800 individus de Saint-Gengoux-le-National se dirigèrent le vendredi 5 sur Mâcon, après avoir pris la précaution d'enfermer leur maire, le curé et le juge-de-paix. Il fallait de l'argent pour leur expédition. Ils s'emparèrent des caisses du receveur de l'enregistrement et du percepteur. A moitié chemin de Mâcon, ils étaient déjà singulièrement diminués de nombre. Rencontrant le château de M. de Lacretelle, ils le sommèrent de leur remettre deux mille francs, ce qu'il fut obligé de faire. Arrivés à Mâcon, la scène changea. L'autorité les attendait en armes. Au premier coup de feu, la troupe riposta. Sept ou huit d'entre eux furent tués, le reste se sauva.

Une particularité qu'il faut noter, c'est que ces socialistes pratiques étaient tous munis de sacs pour emporter le butin qu'ils espéraient bien faire à Mâcon et sur leur passage.

Ce sac, c'est tout le socialisme, en effet. — A Louhans, deux gendarmes furent assassinés. A Chagny et à Fontaines quelques meurtres isolés furent tentés contre les honnêtes gens. A Mâcon, sauf la réception faite aux porteurs de sacs de Saint-Gengoux, il n'y eut à constater que les arrestations de tous les meneurs de ce département, où la démagogie avait, on se le rappelle, organisé sa propagande la plus vivace et remporté ses plus importantes victoires électorales.

A Poligny (Jura) le vol fut compliqué de l'outrage aux femmes. La plume ne doit pas répéter ce qu'a dû taire la justice elle-même. Les brigands qui pendant dix-huit heures occupèrent cette malheureuse petite ville, où ils avaient fabriqué et installé un sous-préfet, un directeur des postes, un maire et un *commandant des forces républicaines*, épuisèrent tout ce que la lâcheté de l'athée, unie au rut de la bête féroce et compliquée de l'avidité du voleur, réalisera jamais d'orgies infâmes et de pillages sanglants. Un lieutenant de gendarmerie, dont le nom sera historique, Frédéric Carteret lutta contre eux, à la tête de cinq hommes, défendit son quartier jusqu'à ce qu'il eût pu en faire sortir les enfants et les femmes, (excepté la sienne pourtant, qui comme lui tint tête à l'émeute et ne dut la vie qu'à la pitié d'un honnête ouvrier), et ne quitta Poligny que pour courir à Arbois chercher des renforts avec lesquels il revint et se battit comme un lion. Sur tous les points du territoire, du reste, la gendarmerie fut sublime. Les misérables auteurs de tant de crimes n'attendirent pas l'arrivée de la troupe; le bruit seul de la marche de deux compagnies de chasseurs expédiées de Salins et d'Arbois les mit en fuite. La préfecture, la cure, la recette particulière, avaient été le théâtre de scènes sans exemple et sans nom, comme il dut s'en passer dans les villes emportées d'assaut par Tamerlan et Mahomet II. Les chefs échappèrent à la justice des hommes et se sont, dit-on, réfugiés en Suisse. Onze prisonniers seulement furent saisis, ainsi qu'une énorme quantité d'armes.

Le mouvement avait été organisé par un fougueux démocrate dont le premier acte fut de faire emprisonner son père et son frère ; ce scélérat préludait de la sorte aux monstruosités où se vautra sa bande et en regard desquelles on excuserait presque l'assassinat.

---

Gard. — Un mot d'ordre général avait été donné dans ce département : de tous les villages, de tous les hameaux, des bandes armées partaient dans la soirée de vendredi pour se rendre au Plan de la Fougasse, près de Nîmes, rendez-vous pris par l'insurrection. La marche dura toute la nuit au milieu des cris et avec ces exhibitions sauvages, qui sur cette partie du territoire sont l'accessoire habituel et pittoresque de toute émotion populaire. Au point du jour, des émissaires accoururent avertir le rassemblement que la ville se préparait à lui faire une chaude réception : la garde nationale et les troupes de ligne étaient sur pied, la générale avait battu, et tout se préparait pour une rencontre vigoureuse. Ces avis jetèrent l'alarme ; les chefs furent les premiers à disparaître, abandonnant cinq ou six mille hommes que leurs conseils et leurs discours avaient conduits en présence d'un danger imminent et entraînés dans une manifestation qui pouvait amener un massacre et des conséquences terribles, sans aucune chance de succès. Les insurgés se dispersèrent à la hâte, chacun de son côté.

Mais cette conflagration générale de tout un arrondissement n'avait pu se faire, à jour fixe, sur tant de points, sans amener à sa suite des violences déplorables.

Dans plusieurs villages, les mairies furent forcées et les armes enlevées : il en a été ainsi à Bagard, à Ribaute, à Boisset-et-Gaujac, à Saint-Jean-du-Gard, où on pilla le château de M. d'Aleyrac, à Mialet, à Saint-Hilaire-de-Brethmas.

A Anduze, des désordres plus grands eurent lieu. L'autorité municipale fut méconnue, des rassemblements armés occupèrent différents point et se livrèrent à des violences.

A Lédigan, l'agitation fut à son comble : le bâtiment de la gendarmerie fut brûlé.

A St-Ambroix, la ville fut quelque temps dans les craintes les plus vives à cause des réunions séditieuses qui se formaient au Moulinet.

A Lasalle, deux cents démagogues s'emparèrent de l'Hôtel-de-Ville, dont vingt soldats les chassèrent à coups de crosse. Enfin une tentative de jacquerie, dirigée sur Uzès, échoua devant la présence d'esprit du maire de cette ville, M. de Dampmartin, qui en quelques minutes, organisa la défense et dispersa, à la tête de la garde nationale et de quelques hommes du 8e léger, les bandes dont l'effectif se montaient à deux mille hommes, qui dans leur fuite abandonnèrent 500 fusils sur les chemins.

GERS. — Le ministre de la guerre avait, dès le 9, adressé à tous les généraux commandant les divisions militaires la dépêche suivante :

« Toute insurrection armée a cessé dans Paris par une répression vigoureuse. La même énergie aura les mêmes effets partout.

« Des bandes qui apportent le pillage, le viol et l'incendie, se mettent hors des lois. Avec elles on ne parlemente pas, on ne fait pas de sommation : on les attaque, on les disperse.

« Tout ce qui résiste doit être fusillé au nom de la société en légitime défense. »

Toute la définition, toute l'histoire et en même temps toute la défaite de la Jacquerie étaient dans ces lignes qui, pour les généraux auxquels elles furent adressées, n'avaient pas besoin de commentaires. Un duel à mort était, non pas proposé, mais imposé à la société ; les plus sinistres appréhensions conçues pour 1852 étaient dépassées ; on s'attendait au pillage et à l'émeute, voilà que l'assassinat et le viol devenaient le dernier mot et l'unique doctrine des socialistes. Devant cette complication, ingénieuse à force d'horreur, l'armée dut accepter moins peut-être avec l'ivresse frénétique de la bravoure qu'avec l'émotion recueillie du devoir, ce grand et majestueux rôle de tirer l'épée non plus seulement pour la patrie qui récompense la gloire, mais pour l'humanité qui l'absout. Les scènes qui restent à reproduire vont prouver que l'Humanité doit à l'armée de la France autant de remerciements que la France elle-même. Voici, sur les troubles du Gers, le récit d'un témoin oculaire, publié dans le journal l'*Opinion*, d'Auch :

M. le général Dupleix, de concert avec M. le colonel Courby de Cognord, prenait des dispositions pour préserver la ville d'Auch de la dévastation. Quatre-vingt-dix hussards se rendirent avec leur colonel, le chef d'escadron Delaloge et le major Dulau, à la rencontre des insurgés. A deux kilomètres de la ville, sur la route de Vic, on se trouva en présence d'un rassemblement que la nuit ne permettait pas d'apprécier, mais qui dépassait deux mille hommes. Des pourparlers s'engagèrent. Le colonel essaya de ramener ces malheureux à la raison. Il leur ordonna de s'éloigner. Ils s'avisèrent alors de demander du pain, disant qu'on les avait arrachés à leur domicile, et qu'ils n'avaient pas mangé depuis le matin, promettant d'ailleurs de se retirer. Des charrettes arrivèrent chargées de pain ; mais on sut bientôt que ce n'était là qu'un prétexte, et que les insurgés ne faisaient appel à l'humanité des autorités et de la force publique que pour gagner du temps.

En effet, lorsqu'on avait lieu de croire que l'attroupement s'était dissipé, un hussard arrive à toute bride à l'hôte de la mairie, et donne avis aux autorités que les insurgés, après avoir reçu le pain qu'ils avaient demandé, ont la prétention de bivouaquer sur la position qu'ils occupent.

L'heure de l'humanité était passée. Il fut décidé aussitôt qu'on ferait usage de la force. Le procureur de la République se mit en marche, et bientôt il se trouve à son tour en face du rassemblement. Avec une fermeté au-dessus de tout éloge, il s'avance au milieu des insurgés ; sa parole vibrante les invite au respect de la loi. Vaine tentative ! C'est le sac de la ville qu'il leur faut. M. Saint-Luc-Courboricu se retire, et, ayant à ses côtés M. de Magnitot, ancien préfet du Gers, et son successeur M. Lagarde, installé dès son arrivée à quatre heures de l'après-midi, il fait lui-même les trois sommations. Quelques voix répondent : « Eh bien ! soit, nous sommes prêts. »

Le colonel s'élança alors à la tête de ses hussards. Une affreuse mêlée s'engage dans l'obscurité, la fusillade retentit; protégés par les talus de la route, les insurgés tirent presque à bout portant sur nos braves soldats, mais rien ne les arrête, et bientôt la troupe se débande. Ils s'enfuient de toutes parts à travers la campagne, laissant à nos soldats une victoire trop chèrement achetée. Le colonel a reçu un coup de feu dans le cou; le major Dulau a le visage fracassé par une charge de plomb reçue presqu'à bout portant; M. Delaloge, chef d'escadron, est blessé; enfin seize hussards sont plus ou moins grièvement; le cadavre de l'un d'eux est resté sur le champ de bataille. Un domestique de M. Alexandre Tarbouriech, maître-d'hôtel, qui, sur l'invitation de son maître et de l'autorité, avait conduit un tombereau chargé de pain pour les insurgés, fut atteint d'une balle à la cuisse, et sa blessure, à l'heure où nous écrivons, n'est pas encore guérie. Ce n'est pas tout, et c'est ici que la plume tremble dans nos mains de honte et d'indignation: un sous-officier manque à l'appel ; celui-là ne devait pas mourir en combattant; il devait tomber sous la balle d'un assassin. Son cadavre fut trouvé le lendemain, gisant assez loin du lieu de l'engagement. Il paraît qu'emporté par son cheval il avait traversé le rang des insurgés, et que c'est en essayant de regagner la colonne qu'il tomba dans un groupe de fuyards, qui se dédommagèrent du pillage par l'assassinat.

A dix heures et demie du soir, après un engagement qui avait duré une demi-heure, et dans lequel les braves hussards et la gendarmerie, commandée par M. le capitaine Bernardy, avaient si bien fait leur devoir, tous les insurgés étaient en fuite, effrayés de l'attitude de la troupe, et couraient à travers champs, cherchant des asiles dans les maisons voisines et dans les bois de la contrée. Quand cette alerte fut passée, la nuit fut employée a faire des visites domiciliaires et a opérer des arrestations, M. Violet, lieutenant de gendarmerie en disponibilité, fut arrêté à son domicile ; M. Gastineau, rédacteur en chef de *l'Ami du Peuple*, fut découvert chez M. Lacaze, limonadier.

La ville de Mirande, étant dépourvue de garnison, se trouva au pouvoir des insurgés; ils commencèrent à dresser des barricades. Les populations voisines étaient déjà accourues en grand nombre, et l'on porte à six mille les divers contingents de la campagne. Une autorité révolutionnaire fut aussi organisée. MM. Adrien, Terrail, Canteloup, vétérinaire, Passama, Lasserre, etc., etc., composèrent une commission municipale. La ville de Mirande, étant inaccessible à la cavalerie dirigée d'Auch pour rétablir l'ordre, put être ainsi occupée pendant les journées du 4, du 5 et du 6. La poudrière fut pillée, des réquisitions de vivres de toute espèce furent faites par les chefs des insurgés.

Le préfet, rassuré sur la sécurité du chef-lieu du département, et pouvant disposer d'une partie de la garnison, se rendit à Mirande à la tête d'une colonne composée d'infanterie, de cavalerie et de deux pièces d'artillerie. A son arrivée, la justice fit opérer de nombreuses arrestations qui dépassent le chiffre de quatre-vingts. Aujourd'hui il ne reste de cette levée de boucliers que le repentir tardif des chefs qui l'ont provoquée et le désespoir d'un grand nombre de familles. A Vic-Fezensac, à Jegun et Masseube, à la nouvelle des événements, des bandes insurgées envahirent les mairies. L'énergie du maire de Jegun, M. Jules Lasmézas, doit être signalée. A Masseube, le drapeau rouge a été arboré; des arrestations ont été faites, et les instigateurs de ces actes révolutionnaires sont sous la main de la justice ou en fuite.

---

Hérault, Lot, Lot-et-Garonne. — Quelques faits isolés et pris au hasard suffiront maintenant au lecteur :

A Béziers, où le sous-préfet Collet-Meygret joua sa vie avec une intrépidité hautaine, arrêta de sa main les parlementaires de l'émeute et essuya le feu dirigé sur la troupe en tête de laquelle il marchait ; à Béziers, disons-nous, on massacrait les gens dans les rues, non pas parce qu'ils étaient bonapartistes ou légitimistes, mais parce qu'ils portaient un habit : « C'est un propriétaire, » disaient les sarreaux de toile, et feu ! Nous avons sous les yeux les relations officielles, dont voici des extraits :

« Dans la matinée, environ deux mille paysans ont envahi la ville (Béziers) au chant de *la Marseillaise*. Ils étaient armés de piques, de haches et d'un certain nombre de fusils. Ils se sont dirigés vers la sous-préfecture, où ils ont demandé que les dépêches, qu'ils supposaient arrivées, leur fussent communiquées. La troupe, requise par le sous-préfet, s'empressa d'accourir ; les sommations furent faites par le commissaire de police ; mais, au lieu de se disperser, l'émeute y répondit par des coups de fusil qui blessèrent un certain nombre de soldats.

« Ceux-ci ripostèrent par un feu de peloton qui tua huit personnes et en blessa grièvement un certain nombre d'autres. Les paysans se retirèrent devant cette vigoureuse défense, et en se retirant ils se ruèrent sur M. Bernard et sur son beau-père M. Vernhes, qui, à la nouvelle des troubles qui venaient d'éclater, se rendaient au collége pour retirer leurs fils et petits-fils. M. Bernard est tombé mort atteint de treize blessures ; M. Vernhes a été tué par deux coups de hache. Il était greffier en chef du tribunal civil de cette ville. . . . . . .
. . . . . . . . . . . . .

« Les coups de feu qui ont tué M. Bernard Maury dans les rues de Béziers, sont partis d'un groupe d'où s'étaient fait entendre ces paroles : « *En voilà un propriétaire !* »

« . . . . L'une des personnes qui ont été assassinées à Béziers appartenait à l'opinion démocratique la plus avancée. Les paysans ne la connaissaient pas. « A mort ! à mort ! se sont-ils écriés, à mort l'aristocrate ! — Mais c'est un frère ! a dit une voix. — Qu'importe ? a-t-on répondu, *nous tirons à l'habit !* » Et les fusils sont partis. Le démocrate est tombé avec son fils, qu'il ramenait du collège. ..

. . . . . . . . . . . . . .

« Pendant que l'émeute était sur la place de la mairie de Capestang, il s'est passé un fait que nous devons signaler. Un jeune homme armé, ayant reçu un ordre d'un des chefs, se détacha des groupes, se rendit à l'église, où l'un des prêtres de la paroisse allait monter à l'autel, et lui défendit de dire la messe jusqu'à nouvel ordre. Le respectable curé, ayant appris qu'il n'était pas en sûreté, sortit dans la soirée de son presbytère, traversa ostensiblement la ville, et alla sur la grande route attendre la diligence de Béziers, où il est resté jusqu'au 6 au matin, qu'il est rentré à Capestang, après avoir célébré les obsèques de M. l'abbé Cavalié.

. . . . . . . . . . . . .

« M. l'abbé Cavalié avait eu un héritage auquel son assassin prétendait avoir plus de droits, parce qu'il portait le nom des donateurs. D'une naissance adultérine, perdu de mœurs, faisant de sa maison un lieu de prostitution, cet individu, en voyant les ouvriers de Capestang marcher sur Béziers, crut que le moment de tout faire avec impunité était arrivé, et il se mit, lui aussi, en marche pour Poilhes. Malade et alité depuis longtemps, les forces ne tardèrent pas à lui manquer; il rentra chez lui jusqu'au lendemain 5 décembre, jour où il reprit le chemin du presbytère, appuyé sur son fils, âgé d'environ dix-sept ans.

« Arrivé à Poilhes, il se rendit chez M. l'abbé Cavalié, porteur de deux pistolets chargés, et lui demanda quelques secours. Comme ce prêtre se levait pour les lui donner, le meurtrier lui déchargea à bout portant un pistolet dans la poitrine, et l'étendit mort à ses pieds; puis il revint à Capestang, et il se remit au lit avec autant de tranquillité que s'il venait de commettre une bonne action.

. . . . . . . . . . . . . . . . . . . .

« Hier on assassinait à Béziers deux personnes qui passaient dans la rue, ce qui a eu lieu aujourd'hui à Bédarieux est plus atroce encore.

« Attaqués par une populace en délire, les gendarmes de Bédarieux s'étaient retranchés dans leur caserne. Pendant deux heures ils ont soutenu avec un courage admirable un véritable assaut, dans lequel le maréchal des logis Léotard et les gendarmes Lamen et Burgnes ont reçu la mort. La femme d'un gendarme a été également tuée. En voyant leurs efforts repoussés, les insurgés ont eu recours à un moyen infernal : ils ont mis le feu à la caserne.

« Un enfant couvert de blessures cherchait à s'échapper de la caserne en feu. Les insurgés l'ont saisi et précipité dans les flammes.

. . . . . . . . . . . . . . . . . . . .

« Il paraît qu'à Pézenas, en cas de succès, l'émeute devait se porter sur les magasins des négociants, les pièces d'esprit-de-vin qui auraient pu s'y trouver auraient servi à l'embrasement des quatre coins de la cité, et à la faveur du trouble et de l'horreur de l'incendie, les insurgés, avides de meurtre et de pillage, auraient envahi les maisons, égorgé ceux qui leur auraient opposé quelque résistance, assouvi les vengeances particulières, et mis ainsi la ville à feu et à sang.

. . . . . . . . . . . . . . .

« Mêmes préparatifs à Castelnau-de-Guers, où près de quarante individus, tous armés comme des miquelets, prirent, quand le moment fut venu, le chemin de Pézenas, et vinrent y grossir l'armée de l'émeute. On assure qu'au moment du départ, un d'entre eux, que sa mère toute en larmes voulait retenir au logis, lui aurait dit, en se jetant dans ses bras : « Embrassez-moi, c'est peut-être pour la dernière fois ; mais je ne puis, sans courir le risque d'être fusillé, me dispenser de partir ; j'en ai fait le serment, et, quoi qu'il arrive, je dois y rester fidèle.

. . . . . . . . . . . . . . .

« On assure qu'un certain nombre de femmes, portant sur la tête et à leurs bras des corbeilles et des paniers vides, marchaient derrière les villageois.

. . . . . . . . . . . . . . .

« Une espèce de gouvernement provisoire au petit pied avait été installé à Marmande (Lot-et-Garonne) ; il était composé des citoyens Vergnes, avocat, ancien constituant non réélu, Goyneau, avoué, et Mourand, marchand de prunes. M. Bacarisse, avoué, commandait la garde nationale. M. Peyronny, de Miramont, commandait la place. Le sieur Vidal, marchand de volaille, complétait cette administration démocratique en qualité de sous-préfet.

« Ce pouvoir improvisé avait réorganisé démocratiquement la garde nationale et mis les caisses publiques sous le séquestre. Toutes les nuits on battait la générale pour habituer la population aux prises d'armes et éviter les surprises.

« Cependant, lorsque vint le moment décisif, et que l'on apprit l'approche de la force armée, une agitation extrême se manifesta chez les insurgés.

« MM. Vergnes, Peyronny, Goyneau et autres chefs, comprenant que toute résistance était impossible, conseillèrent d'abandonner la ville à l'autorité; mais alors des cris tumultueux se firent entendre, une indignation profonde éclata dans la foule, et le vulgaire des insurgés déclara que puisqu'on les avait poussés jusque-là, il fallait aller jusqu'au bout. On accusa les chefs de trahison ; on leur dit qu'ils s'étaient mis au premier rang; que lorsque le danger était venu, ils devaient donner l'exemple et se faire tuer les premiers.

« Les chefs, ayant ainsi le pistolet sur la gorge, furent obligés de marcher. Quelques-uns, cependant, parvinrent à s'échapper. De ce nombre, on cite MM. Bacarisse, Goyneau, Moreau perruquier, etc. La bande, comme nous l'avons dit plus haut, se dirigea vers Sainte-Bazeille. On sait comment elle en est sortie.

. . . . . . . . . . . . .

« Les atrocités commises par les insurgés sur les agents de la force publique, tombés entre leurs mains sont à peine croyables et laissent clairement entrevoir le sort que ces nouveaux Jacques nous réservaient, si la résolution et l'énergie de Louis Bonaparte n'étaient venues renverser leurs coupables espérances.

« A Sainte-Bazeille, le brave Gardette, jeté par un coup de feu à bas de son cheval, est saisi par les hommes de MM. Vergnes et Peyronny, lardé à coups de baïonnette, et on commençait à lui scier les poignets, lorsqu'un retour agressif des gendarmes a mis en fuite cette horde de sauvages.

. . . . . . . . . . . . .

« Chaque jour de nouveaux faits révèlent les tendances de nos dictateurs. Le percepteur de Samazan, la baïonnette sur la poitrine, fut sommé par trente bandits de livrer sa caisse et ses registres.

Son collègue de Bouglon allait avoir le même sort, si le dénoûment n'eût pas été aussi prochain.

---

Drôme. — Continuons, car nous avons hâte d'en finir, nos citations officielles : c'est le général Lapène qui parle :

Les sociétés secrètes étaient, de longue date, nombreuses et actives dans l'arrondissement de Montélimart.

A l'arrivée de Paris de la dépêche télégraphique du pouvoir exécutif portant la date du 2 Décembre à huit heures du matin ; l'émoi fut grand, mais des mesures promptes et intelligentes concertées entre M. le sous-préfet Laurette et le major Carmier, du 13e de ligne, commandant l'état de siége, assuraient la tranquillité.

. . . . . . . . . . . . . . . . . . . . . . . .

Cependant les événements se compliquaient ; un rapport de la police constatait que le courrier de Privas à Montélimart avait été arrêté entre Chomerac et Brussy (Ardèche), par une colonne nombreuse d'insurgés armés ; ceux-ci, qui avaient eu pour point de départ Rochemaure, marchaient sur le chef-lieu au chant de *la Marseillaise* et au son de la caisse ; ils étaient conduits par des gens cachés dans leurs burnous, que personne ne connaissait et qu'on disait venir de Lyon.

Plusieurs dépêches avaient été visitées sur la place publique ; le courrier avait été ensuite libre de repartir. C'était l'insurrection qui se présenta devant Privas dans la nuit du 4 au 5, mentionnée dans le courant de ce rapport. Cette démonstration criminelle avait du retentissement à Montélimart, et tout portait à croire à un mouvement prochain ; aussi, dans la soirée du 5, quinze des principaux meneurs étaient arrêtés, les boutiques des armuriers surveillées, et les fusils dégarnis de leurs platines; des patrouilles plus considérables furent ordonnées.

L'ex-représentant du peuple Combier était parmi les personnes arrêtées.

. . . . . . . . . , . . . . . . . . . . . .

A sept heures du soir, le capitaine Gillon, qui s'était assuré de la tranquillité dans la ville, remontait à la tour pour faire observer les hauteurs occupées par les insurgés, quand tout à coup il entendit des chants et le bruit de tambours sur l'autre rive de la Drôme, au-delà de la barricade formant tête du pont. Là était un poste de vingt hommes et huit cavaliers sous les ordres du sous lieutenant Olivier, sortant de l'école de Saint-Cyr, qui s'était mis à la disposition du capitaine Gillon.

C'était l'insurrection de Grane et de Châbrillant (canton de Crest-sud), forte de sept à huit cents hommes, dont cent cinquante marchaient de force, et qui, par une intention atroce, étaient en tête pour essuyer les premiers coups. Au premier rang se trouvaient le curé et le vicaire de Grane, le curé de Châbrillant et deux prêtres missionnaires. Le jeune Arribat, fils du précédent adjoint, dévoué à l'ordre, adolescent de quinze ans, marchait sur la même ligne, tous ayant le canon du fusil des insurgés appliqué sur le dos. Au premier signal de retraite ou de résistance, les misérables qui les contraignaient ainsi avaient l'ordre de les tuer.

Cependant l'action s'engageait, et un feu de file parti de la barricade laissait deux insurgés sur le carreau et d'autres blessés. Par un bonheur providentiel, et que le bon curé de Grane considère comme un miracle, aucun des prêtres ni des gens d'ordre opprimés ne fut atteint. Immédiatement les insurgés se replièrent et bientôt s'enfuirent en bandes dans toutes les directions.

Les huit cavaliers sortent alors et les chargent. Le maréchal des logis Carrier est en tête. Il atteint un insurgé.

et au lieu de l'abattre d'un coup de pistolet, le somme de se rendre et de livrer son arme. Celui-ci reconnaît cette mansuétude par un coup de fusil double, et blesse mortellement le sous-officier, qui a succombé depuis. Le brigadier Cardinal, de la 2e batterie, reçoit au même instant une balle en pleine poitrine et tombe mort. Son cadavre nous reste. Au jour, on retrouve sur le terrain les deux insurgés morts, une foule d'armes de toutes sortes, depuis le fusil de chasse jusqu'au bâton ferré, des tridents, des pieux, et de simples bâtons.

. . . . . . . . . . . . . . . . . . . . . . . .

Aux renseignements donnés hier, nous pouvons ajouter que le nombre des morts par suite de blessures et celui des insurgés sont beaucoup plus grands qu'on n'avait cru d'abord. Les émeutiers étaient plus de cinq mille ; mille étaient venus de Dieulefit ou des environs ; Bourdeaux et les communes voisines avaient fourni le plus fort contingent. Le rendez-vous était tellement général, qu'il y avait dans les bandes des gens du Vivarais.

. . . . . . . . . . . . . . . . . . . . . . . .

La colonne imposante qui sillonne maintenant le département fera le reste, c'est-à-dire complétera la destruction des passions provocatrices, fera trembler les mauvais et rassurera les bons.

En attendant ce grand effet moral, la justice du pays ne sera pas inactive, et plus de cinq cents prévenus, saisis sur tous les points du département, actuellement sous sa main, rendront bientôt compte de leur conduite et des détestables projets qu'ils voulaient réaliser.

---

VAR ET BASSES-ALPES. — Ces deux départements furent les derniers pacifiés. Là, ce fut avec la Jacquerie la guerre complète et en règle. Un département tout entier fut trois jours au pouvoir absolu de l'insurrection, et le préfet dut, comme il l'écrivit lui-même, le conquérir les armes à la main. Les atrocités de toute espèce n'y firent pas plus défaut qu'ailleurs. Citons pour la dernière fois :

Pendant trois jours, les domestiques du préfet, dont les insurgés étaient parvenus à s'emparer, sont restés entre la vie et la mort. A chaque instant, on leur croisait la baïonnette sur la poitrine, avec menace de les fusiller tous, hommes et femmes, s'ils ne se décidaient pas à dénoncer la retraite du préfet et de sa famille. Ces pauvres gens, à genoux, répondaient : « Vous pouvez nous tuer, nous sommes à votre disposition, mais nous ne savons ni où sont nos maîtres ni la direction qu'ils ont prise. » Avant de tomber entre les mains des insurgés, ces braves serviteurs avaient, au péril de leur vie, sorti toute l'argenterie de la préfecture.

Leur admirable dévouement finit par toucher le chef de la bande, nommé Cotte, qui arriva au moment où les insurgés, apprenant que les troupes avançaient de Digne, allaient les fusiller avant de déguerpir. Déjà le nommé Cotte avait mis sous scellés tous les appartements du premier étage et avait ainsi sauvé une partie du mobilier. Grâce à cette mesure, les envahisseurs se sont contentés de briser les porcelaines, les ustensiles de cuisine et tous les meubles des salons. Ils ont bu tout le vin et ont rompu après les barriques et toutes les bouteilles (huit cents environ). Il n'y a pas jusqu'à la basse-cour sur laquelle ils n'aient assouvi leur rage.

Les archives et le mobilier des bureaux de la préfecture ont été brûlés au milieu de la place du Marché.

Pendant cin  jours, chaque famille a eu sur les bras dix,

douze et jusqu'à quinze individus insatiables à alimenter de toutes les façons.

Aussi ne doit-on pas être étonné d'apprendre que la partie saine de la population a reçu à bras ouverts et avec un véritable enthousiasme son préfet, M. Dunoyer, qui est rentré hier dans notre ville, à cheval et en uniforme, avec deux compagnies d'élite du 40e.

. . . . . . . . . . . . . . . . . . . . . . . . . . . . .

Cependant un comité de résistance se constitue à la préfecture ; il est composé des sieurs Buisson, de Manesque ; Cotte, de Digne ; Escollier, de Forcalquier ; Aillaud, de Voix ; P. Aillaud, Guibert et Jourdan, de Gréoulx ; Barnaud, de Sisteron. Il signale son existence par des proclamations où il décrète l'abolition des contributions indirectes dont les registres ont été livrés aux flammes, la suspension des fonctionnaires et la création de comités dits de résistance dans tous les cantons et toutes les communes. Les caisses publiques sont dévalisées ; 15,000 francs sont arrachés à la caisse du receveur général ; les tabacs de la régie sont distribués aux insurgés dans les bureaux.

. . . . . . . . . . . . . . . . . . . . . . . . . . . . .

Les versements ne s'opérant pas assez tôt au gré de ces pillards, des groupes de quinze à vingt brigands pénétraient alors jusque dans les plus modestes demeures, et notamment chez les personnes connues pour leur opinion légitimiste. Là, le pistolet au poing, ils se faisaient livrer toutes les valeurs possédées par l'habitant.

. . . . . . . . . . . . . . . . . . . . . . . . . . . . .

Le 4, à l'entrée de la nuit, un rassemblement nombreux se présenta devant la mairie de la commune de Trouvès. La foule demandait qu'on lui livrât les armes de la garde nationale. Un honorable citoyen, M. Blanc, adjoint au maire, se présenta aux insurgés, et chercha par des exhortations à leur faire comprendre les suites de l'attentat qu'ils voulaient commettre ; ses efforts furent vains ; la porte de la mairie fut enfoncée, et les armes qu'elle renfermait furent enlevées. Les meneurs, au nombre de huit, s'organisèrent ensuite en gouvernement provisoire, et placèrent à leur tête un ouvrier cordonnier, ancien président d'un club anarchiste, et le principal auteur de ces nouveaux désordres. Les membres du gouvernement se firent servir à dîner; après, ils descendirent sur la place publique, encombrée de tous leurs acolytes en armes; ils proclamèrent les noms de la nouvelle administration, on entonna ensuite le chant de *la Marseillaise*; à l'issue de la dernière strophe, les insurgés mirent tous le genou à terre; puis le gouvernement rentra à la mairie, d'où il commença à expédier des ordres; les premiers consistaient en missions données à certains *citoyens* de tuer sans retard tous les gendarmes, les gens de robe et les prêtres dans la contrée.

« On raconte aussi que les prisonniers sont l'objet des traitemens les plus infâmes. Quelques uns sont de nature à ne pouvoir être retracés par la plume. L'histoire de cette douloureuse captivité sera bien lamentable; puisse-t-elle faire tomber enfin le bandeau qui couvrait les yeux de quelques hommes honnêtes qui rêvaient avec le socialisme un idéal irréalisable !

. . . . . . . . . . . . . . . . . . . . . . .

La femme de l'infortuné gendarme assassiné à Cuers est morte des suites de la frayeur qu'elle a éprouvée. On sait que les misérables auteurs de ce crime ont tenu cette femme en joue pendant qu'ils recherchaient son argent, et qu'ils lui ont enlevé 700 fr. Elle laisse deux orphelins, dont le plus âgé a tout au plus huit ans. Elle était enceinte de quatre mois au moment de sa mort.

. . . . . . . . . . . . . . . . . . . . . . .

Voici comment ont été sauvés les prisonniers qui se trouvaient au pouvoir des insurgés :

On les avait tous réunis dans une salle de l'Hôtel-de-ville d'Aups; ils étaient une soixantaine, et on s'occupait à faire leur procès. Aux gendarmes, car il y en avait vingt-deux de prisonniers, on reprochait d'avoir fait des procès-verbaux pour délits de chasse, et ce crime demandait la mort; aux autres, c'étaient des reproches tous dictés par des haines personnelles; enfin il était onze heures, et à midi on devait tous les pendre; six poulies étaient déjà disposées à cet effet. Heureusement les troupes étaient sur le point d'arriver. Elles se touvaient à peu de distance d'Aups lorsqu'elles aperçurent un homme à cheval qui, en les voyant, partit au grand galop. Les cavaliers s'élancent à sa poursuite, l'atteignent, et reconnaissent en lui une estafette qui allait annoncer aux insurgés leur arrivée. Le prendre et le fusiller fut l'affaire d'un instant. Les troupes arrivèrent à Aups à l'improviste, et attaquèrent ces misérables qui, en les voyant paraître, firent sur elles une seule décharge.

Les prisonniers furent pris un moment pour des insurgés, et l'on tira, dans la salle même où ils se trouvaient, quelques coups de fusil qui heureusement n'ont occasionné que de légères blessures. Alors un des gendarmes prisonniers, pour faire cesser la méprise, eut l'idée de jeter son chapeau par la fenêtre; on s'empressa d'aller délivrer tous ces malheureux: mais M. Laval, l'un d'eux, croyant que c'étaient les insurgés qui venaient pour exécuter leur criminelle sentence, s'élança par une fenêtre du second étage et se cassa une jambe. Pris pour un rebelle, il essuya, dans sa chute, quelques coups de feu du dehors et reçut plusieurs blessures.

. . . . . . . . . . . . . . . . . . . . .

On ne connait point encore d'une manière bien précise tous les actes de violence, tous les malheurs qui ont marqué dans le département ces néfastes journées. Des gendarmes blessés et maltraités, les caisses publiques pillées, les citoyens rançonnés, des menaces de mort contre les magistrats qui avaient su remplir leur devoir, tels sont, en résumé, les faits qui caractérisent cette jacquerie que les sociétés secrètes avaient organisée dans le département

A Malijai, les insurgés fusillent un des leurs qui veut s'opposer au pillage.

. . . . . . . . . . . . . . . . . .

Dans cette journée du 8 décembre, dont la population dignoise n'oubliera jamais les terribles enseignements, les projets les plus affreux étaient formés : on voulait frapper des impôts, forcer les couvents, livrer la ville au pillage, massacrer les prêtres. Aussi regarde-t-on comme un bonheur venu du ciel la nouvelle qu'un bataillon marchait sur Digne. Alors un immense cri : *Aux armes!* se fit entendre. On publia que tout homme devait sortir armé, sous peine d'être fusillé. Une colonne de quatre mille insurgés environ quitta précipitamment la ville. Dès lors Digne, quoique toujours au pouvoir de l'émeute, commençait à respirer. On apprend que la colonne insurrectionnelle a rencontré, près des Mées, un bataillon venu d'Aix, et qu'au premier feu de la troupe elle s'est débandée. Les mille insurgés qui restent dans la ville s'échappent peu à peu. Les chefs de l'insurrection gagnent la frontière, emportant la caisse.

---

C'est fait. Quand on songe que cet amas de crimes et de hontes s'est accompli dans l'espace de vingt jours et que nous n'en mentionnons là qu'une faible partie, l'étonnement pétrifie la douleur, l'épouvante tue toute réflexion et tout ce qu'on peut se dire, après ce que Dieu vient de permettre, la France de souffrir et Louis-Napoléon de faire, c'est que la bonté de Dieu est bien grande, la fortune de la France bien arrêtée au ciel, et l'homme de Décembre bien inébranlablement assis sur sa destinée.

Assurément, la magnifique réorganisation intérieure du Consulat et la rénovation bienheureuse qui en fut la suite, succédant aux saturnales de la Terreur et du Directoire et préparant les splendeurs de l'Empire, ne produisit pas sur le passé une disparate aussi tranchante et surtout aussi rapide que ce gouvernement de trois semaines, librement acclamé et consenti par sept millions et demi d'hommes le lendemain même de la plus gigantesque guerre civile et sociale dont l'histoire gardera jamais le souvenir. Mais, encore une fois, qui peut sonder la Providence? Qui sait si la Jacquerie elle-même n'entrait pas dans ses desseins et ne fut pas un des matériaux de la fondation future, de même que les laves d'un volcan fertilisent à la longue le sol qu'elles ont incendié? Superstition puérile ou nécessité divine, il y a cependant autre chose qu'un fait dans cette coïncidence miraculeuse : le socialisme et la révolution se donnant toute carrière, se révélant dans leur plus complète nudité, se traduisant sur vingt points à la fois par l'infini dans l'abjection, l'impérissable dans le ridicule et l'idéal dans l'odieux, et à quel moment? Au moment précis où les partis qui ne les connaissaient pas bien encore, allaient, par dépit ou par faiblesse, sinon s'allier à eux, du moins voter comme eux. Tout sert en ce monde et les enseignements de l'expérience plus encore qu'autre chose. Hugues-Capet, Henri IV,

Guillaume de Nassau, Napoléon eurent pour sacre primitif et mystérieux les fautes de leurs devanciers et le malheur de leurs peuples ; sans remonter si haut, n'est-ce pas le souvenir déplorable de Février qui, au 10 décembre 1848, contribua pour une part immense à l'éruption des millions de suffrages que le spectacle de la démagogie et du communisme démuselés vient d'augmenter de deux nouveaux millions?

Le vote eut lieu par toute la France le lendemain même du jour où le gouvernement apprenait que l'ordre était rétabli dans les Basses-Alpes. La guerre civile morte dans les départements comme à Paris, le pays tout entier sauvé et purifié, le pouvoir en possession de l'unité, de la force et de la liberté, le peuple armé de son droit souverain, prêt à rendre la sentence définitive, l'Europe attentive et recueillie ; — l'aurore du 20 Décembre se leva sur cette conclusion solennelle de la dernière des révolutions, épilogue aussi de ces pages qui ont essayé de la raconter et qui n'ont plus, comme elle, qu'à se clore par la constatation d'un chiffre et l'écho d'une acclamation.

V

## LE VOTE.

Donc, le 20 et le 21 la France vota. Ce que furent ces deux jours de joie, d'effusion, de reconnaissance, la plume est impuissante à le dire, et chacun de nos lecteurs, d'ailleurs, ne trouverait rien ici qui valût la richesse de ses souvenirs et l'émotion religieuse de son vote. La Commission consultative consacra chaque jour une longue séance au dépouillement des procès-verbaux d'élection et au recensement général des suffrages, et son travail fut prêt pour le 31 décembre au soir.

Quant au Gouvernement, ses derniers actes furent ceux-ci :

Réorganisation de la gendarmerie en prévision des dangers locaux, et surtout du bien-être, de l'avancement et de la conservation de cette héroïque et intelligente milice, qui a pris une part si grande au salut de la civilisation, et qui, sur tous les points où a éclaté la Jacquerie, a été sublime de dévouement, de résignation et d'intrépidité.

Nouvelle classification des divisions et subdivisions militaires.

Réglementation de l'industrie des cabarets et des cafés, dont nul ne pourra s'ouvrir désormais sans la permission spéciale de l'autorité. La morale et l'humanité réclamaient autant que l'ordre politique et la santé publique, cette grande et prévoyante mesure. Le cabaret n'avait pas seulement remplacé le club; dans beaucoup de localités c'était un repaire et une caverne. C'est de là que s'est élancée la Jacquerie. L'anarchie, le pillage et l'insurrection s'y organisaient aux jours d'émeute et à la propagande parlée se joignait l'alcool qui transformait la prédication en actes. On ne pouvait tuer les sociétés secrètes et le communisme sans supprimer la liberté des cabarets. Au point de vue économique et moral, la réforme est plus précieuse encore, car elle supprime du coup et l'ivrognerie, ce fléau des classes ouvrières, et les avilissements de toute sorte qui perdaient et abrutissaient l'ouvrier.

Suppression du jury pour le jugement des délits commis par la parole. Encore une conquête sur la révolution, dont le jury était, on se le rappelle, une des trois prédilections constitutionnelles. La garde nationale et l'Université sont les deux autres ; mais l'heure est venue pour la magistrature, l'armée et le clergé, et puisque le socialisme n'est plus à craindre, la mort du vieux libéralisme ne saurait être éloignée.

Adjudication du chemin de fer de Paris à Lyon et de Lyon à Avignon.

Rétablissement de l'aigle sur les drapeaux français et sur la croix de la Légion-d'Honneur, et installation du Président de la République aux Tuileries.

Ne commentons pas quand il n'y a qu'à bénir.

Ces deux derniers actes paraissaient au *Moniteur* du 1er janvier. Le monde nouveau allait inaugurer la nouvelle année, close pour nous comme ce livre dont la tâche est remplie, et à qui le journal officiel fournit son épilogue le plus naturel :

---

31 décembre.

« Ce soir, à huit heures et demie, la commission consultative s'est rendue à l'Élysée, où elle a été reçue par le Président de la République entouré de ses ministres et de ses aides-de-camp.

« M. Baroche, vice-président, a lu et remis ensuite entre les mains de Louis-Napoléon l'extrait du procès-verbal constatant que le vote des 86 départements, de l'Algérie, de l'armée et de la marine, sur le plébiscite du 2 Décembre, donne pour résultat :

OUI 7,439,216
NON 640,737

« Voici le texte de ce document :

COMMISSION CONSULTATIVE.

*Séance du 31 Décembre 1851.*

EXTRAIT DU REGISTRE DES DÉLIBÉRATIONS.

La commission consultative chargée par le décret du 14 décembre de procéder au recensement général des votes émis sur le plébiscite proposé le 2 Décembre par le Président de la République à l'acceptation du peuple français;

Après avoir examiné dans ses bureaux et pendant les séances des 24, 26, 27, 28, 29, 30 et 31 décembre, les procès-verbaux d'élections dressés dans les divers départements de la République et dans tous les corps composant l'armée de terre et de mer, lesquels procès-verbaux ont été transmis à la commission par les ministres de l'intérieur, de la guerre et de la marine;

Après avoir, dans la séance générale de ce jour, entendu les rapports qui lui ont été faits au nom de chacun de ses bureaux ;

Considérant qu'il est établi par les pièces soumises à son examen, que les opérations électorales ont été librement et régulièrement accomplies;

Que, si les procès-verbaux d'élection dressés dans le département des Basses-Alpes, ainsi que dans quelques communes de deux départements et dans une partie de l'Algérie, ne sont pas encore parvenus au ministre de l'intérieur, il convient, en présence de l'immense majorité obtenue par le projet de plébiscite, et pour ne pas retarder la proclamation du vote, prendre provisoirement pour base, et sauf vérification ultérieure pour ces diverses localités, les chiffres indiquées par la correspondance des préfets, et de porter seulement pour l'Algérie les chiffres qui sont, quant à présent, connus ;

Déclare qu'il résulte du recensement général des votes émis sur le projet du plébiscite du 2 Décembre, ainsi que du tableau général qui en a été dressé et qui sera annexé au procès-verbal,

Que les bulletins portant le mot *oui* sont au nombre de. . . . . . . . . . . . . . . . . . . . . . . . . . . 7,439,216

Ceux portant le mot *non* au nombre de. . . 640,737

Les bulletins déclarés *nuls* au nombre de . . 36,880

La commission consultative décide qu'elle se rendra ce soir, à huit heures et demie, à l'Elysée, pour présenter à M. le Président de la République le résultat du recensement général des votes.

Une ampliation du présent procès-verbal, signée du vice-président et des secrétaires, sera adressée au ministre de l'Intérieur pour être déposée aux archives nationales.

Fait au Palais du quai d'Orsay, en séance générale de la commission consultative, le 31 décembre 1851. (1)

« M. Baroche a ensuite pris la parole en ces termes :

### Monsieur le Président,

« En faisant appel au peuple français, par votre proclamation du 2 Décembre, vous avez dit :

« Je ne veux plus d'un pouvoir qui est impuis-

(1) Voir la note L aux Pièces justificatives.

« sant à faire le bien et m'enchaîne au gouvernail
« quand je vois le vaisseau courir vers l'abîme. Si
« vous avez confiance en moi, donnez-moi les
« moyens d'accomplir la grande mission que je tiens
« de vous. »

« A cet appel loyal, fait à sa conscience et à sa souveraineté, la nation a répondu par une immense acclamation, par plus de sept millions quatre cent cinquante mille suffrages.

« Oui, Prince, la France a confiance en vous! elle a confiance en votre courage, en votre haute raison, en votre amour pour elle! Et le témoignage qu'elle vient de vous en donner est d'autant plus glorieux qu'il est rendu, après trois années d'un gouvernement dont il consacre ainsi la sagesse et le patriotisme.

« L'élu du 10 décembre 1848 s'est-il montré digne du mandat que le peuple lui avait conféré? A-t-il bien compris la mission qu'il avait reçue?

« Qu'on le demande aux sept millions de voix qui viennent de confirmer ce mandat, en y ajoutant une mission et plus grande et plus belle?

« Jamais, dans aucun pays, la volonté nationale s'est-elle aussi solennellement manifestée! Jamais gouvernement obtint-il un assentiment pareil, eut-il une base plus large, une origine plus légitime et plus digne du respect des peuples! (Murmures d'approbation.)

» Prenez possession, Prince, de ce pouvoir qui vous est si glorieusement déféré.

« Usez-en pour développer par de sages institutions les bases fondamentales que le peuple lui-même a consacrées par ses votes.

« Rétablissez en France le principe d'autorité, trop ébranlé depuis soixante ans par nos continuelles agitations.

« Combattez sans relâche ces passions anarchiques qui attaquent la société jusque dans ses fondements.

« Ce ne sont plus seulement des théories odieuses que vous avez à poursuivre et à réprimer. Elles se sont traduites en faits, en horribles attentats.

« Que la France soit enfin délivrée de ces hommes toujours prêts pour le meurtre et le pillage, de ces hommes qui, au XIXe siècle, font horreur à la civilisation et semblent, en réveillant les plus tristes souvenirs, nous reporter à cinq cents ans en arrière. (Vif assentiment.)

« Prince, le 2 Décembre, vous avez pris pour symbole *la France régénérée par la révolution de 1789 et organisée par l'Empereur*, c'est-à-dire une liberté sage et bien réglée, une autorité forte et respectée de tous.

« Que votre sagesse et votre patriotisme réalisent cette noble pensée. Rendez à ce pays si riche, si plein de vie et d'avenir, les plus grands de tous les biens, l'ordre, la stabilité, la confiance. Comprimez avec énergie l'esprit d'anarchie et de révolte.

« Vous aurez ainsi sauvé la France, préservé l'Europe entière d'un immense péril, et ajouté à la gloire de votre nom une nouvelle et impérissable gloire. »

« Ces paroles sont suivies de marques unanimes et significatives d'approbation.

« Louis-Napoléon a pris ensuite la parole :

« Messieurs,

« La France a répondu à l'appel loyal que je lui avais fait. Elle a compris que je n'étais sorti de la légalité que pour rentrer dans le droit. Plus de sept millions de suffrages viennent de m'absoudre en justifiant un acte qui n'avait d'autre but que d'épargner à la France et à l'Europe peut-être des années de troubles et de malheurs. (Vives marques d'assentiment.)

« Je vous remercie d'avoir constaté officiellement combien cette manifestation était nationale et spontanée.

« Si je me félicite de cette immense adhésion, ce n'est pas par orgueil, mais parce qu'elle me donne la force de parler et d'agir ainsi qu'il convient au chef d'une grande nation comme la nôtre. (Bravos répétés.)

« Je comprends toute la grandeur de ma mission

nouvelle, je ne m'abuse pas sur ses graves difficultés. Mais avec un cœur droit, avec le concours de tous les hommes de bien qui, ainsi que vous, m'éclaireront de leurs lumières et me soutiendront de leur patriotisme, avec le dévoûment éprouvé de notre vaillante armée, enfin avec cette protection que demain je prierai solennellement le Ciel de m'accorder encore (sensation prolongée), j'espère me rendre digne de la confiance que le peuple continue de mettre en moi. (Vive approbation.) J'espère assurer les destinées de la France en fondant des institutions qui répondent à la fois et aux instincts démocratiques de la nation et à ce désir exprimé universellement d'avoir désormais un pouvoir fort et respecté. (Adhésion chaleureuse.) En effet, donner satisfaction aux exigences du moment en créant un système qui reconstitue l'autorité sans blesser l'égalité, sans fermer aucune voie d'amélioration, c'est jeter les véritables bases du seul édifice capable de supporter plus tard une liberté sage et bienfaisante. »

« Des cris de : *Vive Napoléon! vive le Président!* se font entendre. Les membres de la commission se pressent autour de Louis-Napoléon pour lui adresser leurs félicitations. Quelques conversations s'engagent entre le Président et plusieurs des membres de la commission. Vingt minutes environ se passent avant la réception du corps diplomatique.

« Le corps diplomatique a été présenté par le nonce apostolique. Il n'y a point eu de discours.

« Mgr l'archevêque, le chapitre métropolitain et clergé de Paris ont été reçus ensuite.

« Mgr l'archevêque s'est exprimé en ses termes :

« Monsieur le Président,

« Nous venons vous présenter nos félicitations et nos vœux. Ce que nous allons faire demain, nous le ferons tous les jours de l'année qui va commencer. Nous prierons Dieu avec ferveur pour le succès de la haute mission qui vous a été confiée; pour la paix et la prospérité de la République, pour l'union et la concorde de tous les citoyens. Mais afin qu'ils soient tous bons citoyens, nous demanderons à Dieu d'en faire de bons chrétiens. »

« Le prince a remercié Mgr l'archevêque d'avoir bien voulu mettre sous la protection divine les actes qui lui ont été inspirés par ce sentiment qui lui avait dicté ces paroles : « Que les bons se rassurent et que les méchants tremblent! »

« Le doyen du clergé de Paris, le vénérable curé de Saint-Nicolas, âgé de quatre-vingt-sept ans, s'est approché vivement du Président et lui a dit d'un ton allègre : « Je suis heureux, Monseigneur, de vous dire avec le prophète, *l'œuvre de Dieu réussira quand même.* »

« L'assistance tout entière a accueilli avec une expression d'espoir sympathique, les courtes et expressives paroles du vieux curé. »

---

1er janvier 1852.

« Aujourd'hui, M. le Président de la République est sorti du palais de l'Elysée à onze heures et demie, pour assister à un *Te Deum* solennel en actions de grâces du vote qui vient de ratifier par 7,500,000 suffrages l'acte du 2 Décembre.

« Le cortége était ainsi composé :

« Un escadron du 1er régiment de lanciers ouvrait la marche.

« La garde républicaine à cheval suivait le 1er régiment de lanciers.

« Le prince Louis-Napoléon était dans un coupé avec le ministre de la guerre seul.

« Deux officiers d'ordonnance du prince étaient à cheval aux portières de la voiture du Président ; le colonel Edgard Ney (1) à droite, le colonel Fleury à gauche.

« L'escadron de cuirassiers de service escortait la voiture du Président.

---

(1) Au sacre, le maréchal Ney était à la droite de la portière de la voiture de l'Empereur.

« Le cortége se terminait par un second escadron du 1er régiment de lanciers.

« Malgré un temps froid et brumeux, la foule encombrait les quais par où le Prince devait se rendre à Notre-Dame ; partout son passage a été salué de sympathiques et respectueuses acclamations.

« Sur la place du Parvis avaient été disposées, des deux côtés du portail, dix bannières tricolores soutenues par des mâts, dont chacun portait un trophée de drapeaux et un bouclier décoré des lettres L.-N. dans une couronne de laurier. En outre, trois grandes bannières tricolores étaient suspendues à des mâts dressés en avant du portail.

« L'entrée principale était précédée d'un grand *velarium* d'étoffe de couleur cramoisie parsemée d'étoiles d'or et du chiffre L.-N., également en or. Toute la façade de la vieille basilique, à tous ses étages et jusqu'aux tours, était décorée de drapeaux, de bannières, de flammes aux couleurs variées ; l'effet en était magique.

« Au milieu de la rosace qui surmonte le grand portail se remarquait une large oriflamme sur laquelle était inscrit en gros caractères d'or le chiffre de 7,500,000.

« Dès onze heures, les portes de Notre-Dame se sont refermées sur les 6,000 invités qui déjà remplissaient l'église. Des estrades disposées en amphithéâtre sur toute l'étendue de la nef, de chaque côté, et les galeries spacieuses qui règnent autour de l'édifice, étaient garnies sur tous les points. Les délégués des départements avaient des places désignées sur deux de ces estrades. Le milieu de la nef, qui n'a été occupé que plus tard, après l'entrée du Président, était particulièrement réservé aux autorités militaires.

« Dans le transept s'élevait un riche dais en velours cramoisi à ciel d'or, dont les quatre branches correspondaient aux piliers principaux. Un prie-Dieu et un siége d'honneur étaient établis pour le chef de l'Etat, en face d'un autel doré, de forme gothique, dressé en avant du chœur, dans la partie centrale où se croisent la grande nef et la nef transversale.

« De vastes estrades en amphithéâtre étaient élevées à chacun des bras de la croix latine. Celle de droite a été occupée par le corps diplomatique, la Cour de cassation, la Cour d'appel et le tribunal de première instance, leurs présidents en tête ; celle de gauche par la commission consultative, conduite par M. Baroche, la commission municipale et départementale, le conseil de préfecture, les maires de Paris et des principales communes du département de la Seine, à la suite de MM. le préfet de la Seine et le préfet de police ; l'Institut ; le conseil supérieur de l'instruction publique et les quatre Facultés, précédées de leurs massiers.

« Le premier rang des sièges disposés dans la nef avait été réservé aux grands-croix. Nous y avons distingué les maréchaux Reille, Exelmans, Levaillant, Harispe, l'amiral de Mackau, les généraux d'Hautpoul, Petit, et d'Argout. Le prince Murat, en costume de colonel de la garde nationale, occupait une des places les plus rapprochées du siège du Président.

« Ce qui rehaussait l'éclat de cette imposante et solennelle cérémonie, c'est la variété et la richesse des costumes officiels dont tous les membres de chaque corps étaient revêtus.

« Dans les tribunes donnant sur le transept, on remarquait les femmes des grands dignitaires de l'Etat et des ministres étrangers. L'une de ces tribunes, brillante et riche entre toutes, était occupée par la princesse Mathilde, la princesse Marie de Baden, marquise de Douglas, et d'autres dames-parentes ou alliées de la famille du Prince.

» Toutes les places, bien indiquées à l'avance, ont reçu, au milieu du plus grand ordre, les personnes à qui elles étaient destinées.

« Un peu avant midi, Mgr l'Archevêque, assisté de ses vicaires-généraux, MM. Buquet, Surat, Bautain, Eglée et des chanoines de la métropole, a pris siège sous un dais, à droite de l'autel ; les chanoines étaient rangés à la droite du cœur et les curés de Paris à la gauche. Les autres membres du clergé étaient assis sur les stalles du chœur, derrière l'autel.

« Peu de temps après, l'arrivée du Prince a été annoncée par le bruit des tambours battant aux champs, auxquels se sont mêlés les sons graves et majestueux du bourdon.

« Mgr l'Archevêque, entouré de son clergé, s'est dirigé processionnellement, croix en tête, vers le grand portail pour recevoir le neveu de l'Empereur.

« Les grandes portes se sont ouvertes, et le Président, en costume de lieutenant-général de l'armée de terre, a été introduit. Il était accompagné de ses aides-de-camp, officiers d'ordonnance et d'un brillant état-major. Le ministre de la guerre et le général commandant la garde nationale étaient auprès de lui. Tous les autres ministres se pressaient à ses côtés. Malgré la sainteté du lieu, des cris de *Vive Napoléon! vive le Président!* l'ont partout accompagné sur son passage.

« Les ministres ont pris siège à la droite du Président, au-dessous de l'estrade de la commission consultative.

« Mgr l'Archevêque a entonné le *Te Deum*. L'orchestre et les chanteurs, placés derrière l'autel, sous la direction de M. Girard, ont repris et developpé harmonieusement l'hymne sacré.

« Plusieurs des morceaux exécutés pendant cette solennité sont tirés du *Te Deum* composé par Lesueur pour le sacre de l'Empereur. Le motet *Urbs beata*, du même compositeur, et le *Sanctus* de la dernière messe de Sainte-Cécile, de M. Ad. Adam, ont complété la partie musicale de la cérémonie. Les artistes, eux aussi, inspirés par les circonstances, ont été admirables de précision, de verve et d'ensemble. Le sentiment religieux n'a pas fait un instant défaut au style de l'exécution tant vocale qu'instrumentale.

« Le prince Louis-Napoléon a donné pendant toute la cérémonie les signes d'une piété simple et digne dont l'exemple n'a jamais été plus nécessaire.

« A un demi-siècle de distance, 18 août 1802, et 1ᵉʳ janvier 1852, deux Napoléons, fidèles à l'antique devise de nos pères, *Gesta Dei per Francos*, ont inauguré l'avénement d'une ère nouvelle et désirée, en venant s'agenouiller à Notre-Dame devant le Dieu de Clotilde. En 1802, un *Te Deum* était chanté pour fêter la résurrection du culte catholique ; en 1852, c'est pour rendre grâce à Dieu d'avoir inspiré à la France cet esprit de sagesse qui sauve les nations. Cet exemple de respect du chef de l'État pour les cérémonies de la religion, que Napoléon, le premier du nom, n'avait pu imposer qu'avec peine à quelques uns de ses plus illustres lieutenants, n'a trouvé aujourd'hui que des voix disposées à le louer et à l'admirer.

« Après le *Te Deum* et le *Domine salvos fac Rempublicam et Napoleonem*, Mgr l'Archevêque de Paris a donné la bénédiction du Saint-Sacrement avec l'ostensoir brillant de pierreries dont l'Empereur a doté l'église métropolitaine.

« Il était une heure ; la cérémonie religieuse était terminée ; Mgr l'Archevêque a reconduit processionnellement jusqu'au portail de la basilique M. le Président de la République avec le même cérémonial qui avait présidé à sa réception.

« D'immenses acclamations, dont les corps constitués ont donné le signal, ont suivi le Président jusqu'à sa sortie de l'église.

« Ainsi une splendide solennité religieuse et nationale vient de consacrer de nouveau Notre-Dame de Paris, ce monument auquel se rattachent déjà les plus glorieux, les plus touchants souvenirs de notre histoire. »

---

Dieu est au bout de tout. Cette consécration dont le calme et sténographique compte-rendu a toute l'éloquence de la poésie et de l'histoire, ce *Te Deum*, cette cathédrale où fut couronné l'Empereur et où vient d'être proclamé Louis-Napoléon, cette bénédiction du sacerdoce et de l'autorité éternelle succédant à l'acclamation du peuple et la prenant en quelque sorte dans ses mains pour l'offrir à Dieu qui l'accepte et la sanctifie ; cette nation, personnifiée dans ses illustrations de toute sorte, venant sceller sur l'autel, en face de toutes les majestés du culte et dans l'appareil le plus solennel, le pacte d'hommage, de gratitude, d'amour et de fidélité par lequel elle s'est librement, spontanément et unanimement identifiée à l'Homme qui l'a sauvée ; ces cris, cette joie, ces espérances, cette foi universelle de huit millions de volontés réfléchies s'incarnant et se concentrant sur la tête de cet oint du peuple et de cet élu du Seigneur ; ce sacre en un mot, — disons ce mot, car toute la France le répète à cette heure, — n'est pas seulement le dénouement bienheureux de nos désastres et l'attestation immortelle que l'abîme des révolutions est à jamais fermé.

Il y a plus que cela dans l'inauguration splendide du nouvel ordre de choses. Il y a l'enseignement pour tous, pour le pays qui vient de se donner un maître, aussi bien que pour ce maître revêtu du plus légitime et du plus large des pouvoirs humains, le pouvoir conféré par le choix universel et confirmé par l'universelle affection. Jamais la Providence ne fit plus pour un peuple et pour un homme, mais jamais elle n'imposa plus d'obligations et ne dicta plus d'avertissements à tous deux, obligations inexorables qu'il y aurait crime et honte à ne pas remplir, avertissements suprêmes qu'elle ne répéterait pas une seconde fois.

La révolution est morte, mais l'esprit révolutionnaire respire encore ; la pacification s'est faite dans toutes les régions du pouvoir et du pays, mais l'esprit de parti n'a pas abdiqué ; la Jacquerie a été étouffée dans le sang et dans la boue, mais la misère et l'ignorance travaillent encore les bas-fonds de la population des villes et des campagnes ; la vérité, la justice, le bon sens et l'honnêteté ont triomphé à la face du Ciel et de la terre, mais le sophisme, l'envie, l'erreur et le crime sont éternels comme l'humanité ; le droit a été glorifié, mais le devoir est encore bien méconnu ; la religion, la famille et la propriété ont été sauvées, mais les philosophes, les littérateurs et les économistes ont faim ; l'armée, la magistrature et le clergé sont l'honneur de ce pays et l'admiration de ce siècle, mais derrière l'armée il y a la garde nationale, en face de la magistrature il y a le jury, à côté du clergé il y a l'Université. Voilà l'avertissement.

Voici l'obligation : la liberté politique a fait son temps ; ne rouvrons pas le cercueil qui l'enferme, bâti, le matin du 2 Décembre, avec les débris de la vieille tribune et de la vieille presse ; la Terreur seule en sortirait. Ce qu'il faut à la France maintenant, c'est le plus de libertés locales possible, parce que la liberté locale n'a d'initiative que pour le bien, d'expansion que dans sa sphère, de vie que par le pouvoir qui la contrôle. L'ancienne maxime constitutionnelle : « La liberté est le droit de faire tout ce qui ne nuit pas à autrui », n'était que l'étroite formule de l'égoïsme ; à cet axiôme de l'incrédulité libérale, substituons la grande et fraternelle loi du Christianisme : « La liberté n'est que le droit de bien faire ». Que l'utile et le juste soient seuls permis ; la perfectibilité humaine n'a que ce point de départ et que cette règle. La France entre dans l'ère de l'autorité, du respect, du travail et de l'intelligence ; ce cadre auguste comporte déjà plus de libertés que l'état actuel des esprits n'en peut supporter encore, plus de progrès que n'en ont jamais rêvé l'utopie la plus généreusement illusionnée et l'instinct réformateur le plus audacieux, plus de grandeur que n'en réalisèrent jamais les gouvernements les plus forts et les mieux intentionnés. Paix aux hommes de bonne volonté, a dit l'Évangile ; soyons ces hommes, et nous aurons cette paix. Que le passé soit honoré dans ce qu'il eut de bon et de noble, que les regrets pour des traditions disparues ou des symboles chers aux cœurs qui les défendirent, ne rencontrent que sympathie et déférence ; mais que ce soit toujours le passé et rien de plus.

Les dépits ne dureront pas ; les anciens partis, qui vinrent offrir au honteux gouvernement de février leurs services et leur épée, ne voudront pas se déshonorer et s'abîmer dans le ridicule en boudant un gouvernement issu du suffrage universel ; quant aux conspirations de salons, ce n'est plus qu'une mode d'hiver que le premier rayon de soleil va fondre. Les cœurs élevés, les esprits sérieux, les consciences honnêtes verront plus haut et plus loin. Aimer, travailler, oublier, c'est la meilleure des politiques, la plus sûre des doctrines et la plus constante des opinions. A ce peuple qui souffre, à ce gouvernement qui s'efforce, à cette société qui aspire, à ce Dieu qui nous voit, offrons dans la limite de nos moyens, mais dans la plénitude de notre bon vouloir, les efforts de nos recherches, l'abnégation de notre patriotisme, les travaux de nos pensées ou de nos mains, le sacrifice de nos inimitiés et de nos amours-propres. Plus on fait de bien, plus on peut et plus on veut en faire ; l'homme individuellement peut paraître méchant, ingrat, impitoyable ; mais la société, qui n'est à tout prendre qu'un principe nécessaire d'amour, de génie et d'indulgence, la société est toujours précieuse, sainte et chérissable. Quand on est fier d'appartenir à une patrie comme la nôtre, quand on ne peut prononcer ce cher nom de la France sans sentir son cœur plein d'orgueil et ses yeux gonflés de larmes, quand on respire cette atmosphère de grands hommes et de grandes choses dont elle a entouré nos jeunesses, il faut se dire, il faut s'imposer, il faut se prouver à soi-même et aux autres qu'on est digne d'apporter sa pierre au monument qu'elle élève pour la reconnaissance de nos enfants et les acclamations de la postérité.

Le coup d'Etat du 2 Décembre fut nécessaire, providentiel, inévitable; bien coupables ou bien à plaindre ceux qui n'y verraient que le triomphe d'un parti ou la victoire d'un homme! Les secrets de la Providence ont une tendance plus haute et des résultats plus vastes; c'est la foi de Louis-Napoléon, et ce sera l'inspiration des hommes qui aideront ce souverain populaire à accomplir sa destinée, à donner au peuple ces améliorations et ce bien-être moral et physique, indépendants de toutes les formes gouvernementales, qui ne s'acquièrent qu'au prix du travail, des mœurs et de l'éducation ; à fonder une société civile simple, forte, morale, chrétienne, où toute chose et tout être auront leur place et leur rôle, où la force comme la pensée, l'industrie comme les arts, le commerce comme la science, l'administration comme la loi, l'Etat comme le citoyen convergeront à ce but éternel et suprême de toute civilisation : reconstituer l'autorité politique sur le patron de l'autorité paternelle, la société sur le modèle de la famille, et faire du bonheur et des vertus de chaque foyer le type unique du perfectionnement général. L'historien futur de cette révolution pacifique trouvera peut-être quelques matériaux dans cet humble récit des événements merveilleux qui l'ont préparée.

FIN.

# PIÈCES JUSTIFICATIVES.

### A ( Page 20. )

Papiers saisis chez M. Baze. (Extrait du *Constitutionnel* du mardi 16 décembre ) :

La questure était, on le sait, le quartier général de la coalition.

Dès que l'acte du 2 décembre a éclaté, les arrestations et les recherches se sont dirigées vers la questure. On a arrêté les questeurs. On a saisi leurs papiers, notamment chez M. Baze.

La saisie de ces papiers a rendu évidente l'existence du complot.

En effet, tous les décrets relatifs à la réquisition directe étaient prêts; on en a saisi, non seulement les minutes, mais tous les duplicata et les ampliations nécessaires pour en donner communication à qui de droit; tout cela fait à l'insu de M. Dupin, mais revêtu néanmoins du cachet de la présidence de l'Assemblée.

Le premier décret, celui qui confie à un général en

chef le commandement des troupes chargées de protéger l'Assemblée nationale, est ainsi conçu :

« Le Président de l'Assemblée nationale,
« Vu l'article 32 de la Constitution, ainsi conçu :
« L'Assemblée détermine le lieu de ses séances, elle fixe l'im-
« portance des forces militaires établies pour sa sûreté, et elle
« en dispose.
« Vu l'article 112 du décret réglementaire de l'Assemblée na-
« tionale, ainsi conçu :
« Le Président est chargé de veiller à la sûreté intérieure et
« extérieure de l'Assemblée nationale.
« A cet effet, il exerce au nom de l'Assemblée le droit confié
« au pouvoir législatif, par l'article 32 de la Constitution, de fixer
« l'importance des forces militaires établies pour sa sûreté, et
« d'en disposer.
« Ordonne à M......., de prendre immédiatement le
« commandement DE TOUTES LES FORCES, TANT DE L'AR-
« MÉE QUE DE LA GARDE NATIONALE STATIONNÉES DANS
« LA PREMIÈRE DIVISION MILITAIRE, pour garantir la sûreté
« de l'Assemblée nationale.
« Fait au palais de l'Assemblée nationale, le .... »

Second décret :

« Le président de l'Assemblée nationale, etc.,
« Vu l'article 32 de la Constitution,
« Vu l'article 112 du décret réglementaire, etc.,
« Ordonne à tout général, à tout commandant de corps ou
« détachement, tant de l'armée que de la garde nationale, sta-
« tionnée dans la première division militaire, d'obéir aux ordres
« du général...........................
« chargé de garantir la sûreté de l'Assemblée nationale.
« Fait au palais de l'Assemblée nationale, le ...... »

Tels sont les deux décrets trouvés chez un questeur. Le premier, qui nomme le général en chef, n'existe qu'en deux expéditions ; l'une destinée probablement au général en chef qui eût été nommé, l'autre au *Moniteur*.

Quant au second décret qui devait être communiqué aux chefs des divisions et des brigades, il en avait été fait déjà cinq ampliations. Elles sont entre les mains de l'autorité.

Est-il clair qu'on se tenait prêt pour l'évènement? on n'attendait que le jour du vote. Bien que l'Assemblée nationale eût à sa disposition un assez grand nombre d'employés, on ne s'en fiait pas à l'activité des nombreux expéditionnaires. On avait voulu que tout fût réglé, copié et timbré d'avance. Il n'eût resté à remplir que les noms et les dates laissées en blanc. Les décrets eussent été ainsi notifiés à qui de droit en un clin d'œil. N'y a-t-il pas là tous les apprêts d'un coup de main?

Il importe, en outre, de bien remarquer avec quelle extension on entendait user du droit de réquisition directe.

Le décret ne requiert pas moins que toute l'armée et toute la garde nationale comprise dans la première division militaire, c'est-à-dire qu'on ne laissait au Président de la République ni un seul soldat, ni un seul garde national. Cette sorte de levée en masse avait-elle pour but de défendre l'Assemblée ou d'attaquer le Président de la République? Y a-t-il un homme de bonne foi pour qui cette question puisse être l'objet d'un doute?

Ce n'est pas tout. La questure était devenue un véritable état-major militaire. On y a saisi des pièces qui ne se trouvent d'habitude que chez les chefs d'armée ou dans les bureaux du ministre de la guerre. La questure avait ses états de troupes; elle avait des listes nominatives des chefs de corps stationnés dans Paris, avec indication de la demeure de chacun d'eux.

Nous ajouterons que sur un de ces tableaux il se rencontre une désignation singulière, c'est celle des officiers de la 10ᵉ légion. Apparemment on comptait sur celle-là plus que sur les autres. C'est en effet sur le territoire et à la mairie de cette légion que les représentants ont tenté de tenir séance.

---

**B** (Page 20).

Discours du Président de la République aux exposants de Londres :

. . . . . . . . . . . . . . . .

C'est lorsque le crédit commençait à peine à renaître ; c'est lorsqu'une idée infernale poussait sans cesse les travailleurs à tarir les sources mêmes du travail ; c'est lorsque la démence, se parant du manteau de la philanthropie, venait détourner les esprits des occupations régulières, pour les jeter dans les spéculations de l'utopie ; c'est alors que vous avez montré au monde des produits qu'un calme durable semblait seul permettre d'exécuter (Vive approbation).

En présence donc de ces résultats inespérés, je dois le répéter, comme elle pourrait être grande, la République française, (bravo! bravo!) s'il lui était permis de vaquer à ses véritables affaires et de réformer ses institutions, au lieu d'être sans cesse troublée, d'un côté par les idées démagogiques, et de l'autre par les hallucinations monarchiques ! (Plusieurs salves d'applaudissemens se font entendre et forcent M. le Président de la République à s'interrompre pendant quelques moments.)

Les idées démagogiques proclament-elles une vérité ?

Non, elles répandent partout l'erreur et le mensonge. L'inquiétude les précède, la déception les suit, et les ressources employées à les réprimer sont autant de pertes pour les améliorations les plus pressantes, pour le soulagement de la misère. (Marques générales d'adhésion.)

Quant aux hallucinations monarchiques, sans faire courir les mêmes dangers, elles entravent également tout progrès, tout travail sérieux. On lutte au lieu de marcher. On voit des hommes, jadis ardents promoteurs des prérogatives de l'autorité royale, se faire conventionnels afin de désarmer le pouvoir issu du suffrage populaire. (Bruyants applaudissements.) On voit ceux qui ont le plus souffert, le plus gémi des révolutions, en provoquer une nouvelle, et cela dans l'unique but de se soustraire au vœu national et d'empêcher le mouvement qui transforme les sociétés, de suivre un paisible cours. (Bravos prolongés.)

Ces efforts seront vains. Tout ce qui est dans la nécessité des temps doit s'accomplir. L'inutile seul ne saurait revivre. Cette cérémonie est encore une preuve que si certaines institutions tombent sans retour, celles au contraire qui sont conformes aux mœurs, aux idées, aux besoins de l'époque, bravent les attaques de l'envie ou du puritanisme. (Approbation).

Vous tous, fils de cette société régénérée qui détruit les anciens priviléges et qui proclame comme principe fondamental l'égalité civile et politique, vous éprouvez néanmoins un juste orgueil à être nommés chevaliers de l'ordre de la Légion-d'Honneur. C'est que cette institution était, ainsi que toutes celles créées à cette époque, en harmonie avec l'esprit du siècle et les idées du pays. Loin de servir comme d'autres à rendre les démarcations plus tranchées, elle les efface en plaçant sur la même ligne tous les mérites, à quelque profession, à quelque rang de la société qu'ils appartiennent. (Bravos prolongés.)

Recevez donc ces croix de la Légion-d'Honneur, qui, d'après la grande idée du fondateur, sont faites pour honorer le travail à l'égal de la bravoure, et la bravoure à l'égal de la science. (Nouveaux applaudissements.)

Avant de nous séparer, Messieurs, permettez-moi de vous encourager à de nouveaux travaux. Entreprenez-les sans crainte ; ils empêcheront le chômage cet hiver. Ne redoutez pas l'avenir. La tranquillité sera maintenue quoi qu'il arrive. (Bravos prolongés.) Un gouvernement qui s'appuie sur la masse entière de la nation, qui n'a n'autre mobile que le bien public, et qu'anime cette foi ardente qui vous guide sûrement, même à travers un espace où il n'y a pas de route tracée, ce gouvernement, dis-je, saura remplir sa mission, car il a en lui et le droit qui vient du peuple, et la force qui vient de Dieu. (Bravos et acclamations.)

---

C (Page 39).

Dans sa livraison du 1ᵉʳ janvier 1848, *la Revue des Deux-Mondes* publia sous le titre : *Quelques réflexions sur la politique actuelle*, un travail de M. de Morny qui fit une sensation profonde, et dont la citation suivante prouve avec quelle perspicacité inouïe cet homme d'Etat avait non seulement deviné la révolution de février, mais indiqué du doigt, et bien avant les penseurs de profession, le mal intérieur qui déjà rongeait la société :

. . . . . . . . . . . . . . . . .

D'où viennent ces fièvres qui saisissent les peuples à certaines époques ? Accusent-elles un besoin réel et moral, ou sont-elles causées par une surexcitation physique et passagère ? — Je ne me charge pas de l'expliquer. Mais, en vérité, quand on voit qu'à aucune autre époque de l'histoire, il n'y a eu dans le monde moins de barbarie, moins de préjugés, plus de bon sens, plus de science, plus de bien-être ; quand toutes les questions philosophiques sont épuisées ; lorsque tout le monde a pu apprécier les bienfaits d'une paix de trente années ; quand chacun a pu juger que l'ordre est le seul chemin qui conduise à une liberté durable, on se demande si les sociétés sacrifieront tous ces avantages dans un moment de délire ; on se demande si elles resteront sourdes à la voix de la raison et de leur intérêt.

Aujourd'hui, l'absolutisme et le radicalisme sont aux prises en Europe. Le communisme mine sourdement la base des sociétés et des gouvernements. Des concessions modérées, des réformes intelligentes, une étude consciencieuse des questions financières et sociales, le zèle pieux des classes riches en faveur des classes pauvres, en même temps qu'une résistance courageuse aux factions, empêcheront-ils les maux qui nous menacent ? — Voilà la véritable question.

Le rôle du gouvernement français et du parti qui le soutient pourra, dans ces circonstances, devenir fort considérable. Leur sagesse, leur fermeté, leur probité, peuvent dissiper ces orages : leur faiblesse ou leurs fautes peuvent les faire éclater sur nos têtes.

. . . . . . . . . . . . . . . . .

Communisme, socialisme, partage des terres et des richesses, organisation du travail ! autant de rêves inapplicables, règlements impossibles tant qu'on ne pourra régler les naissances et les passions de la société humaine ! Mais il y a des esprits qui se laissent séduire par la seule forme d'une pensée, quelque absurde qu'elle soit, et qui croient que certains enchaînements de phrases présagent un enchaînement semblable dans les faits. Ce sont eux qui disent : Le monde a enregistré l'égalité devant Dieu au commencement de l'ère chrétienne, l'égalité devant la loi à la fin du xviii$^e$ siècle ; il ne lui manque plus que de réaliser l'égalité sociale.

Et ils se figurent avoir exprimé une idée sublime !

Ceux qui prêchent ces théories sont des insensés ou des criminels ; ceux qui les écoutent méritent plus de pitié. N'est-il pas naturel que les malheureux se laissent prendre aux maximes égalitaires ? L'ignorance les y dispose, l'envie les y pousse, la misère et les maladies les y contraignent ; pourquoi ceux-là sont-ils nés riches, doivent-ils se dire, et nous pauvres ? pourquoi reposent-ils, tandis que nous travaillons sans relâche ? pourquoi s'asseoient-ils à des tables somptueuses, tandis que nous mourons de faim sur la paille ? Est-ce juste ? et la société n'a-t-elle rien de mieux à nous offrir en perspective que la prison, si le désespoir nous conduit au crime, et pas même l'hôpital, quand nos forces sont épuisées ?

N'y a-t-il pas une vérité poignante au fond de ces plaintes ? Qu'y répondre, que faire ?

Prouver d'abord aux classes pauvres que la société s'occupe de leur venir en aide avec une constante sollicitude ; perdre moins de temps en beaux discours, et étudier davantage leurs intérêts et leurs besoins ; s'acharner moins aux questions de cabinet et prêter plus d'attention aux questions sociales. Prouver aux malheureux, avec la logique et le bon sens, que les riches ne sont pas cause de leurs peines ; leur faire comprendre le secret du mécanisme social ; leur démontrer que les valeurs d'une société réglée s'évanouissent quand cette société se trouble, parce que ces valeurs sont toutes de convention ; que l'or, l'argent, le crédit, l'intérêt des capitaux, tout cela n'est que convention pure, et disparaîtrait sous les décombres de la société : que le jour où ils arriveraient tous au partage, tendant leurs mains sanglantes, il ne leur reviendrait pas par tête ce qu'ils auraient facilement gagné avec une journée de travail ; que l'inégalité sociale est une loi de nature ; que toujours il y aura des laborieux et des fainéants, des forts et des faibles, des braves et des timides, des gouvernants et des gouvernés ; que l'ordre est encore pour eux la plus favorable des conditions ; enfin, que l'humanité ne s'est jamais trouvée dans un siècle où les classes riches se soient plus préoccupées des classes pauvres, etc.

---

**D** (Page 164.)

## RÉCOMPENSES A L'ARMÉE.

Par décrets du Président de la République, du 9 décembre 1851, rendus sur la proposition du ministre de la guerre, ont été nommés au grade de chevalier dans l'ordre national de la Légion d'honneur, les militaires dont les noms suivent, qui ont été blessés dans les derniers événements de Paris, savoir :

MM. Billion, gendarme au 1er bataillon de gendarmerie mobile : 19 ans de service effectif, 5 campagnes ; a reçu une contusion à la poitrine ;

Langlade, gendarme au 1er bataillon de gendarmerie mobile : 29 ans de service effectif, 9 campagnes ; blessé à la jambe droite ;

Furjot, gendarme au 1er bataillon de gendarmerie mobile : 12 ans de service effectif ; grièvement blessé à la main droite ;

Haine, sergent au 28e de ligne : 11 ans de service effectif, 7 campagnes ; grièvement blessé à la jambe droite ;

Rainoird, sergent-major au 33e régiment de ligne : 9 ans de service effectif, 4 campagnes ; amputé de la jambe droite ;

Portal, sergent-major au 72e de ligne : 11 ans de service effectif ; grièvement blessé à la poitrine ;

Ricordeau, grenadier au 72e de ligne : 3 ans de service effectif ; amputé de la cuisse gauche ;

Deverchère, grenadier au 72e de ligne : 5 ans de service effectif ; amputé du bras droit ;

Peigné, chasseur au 15e léger : un an de service effectif ; amputé de la cuisse gauche ;

Brault, chasseur au 15e léger : un an de service effectif ; grièvement blessé au genou gauche ;

Périn, sergent-major au 15e léger : 7 ans de service effectif, 3 campagnes ; grièvement blessé à la jambe droite.

Ces militaires ont reçu leur décoration des mains du Président de la République lors de la visite qu'il a faite à l'hôpital militaire du Gros-Caillou, le 9 décembre

Par décrets du Président de la République, du 10 décembre 1851, ont été nommés chevaliers dans l'ordre national de la Légion d'honneur, les militaires dont les noms suivent, qui ont été blessés dans les derniers événements de Paris savoir :

MM. Gérard, fusilier au 3e de ligne : 4 années de service ; blessé d'un coup de feu à la poitrine, le 3 décembre.

Dumas, sous-lieutenant au 54e de ligne : 6 ans de service, 2 campagnes ; grièvement blessé à la jambe droite ;

Joum, caporal sapeur au 6e léger ; 11 ans de service, 7 campagnes, amputé du bras droit ;

Marisson, voltigeur au 15 léger : 3 ans de service ; amputé du bras gauche ;

Glade, cavalier au 2e escadron des guides d'état-major : 4 ans de service ; fracture de la jambe gauche.

Ces militaires ont reçu leur décoration des mains du Président de la République, lors de la visite qu'il a faite aux hôpitaux militaires du Roule et du Val-de-Grâce, le 10 décembre.

Par décrets du 12 décembre 1851, le Président de la République, sur la proposition du ministre de la guerre, a promu :

Au grade de grand'croix de la Légion d'honneur : M. Magnan (Bernard-Pierre), général de division, commandant en chef l'armée de Paris et commandant supérieur de la 1re division militaire, grand officier de l'ordre du 23 juin 1849 : 42 ans de service, 11 campagnes et une blessure.

Et au grade de grand officier de la Légion d'honneur :

M. Levasseur (Polycarpe-Anne-Nicolas), général de division, commandant la 3e division de l'armée de Paris :

il a été nommé commandeur de l'ordre le 14 août 1839, et compte 45 ans de service et 19 campagnes.

— Par décrets du Président de la République, du 12 décembre, rendus sur la proposition du ministre de la guerre, ont été promus ou nommés dans l'ordre national de la Légion-d'Honneur, les militaires dont les noms suivent, qui se sont distingués dans les derniers événements de Paris, savoir :

*Au grade de commandeur.* — MM. Marulaz, général de brigade ; Chabord, colonel, chef d'état-major de la place de Paris ; Chappuis, colonel du 3ᵉ régiment d'infanterie de ligne ; de Serre, colonel du 28ᵉ régiment d'infanterie de ligne ; Le Normand de Lourmel, colonel du 51ᵉ régiment d'infanterie de ligne ; Quilico, colonel du 72ᵉ régiment d'infanterie de ligne ; Guillot, colonel du 15ᵉ régiment d'infanterie légère.

*Au grade d'officier.* — MM. Mariani, chef d'escadron d'état-major, attaché à l'état-major de la 3ᵉ division active de l'armée de Paris ; Suderie, chef de bataillon au 3ᵉ régiment d'infanterie de ligne ; Moussette, chef de bataillon au 28ᵉ régiment d'infanterie de ligne ; Le Gualès, lieutenant-colonel du 51ᵉ régiment d'infanterie de ligne ; Lanoë, chef de bataillon au 51ᵉ régiment d'infanterie de ligne ; de Malherbe, lieutenant-colonel du 3ᵉ régiment d'infanterie légère ; Lami-Sarrazin, chef d'escadron au 2ᵉ régiment de carabiniers ; de Douhet, chef d'escadron au 6ᵉ régiment de cuirassiers ; Montagnier, chef d'escadron au 6ᵉ cuirassiers ; Mavet, colonel du 7ᵉ régiment de cuirassiers ; Demont de Lavalette, lieutenant-colonel du 12ᵉ régiment de dragons ; Morel, chef d'escadron au 12ᵉ régiment de dragons ; Calteau, chef d'escadron au 7ᵉ régiment de lanciers ; de Grimaudet de

Rochebouet, chef d'escadron commandant l'artillerie de la 3ᵉ division active de l'armée de Paris.

*Au grade de chevalier.* — MM. Ferri Pisani, capitaine d'état-major, aide-de-camp du général de division Carrelet; Crepy, capitaine d'état-major, aide-de-camp du général Herbillon; Armand, capitaine d'état-major, aide-de-camp du général de division Levasseur; Grout de Saint-Paër, capitaine au 20ᵉ régiment d'infanterie de ligne, officier d'ordonnance du général commandant en chef de l'armée de Paris; Hug, tambour au 1ᵉʳ bataillon de gendarmerie mobile; Richoux, capitaine au 3ᵉ régiment d'infanterie de ligne; Duplain, lieutenant au 3ᵉ régiment d'infanterie de ligne; Poinsot, caporal de grenadiers au 3ᵉ régiment d'infanterie de ligne; Bouis, grenadier au 3ᵉ régiment d'infanterie de ligne; Villeneuve, capitaine au 19ᵉ régiment de ligne; Neblich, lieutenant au 19ᵉ régiment d'infanterie de ligne; Bastianesi, voltigeur au 19ᵉ régiment d'infanterie de ligne; Delaporte, caporal au 27ᵉ régiment d'infanterie de ligne; Carin, sous-lieutenant au 28ᵉ régiment d'infanterie de ligne; Cornillot, capitaine au 31ᵉ régiment d'infanterie de ligne; Fouillien, sergent au 31ᵉ régiment d'infanterie de ligne; Berthiot, sergent au 43ᵉ régiment d'infanterie de ligne; Arnout, lieutenant au 43ᵉ régiment de ligne; Grosjean, sergent au 43ᵉ régiment d'infanterie de ligne; Bousquet, grenadier au 43ᵉ régiment d'infanterie de ligne; Dupouch, sergent au 44ᵉ régiment d'infanterie de ligne; Sigaud, sergent au 49ᵉ régiment d'infanterie de ligne; Lasserre, capitaine au 51ᵉ régiment d'infanterie de ligne; Trembloy, sergent au 51ᵉ régiment d'infanterie de ligne; Frugier, sergent au 51ᵉ régiment d'infanterie de ligne; Pitrois, sergent au 51ᵉ régiment d'infanterie de ligne;

Bataille, lieutenant-colonel du 56ᵉ régiment d'infanterie de ligne ; Daubuisson, chef de bataillon au 58ᵉ régiment d'infanterie de ligne ; Bertrand, lieutenant au 58ᵉ régiment d'infanterie de ligne ; Casteilla, fusilier au 58ᵉ régiment d'infanterie de ligne ; Villemin, caporal au 58ᵉ de ligne ; Lacour, capitaine au 72ᵉ de ligne ; Picard, sous-lieutenant au 72ᵉ de ligne ; Franceschi, sergent au 72ᵉ de ligne ; d'Hérail, capitaine au 3ᵉ léger ; Michelet, voltigeur au même corps ; Robardey de Full, capitaine au 6ᵉ léger ; Pascal, lieutenant au même corps ; Picot, lieutenant au même corps ; Brachet, lieutenant au 15ᵉ léger ; Clément, sous-lieutenant au même corps ; Misslin, carabinier au même corps ; Roux, capitaine au 5ᵉ bataillon de chasseurs à pied ; Rome, sergent-major au 5ᵉ bataillon de chasseurs à pied ; Destève, sergent au même corps ; Laporte, chasseur au même corps ; Guilhamin, sous-lieutenant au 9ᵉ bataillon de chasseurs à pied ; Ader, sergent au même corps ; Damrom, sous-officier à la 1ʳᵉ compagnie de sous-officiers vétérans ; Marquié, sous-lieutenant au 1ᵉʳ régiment de carabiniers ; Rapet, lieutenant au même régiment ; Linard, cavalier de 1ʳᵉ classe au même régiment ; Poulle, capitaine adjudant-major au 2ᵉ carabiniers ; Girod-Genet, lieutenant au même régiment ; Schmitt, adjudant sous-officier au 6ᵉ cuirassiers ; Jobin, capitaine au 7ᵉ régiment de cuirassiers ; Perier, chirurgien-major de 1ʳᵉ classe au 7ᵉ cuirassiers ; de Montalembert, chef d'escadron au 1ᵉʳ lanciers ; Legrand, capitaine au même régiment ; Favant, adjudant sous-officier au même régiment ; Girard, capitaine au 7ᵉ lanciers ; Jourd'heuil, maréchal-des-logis au même régiment ; Bousquier, trompette-major du même corps ; Vivier, maréchal-des-logis au 6ᵉ régiment d'artillerie ; Hugon, capitaine en 1 au 7ᵉ régiment d'artillerie ; Foussier, lieutenant en second au même régiment ; Boutilly, 2ᵉ canonnier servant au même régiment ; Bavelaër, lieutenant en second au 10ᵉ régiment d'artillerie ; Duhant, 1ᵉʳ canonnier conducteur au même régiment ; Balland, capitaine au 1ᵉʳ régiment du génie ; Touzet, maître ouvrier au même régiment ; Ancest, sergent-major au 2ᵉ régiment du génie ; Louis, sergent au même régiment ; Jolly, chef d'escadron commandant le 2ᵉ bataillon de gendarmerie mobile ; Lebel, capitaine au 52ᵉ régiment d'infanterie de ligne.

— Par décrets du 12 décembre, le président de la République, sur la proposition du ministre de la guerre, a nommé chevaliers de la Légion-d'Honneur les militaires dont les noms suivent, qui se sont distingués dans les derniers troubles de la Nièvre, savoir :

MM. Lemaître, lieutenant à la compagnie de gendarmerie de la Nièvre ; Le Bretton, lieutenant à la même compagnie ; Guyout, brigadier à la même compagnie ; Mairet, gendarme à la même compagnie ; Dampierre, gendarme à la même compagnie ; Dubosc, capitaine au 18ᵉ régiment d'infanterie de ligne ; Aveline, capitaine au 41ᵉ régiment d'infanterie de ligne ; Rigal, maréchal-des-logis au 10ᵉ régiment de chasseurs.

E (Page 169).

## RÉPARTITION DES MORTS DE L'ARMÉE DE PARIS.

|  | RÉGIMENTS | TUÉS | | |
| --- | --- | --- | --- | --- |
|  |  | Officiers. | Soldats. | Total. |
| PREMIÈRE DIVISION. | 15ᵉ léger............ | » | 1 | 1 |
|  | 72ᵉ de ligne.......... | 1 | 8 | 9 |
|  | 6ᵉ artillerie.......... | » | » | » |
|  | 28ᵉ de ligne.......... | » | 1 | 1 |
|  | 33ᵉ de ligne.......... | » | » | » |
|  | 58ᵉ de ligne.......... | » | 3 | 3 |
|  | 27ᵉ de ligne.......... | » | » | » |
|  | 5ᵉ chasseurs à pied... | » | 4 | 4 |
|  | Gendarmerie mobile... | » | 1 | 1 |
| TROISIÈME DIVISION. | 3ᵉ de ligne.......... | » | 1 | 1 |
|  | 6ᵉ léger............ | » | 1 | 1 |
|  | 9ᵉ chasseurs à pied.... | » | » | » |
|  | 7ᵉ artillerie.......... | » | » | » |
|  | 10ᵉ artillerie.......... | » | » | » |
|  | 31ᵉ de ligne.......... | » | » | » |
|  | 43ᵉ de ligne.......... | » | » | » |
|  | 51ᵉ de ligne.......... | » | 1 | 1 |
|  | 19ᵉ de ligne.......... | » | 1 | 1 |
|  | 44ᵉ de ligne.......... | » | 1 | 1 |
|  | TOTAUX....... | 1 | 23 | 24 |

## RÉPARTITION DES BLESSÉS DE L'ARMÉE DE PARIS.

| RÉGIMENTS | | BLESSÉS | | |
|---|---|---|---|---|
| | | Officiers. | Soldats. | Total. |
| **PREMIÈRE DIVISION.** | 15e léger............ | 2 | 12 | 14 |
| | 72e de ligne......... | 3 | 22 | 25 |
| | 6e artillerie........ | » | 6 | 6 |
| | 28e de ligne......... | 1 | 14 | 15 |
| | 33e de ligne......... | 1 | 11 | 12 |
| | 58e de ligne......... | 1 | 6 | 7 |
| | 27e de ligne......... | 2 | 7 | 9 |
| | 5e chasseurs à pied... | 2 | 16 | 18 |
| | Gendarmerie mobile.... | 1 | 13 | 14 |
| **TROISIÈME DIVISION.** | 3e de ligne.......... | 1 Ét.-M. » | 17 | 1 |
| | 6e léger............. | 1 | 5 | 17 |
| | 9e chasseurs à pied... | 1 | 6 | 6 |
| | 7e artillerie........ | » | 3 | 7 |
| | 10e artillerie....... | » | 4 | 3 |
| | 31e de ligne......... | » | 3 | 4 |
| | 43e de ligne......... | » | 2 | 3 |
| | 51e de ligne......... | 1 | 10 | 2 |
| | 19e de ligne......... | » | » | 11 |
| | 44e ligne............ | » | 10 | 10 |
| TOTAUX....... | | 17 | 167 | 184 |

F (Page 170).

## LISTE ALPHABÉTIQUE

Des personnes n'appartenant pas à l'armée, tuées dans les journées des 3, 4, 5 et 6 décembre 1851, ou décédées par suite de leurs blessures.

ADDE, libraire, boulevart Poissonnière, n. 17. Tué chez lui.
AVENEL, allumeur de gaz, faubourg Montmartre. Tué boulevart Montmartre.

BOYER, pharmacien, rue Lepelletier, n. 9. Tué boulevart des Italiens.
BOYER, cocher, rue Grange-aux-Belles, n. 15. Tué boulevart des Italiens.
BERTAUX, garçon marchand de vins, rue Grenétat, n. 4. Tué boulevart des Italiens.
BIDOIS, employé, rue Notre-Dame-de-Nazareth. Tué boulevart des Italiens.
BRUN, négociant, place du Châtelet, n. 6. Tué boulevart des Italiens.
BACFORT, cordonnier, rue de la Verrerie, n. 5. Mort à l'Hôtel-Dieu.
BOULET DESBARREAUX, clerc d'huissier. Tué boulevart Montmartre.
BAUDIN, ex-représentant, rue de Clichy, n. 88. Tué faubourg St-Antoine.
BASTARD, cuisinier. Trouvé à la Morgue.
BEAUFOND, tailleur. Trouvé à la Morgue.
BOURSIER (enfant de 7 ans 1/2), fils d'un conducteur aux Messageries. Tué rue Tiquetonne.

— 299 —

BELVAL, ébéniste, rue de la Lune, n. 10. Tué chez lui.
BOR, ferblantier. Reconnu à la Morgue.
BRICOURT, commis. Reconnu à la Morgue.
BOQUIN, menuisier, aux Batignolles. Tué boulevart Montmartre.
BUCHOLTZ, tailleur, rue Pagevin, n. 5. Tué rue Pagevin.

COLET, carrossier, rue de Varennes, n. 80. Tué boulevart Poissonnière.
CARPENTIER, clerc d'avoué, faubourg Saint-Martin, n. 105. Tué boulevart Montmartre.
COIGNIÈRE, carrossier, rue Croix-des-Petits-Champs, n. 5. Tué boulevart Montmartre.
CLARET, peintre, rue Beauregard, n. 17. Tué boulevart Saint-Denis.
CHAUDRON, gantier, passage du Grand-Cerf. Tué boulevart Saint-Denis.
CAIRE, ébéniste, rue des Tournelles, n. 6. Tué faubourg Saint-Martin.
CAMBIASO, sans profession, rue Louis-le-Grand, n. 24. Mort à la Charité.
COQUARD, propriétaire à Vire (Calvados). Tué boulevart Montmartre.
CHARPENTIER DE BELCOURT, négociant, faubourg Montmartre, n. 5. Tué boulevart Montmartre.
CASTRIQUE, peintre. A la Morgue.
COCHEU, marchand de journaux. A la Morgue.
COINTIN, bourrelier. A la Morgue.
CLAIRE, boucher, barrière du Roule, n. 21. Mort à la Charité.
CARREL, tourneur, rue du Vertbois, n. 41. Tué boulevart Montmartre.
CASSÉ, employé, rue Saint-Magloire, n. 3. Mort à Hôtel-Dieu.
CHAUSSARD, domestique. Tué boulevart Montmartre.

DEBEAUCHAMP, rentier, boulevart Montmartre, n. 19. Reconnu au cimetière du Nord.
DERAINS, avocat, rue Plumet, n. 4. Tué boulevart Montmartre.
DURAND, charpentier, faubourg Saint-Martin, n. 236. Tué boulevart Montmartre.

Devart, entrepreneur, rue Dauphine, n. 20. Tué boulevart Poissonnière.

Deransart, coiffeur, rue Saint-Lazare, n. 18. Tué boulevart Poissonnière.

Debaecque négociant, rue du Sentier, n. 45. Tué chez lui.

David, professeur, rue Vendôme, n. 18. Tué rue Saint-Denis.

Dubosc, employé, rue d'Astorg, n. 28. A la Morgue.

Doucerain, cordonnier, rue Jean-l'Epine, n. 2. Mort à l'Hôtel-Dieu.

Delorme, maçon, rue Ménilmontant, n. 162. Mort à l'Hôtel-Dieu.

Dudé, charretier, rue de la Corroierie. Mort à l'Hôtel-Dieu.

Du Castre, tailleur, rue Feydeau, n. 26. Mort la Charité.

Demarsy, rentier, rue Saint-Nicolas-d'Antin. A la Morgue.

Duchesnay, propriétaire, rue Dupuytren, n. 3. Tué boulevart Montmartre.

Delon, commis-voyageur. A la Morgue.

Dantigny, polisseur d'acier. A la Morgue.

De Couvercelle, fleuriste, rue Saint-Denis, n. 257. Tué chez lui.

Doré, cordonnier. Reconnu à la Morgue.

Demazy, rentier, rue du Rocher, n. 4. Mort à l'hospice Beaujon.

Dagneau, menuisier, rue Pépinière, n. 27. A la Morgue.

Dussoubs (Gaston), avocat. A la Morgue.

Deslions, papetier. A la Morgue.


Friedel, menuisier, rue de Varennes, n. 80. Tué boulevart Poisnière.

Février, propriétaire, rue du Temple, n. 15. Tué boulevart Poissonnière.

Filly, commis, rue Saint-Denis, n. 341. Tué boulevart Poissonnière.

Frois du Chevalier, négociant, rue de la Banque, n. 20. Tué boulevart Poissonnière.

Fèvre, ouvrier sellier. A la Morgue.

Firmin, passementier. A la Morgue.


Gougeon, domestique, rue d'Alger, n. 6. Tué boulevart Montmartre.

Grellier (demoiselle), femme de ménage, faubourg Saint-Martin, n. 209. Tuée boulevart Montmartre.

Guillard (femme), dame de comptoir, faubourg Saint-Denis, n. 77. Tuée boulevart Saint-Denis.

Garnier (femme), dame de confiance, boulevart Bonne-Nouvelle, n. 6. Tuée boulevart Saint-Denis.

Geoffroy, fondeur, place du Chevalier-du-Guet, n. 6. A la Morgue.

Gantillon, dessinateur, cour de la Grâce de Dieu. A la Morgue.

Genon, garçon marchand de vins, place des Victoires, n. 6. Mort à l'hospice Beaujon.

Grimaud, arçonnier, rue Saint-Jean-de-Latran, n. 5. Tué boulevart Montmartre.

Garony, cordonnier. A la Morgue.

Gout, journalier. A la Morgue.

Gaumel, architecte, faubourg Saint-Martin, n. 105. A la Morgue.

Goti, domestique, faubourg Saint-Martin, n 6. A la Morgue.

Grillard, garçon boulanger, cour Batave, n. 15. A la Morgue.

Guiblier, commis-marchand, avenue Montaigne, n. 61. Tué rue Neuve Saint-Eustache.

Hoffe, rentier, rue de l'Union, n. 19. Tué boulevart Poissonnière.

Houley, cocher. A la Morgue.

Hagaux, bimbelotier, rue Saint-Denis, n. 291. A la Morgue.

N...  
N...  
N... } Inconnus, dont on n'a pu constater l'identité, passés par  
N...     les armes ou trouvés morts sur les barricades.  
N...  
N...

Jouin, scieur de pierres, rue des Dames, n. 10. Tué boulevart Poissonnière.

Julliette, bitumier, à Montrouge. Mort à l'Hôtel-Dieu.

Lièvre, négociant, rue Richelieu, n. 78. Tué boulevart Bonne-Nouvelle.

Lemière, commis-libraire, boulevart Montmartre, n. 5. Tué boulevart Bonne-Nouvelle.

Laplace, sculpteur (15 ans), rue Amelot. A la Morgue.

Léauty, rentier, à Gentilly (Seine). Mort à l'Hôtel-Dieu.

Lefloque, journalier, rue de la Tâcherie, n. 17. Mort à l'Hôtel-Dieu.

Labilte, bijoutier, boulevart Saint-Martin, n. 63. Tué chez lui.

Lemercier, broyeur, rue Sainte-Placide, n. 4. Tué boulevart Poissonnière.

Lelièvre, commis, rue des Vertus, n. 25. Tué boulevart Poissonnière.

Lefèvre, cuisinier, rue Tirechape, n. 25. A la Morgue.

Langlois, porteur aux halles. A la Morgue.

Lecuir, employé, rue des Récollets. A la Morgue.

Lacroix, fabricant d'abat-jours, rue Bourbon-Villeneuve, n. 22. A la Morgue.

Lefort, polisseur, impasse de la Pompe, n. 18. A la Morgue.

Lacour, concierge, faubourg Saint-Martin, n. 146. A la Morgue.

Lainé, ébéniste, faubourg Saint Antoine, n. 115. A la Morgue.

Laly, homme d'affaires, rue de l'Ecole-de-Médecine, n. 18. Tué boulevart Poissonnière.

Ledaust (femme), femme de ménage, passage du Caire, n. 76. A la Morgue.

Laurent, sellier, à Batignolles. Tué cloître Saint-Merri.

Leclerc, garçon boucher, avenue de Neuilly, n. 121. Tué cloître Saint-Merri.

Muller, domestique, boulevart des Italiens, n. 1. Tué cloître Saint-Merri.

Merlet, ancien sous-préfet, rue Casimir-Périer, n. 17. Tué boulevart Montmartre.

Monnard, domestique, boulevart Poissonnière, n. 17. Tué boulevart Montmartre.

Mathos, chapelier, rue des Fossés-Saint-Germain-l'Auxerrois, n. 6. Tué boulevart Montmartre.

Monnard, rentier, rue du Temple, n. 207. Mort à l'Hôtel-Dieu.

Moreau, corroyeur, rue de Montgolfier, n. 18. Mort à l'Hôtel-Dieu.

Moreau, gantier, rue Hautefeuille, n. 4. Mort à l'Hôtel-Dieu.

Mauluy, journalier, à Belleville. Mort à l'hospice Saint-Louis.

Mouton, teinturier, à Neuilly. Mort à la Charité.

Maloisel, coiffeur, rue Saint-Marc, n. 7. Tué boulevart Poissonnière.

Moreau, sculpteur (18 ans). A la Morgue.

Monpelas, parfumeur, rue Saint-Martin, n. 181. Tué chez lui.

Molin, courtier, à Bercy. Tué boulevart Poissonnière.

Morel, journalier, rue Sainte-Placide, n. 12. A la Morgue.

Mermilliod, tabletier. A la Morgue.

Maury-Bernard, portefaix, rue de la Parcheminerie. Mort à la Clinique.

Mahé, domestique, rue Réaumur. Mort à l'Hôtel-Dieu.

Nicollas, commis en marchandises, boulevart Saint-Denis, n. 19. Mort à l'Hôtel-Dieu.

Naveau, fleuriste, rue Saint-Denis, n. 280. Mort à l'Hôtel-Dieu.

Noel (Françoise), giletière, rue des Fossés-Montmartre, n. 29. Morte à la Charité.

Oinville, gantier, rue des Ecrivains, n. 46. Mort à la Charité.

Prochasson, laitier, maison nationale de Santé. Mort à la Pitié.

Pécot, marchand de vins, rue Poissonnière, n. 44. Mort à la Pitié.

Pontet, propriétaire, à Grenelle. Tué boulevart Montmartre.

Poninski (le comte), rentier, rue de la Paix, n. 32. Tué boulevart Montmartre.

Pillon, ouvrier bijoutier, à Courbevoie. Tué boulevart Montmartre.

Pierrard, cordonnier. A la Morgue.

Pineau, charpentier. A la Morgue.

Paisgneau, fabricant de boutons. A la Morgue.

Pariss, pharmacien, place Vendôme, n. 26. Tué boulevart Montmartre.

Parisot, cuisinier. A la Morgue.

Pouyaud, maçon. Mort à l'hospice Saint-Louis.

Poussard, greffier du juge de paix de Brie-Comte-Robert. Tué faubourg Saint-Denis.

Robert, marchand de coco, faubourg Poissonnière, n. 97. Tué rue Montmartre.

Raboisson (femme), couturière. Morte à la maison nationale de Santé.

Robert, peintre en bâtiments, rue Saint-Honoré, n. 23. Tué boulevart Montmartre.

Rio, professeur de langues, rue de Bourgogne, n. 58. Tué boulevart Montmartre.

Roussel, employé, faubourg Poissonnière, n. 139. Tué boulevart Montmartre.

Remy, bijoutier. A la Morgue.

Rosset, cocher (né en Savoie). Mort à l'hospice Beaujon.

Seguin (femme), brodeuse, rue Saint-Martin, n. 240. Morte à l'hospice Beaujon.

Simas (demoiselle), demoiselle de boutique, rue du Temple, n. 196. Morte à l'hospice Beaujon.

Selan, propriétaire, à Grenelle. Tué boulevart Montmartre.

Thirion de Montauban, propriétaire, rue de Lancry, n. 10. Tué sur sa porte.

Thiébaut, paveur, faubourg Saint-Martin, n. 186. Tué boulevart Montmartre.

Threillart, maçon, rue de la Poterie, n. 9. Mort à l'Hôtel-Dieu.

Vatré, peintre en bâtiments, rue Neuve Bourg-l'Abbé, n. 16. Mort à l'Hôtel-Dieu.

Vidal (femme), rue du Temple, n. 97. Morte à l'Hôtel-Dieu.

Vidot, teinturier, rue Cocatrix, n. 8. Mort à l'Hôtel-Dieu.

Vial, cocher, rue de Grenelle-Saint-Germain. Tué boulevart Montmartre

Vassont, corroyeur. A la Morgue.

Vannier, tailleur de cristaux, rue du Petit-Crucifix, n. 5. A la Morgue.

Varen, peintre en bâtiments. A la Morgue.

## G (Page 190).

Voici le texte du décret qui élève M. le général Vaillant au maréchalat. Rapproché du soi-disant décret qui nommait M. Oudinot général des troupes de l'Assemblée, réunie à la mairie du 10ᵉ arrondissement, ce document a quelque chose d'exemplaire et de solennel :

Le Président de la République,

Vu la loi du 4 août 1839, sur l'état-major général de l'armée ;

Vu l'arrêté du 11 mai 1849, qui avait investi le général de division Vaillant des pouvoirs nécessaires pour prendre le commandement en chef du corps expéditionnaire de la Méditerranée ;

Considérant que, par un sentiment de délicatesse, cet officier général s'est abstenu de ses pouvoirs pour s'attribuer officiellement les prérogatives du commandement en chef qui lui avait été conféré, mais que néanmoins il a dirigé notoirement toutes les opérations du siége de Rome et assuré le succès de l'expédition ;

Considérant que le général de division Vaillant a accompli un fait d'armes éclatant, qui, suivant l'esprit de la loi, le met en position d'être élevé à la dignité de maréchal de France ;

Considérant enfin les éminents services rendus à l'armée par cet officier général pendant tout le cours de sa carrière militaire ;

Sur le rapport du ministre de la guerre,

Décrète :

Art. 1ᵉʳ. Le général de division Jean-Baptiste-Philibert

Vaillant est élevé à la dignité de maréchal de France.

Art. 2. Le ministre de la guerre est chargé de l'exécution du présent décret.

Fait à l'Elysée-National, le 11 décembre 1851.

Louis-Napoléon Bonaparte.

*Le ministre de la guerre,*
    A. de Saint-Arnaud.

---

### H (Page 216).

Quelques extraits du *Spectre rouge* de notre spirituel ami M. Romieu, montrent avec quelle clarté l'auteur de ce livre prophétique avait entrevu la Jacquerie de 1851, et les événements politiques qui l'ont précédée :

Les temps ont marché. Ce n'est plus seulement la guerre civile qui nous attend ; c'est la Jacquerie. Le travail de dépravation s'est fait avec constance, au milieu de cette paix clémente que la répression de Juin avait tièdement imposée aux démolisseurs. Ils ont compris que leur véritable place de guerre était la Constitution ; ils s'y sont retranchés, et ont commencé la sape dont il est impossible d'éviter l'effet. Elle a pénétré sous tous les villages, et tandis que Paris, Lille, Strasbourg et Lyon, regorgeant de troupes, peuvent compter, au jour du combat, sur un facile succès, le reste de la France est sur une traînée de poudre, prête à éclater au premier signal. La haine contre le riche, là où il y a des riches ; la haine contre le petit bourgeois, là où il n'y a que des pauvres ; la haine contre le fermier, là où il n'y a que des manœuvres ; la haine du bas contre le haut, à tous les degrés, telle est la France qu'on nous a faite, ou, pour mieux parler, que nous avons faite.

. . . . . . . . . . . . . . . . .

L'heure fatale sonnera. Il faudra que le philosophisme assiste au spectacle sanglant dont il a dressé le théâtre, qu'il n'est plus temps, pour lui, de démolir.

En vain s'efforce-t-on, par les ressorts usés de la machine parlementaire, à remettre en équilibre ce qu'on a si violemment secoué, le monde n'obéit pas, lorsqu'on le remue en grand, aux faibles ficelles qui suffisaient à faire danser des marionnettes de salon. Ce jeu *constitutionnel*, auquel on s'amusait entre soi, tant que dormaient les sombres masses si imprudemment réveillées par l'impatience de quelques joueurs, n'est plus au goût du nouveau public qui regarde. Il lui faut le Cirque de l'antiquité, avec ses lions et ses tigres ; et il entend y prendre part lui-même à titre de gladiateur. Ah ! l'on voulait du nouveau !... on en aura.

. . . . . . . . . . . . . . . . .

J'annonce la Jacquerie, et il faut bien savoir ce que signifie ce mot oublié. En présence du soulèvement prochain des masses, ce n'est pas trop d'efforts que de relire quelques lignes d'un vieil historien du passé. Je cite Mézerai.

. . . . . . . . . . . . . . . . .

Vous avez lu. Eh bien ! ce ne sont plus trente paysans qui aujourd'hui s'assemblent, par hasard, *pour causer des affaires de l'État :* ce sont des milliers de paysans et d'ouvriers, auxquels le journal et le colporteur jettent chaque matin, le poison de l'envie, de la rage, de l'exécration, non plus contre le gentilhomme, qui est mort, mais contre le bourgeois qui lui a succédé. Les mêmes horreurs s'apprêtent, mais avec ensemble et préméditation. Il y a partout des mots d'ordre ; pas un arbre, pas un buisson qui ne cache un ennemi préparé au grand combat social. Le premier coup du tocsin sera répété par des échos immenses, et le hasard le frappera. Et, alors, il y aura du bonheur pour le château dont se retrouveront les pierres, à moins que notre stupide société, qui s'agite passivement dans son lit de mort, ne réfléchisse aux moyens qu'employèrent les gentilshommes contre les Jacques, et ne comprenne qu'elle n'est pas de force à lutter par ses propres armes, qui sont la phrase et la loi. Les gentilshommes ne nommèrent pas de *commission*, qui eût à présenter un *rapport* ; ils ne se divisèrent pas en *bureaux*, avec *présidents* et *secrétaires* ; ils se servirent de leurs longues et solides lances, et, bardés de fer comme leurs chevaux, ils eurent promptement raison de ces paysans nus, quel que fût le nombre. L'armée actuelle, avec la discipline et l'artillerie, a cette même supériorité sur les masses, et tant qu'elle en usera, son triomphe n'est pas douteux.

. . . . . . . . . . . . . . . . . . . . . . .

Au moment où des millions de prolétaires, enrégimentés par la haine, sont prêts à se ruer sur la société du xixe siècle, pourrie par le xviiie ; au moment où les principes conservateurs sont éteints jusque dans le moindre hameau ; où l'envie furieuse, soufflée au cœur des masses par les sophistes de tout rang, dévore l'enfant dès son berceau, à l'aspect de la maison qui semble faire honte à la chaumière ; à ce moment de jacquerie prochaine et de sauvagerie imminente, il y a des gens

qui se disent : « Mais, vraiment, tout cet immense dé-
« sordre aurait son terme, si M. le duc de Bordeaux
« était admis comme roi par M. le comte de Paris ! »

Et ces gens-là, qui ont gouverné le pays, qui passent pour spirituels et capables, se couchent le soir avec peine ou plaisir, selon que la journée a été mauvaise ou bonne dans le sens de leurs essais. Je vais leur dire à quoi sert tout ce temps perdu. A faire que cinq ou six dames de la haute société dînent ensemble, après avoir été quinze ans sans se saluer ; à faire que M. un tel, qui n'allait pas dans certains salons, y puisse entrer avec arrangement préalable et *annoncé* de cette conquête ; à faire, enfin, qu'un petit acte, ignoré du public, se joue en quelque coin du faubourg Saint-Honoré ou du faubourg Saint-Germain. Et puis, c'est tout. Sortez de l'hôtel où se passent ces niaiseries, vous trouverez, dans la rue, les promeneurs qui n'y pensent guère, et plus loin, les rudes blousiers sans lesquels on compte, et qui entendent, cependant, que l'on compte avec eux.

. . . . . . . . . . . .

Le mot d'*aristo*, si fréquemment employé dans les tumulte des rues, ne s'applique plus aux classes, mais aux habits. Quiconque a l'air de ne pas mourir de faim, quiconque est à cheval, quiconque descend de voiture, quiconque a des gants aux mains, quiconque tire un louis de sa poche, quiconque a des brodequins vernis, quiconque, pour en finir, n'a ni sabots ni blouse, que celui-là ne s'arrête pas, dans une foule, sur le boulevart du Temple : il serait insulté, fût-il du meilleur sang plébéien ; on ne lui demande pas son origine ; on ne veut rien savoir de ses idées ni de sa profession. C'est à son costume, à ses habitudes présumées que l'on s'attaque, tant la haine et l'envie sont devenues, pour ces masses athées, de vrais articles de foi.

. . . . . . . . . . . . .

Ce qui se passera sera une lutte en dehors de vous, peut-être sur vos cadavres et sur les ruines de vos maisons, mais dont vous ne serez que les spectateurs consternés. C'est entre le délire furieux des masses et la discipline vigoureuse de l'armée que sera le conflit. Vos livres, vos discours, vos Constitutions, vos principes, doivent disparaître évanouis dans la fumée de ce grand combat. Le duel est entre l'ORDRE et le CHAOS. Ce n'est pas vous qui représentez l'ordre, ô bourgeois de la Révolution ! C'est la force seule qui en est le symbole.

L'ordre, que vous avez sans cesse attaqué, et qui vous est insupportable dès qu'il paraît s'affermir ; l'ordre que vous n'aimez qu'au jour où vos vanités, vos envies jalouses, vos turbulentes ambitions, vos traditions de collége l'ont mis en si sérieux péril que votre existence même est menacée ; l'ordre social a pour unique et réel soutien, non votre ridicule amas de Codes, mais le fort rempart où l'autorité reste avec son drapeau, ce rempart vivant de robustes cœurs, hérissé de baïonnettes et d'artillerie, qu'on appelle l'armée. Là est l'ordre, et c'est là seulement qu'il vous sera permis de vous abriter.

. . . . . . . . . . . . .

Entre le règne de la torche et le règne du sabre, vous n'avez plus que le choix. Grâce à Dieu, le sabre du dix-neuvième siècle n'est plus celui de Tamerlan. Il ne sort pas du fourreau pour détruire, mais pour protéger ; il est devenu l'élément civilisateur, car il combat la barbarie.

. . . . . . . . . . . . .

Donc, à l'heure suprême du combat, que l'imprévu

peut faire sonner demain, celui qui sera vainqueur, — qu'il soit le chef actuel de l'Etat, ou qu'il naisse des circonstances, — celui qui, survivant à la mort des chefs, ou faisant mieux qu'eux-mêmes, général, colonel ou sergent ; celui, enfin, qui le dernier essuiera son sabre après l'insurrection terrassée, pourra marquer sa place dans la liste des hommes utiles et grands. Il n'aura qu'à souffler sur le château de cartes de 1789, et à dire à son tour : L'ETAT C'EST MOI. Celui-là pourra donner à la France le seul gouvernement qui lui soit propre, et le seul qu'elle puisse aimer, en dépit des rhéteurs qui l'en ont détournée à leur usage, c'est-à-dire un gouvernement fort, brillant, glorieux, comme furent ceux de Louis XIV et de Napoléon. La France aime l'éclat, la splendeur, les récits guerriers ; elle aime les fêtes militaires, et le souvenir lui reste des vieux carrousels. C'est en vain qu'on a voulu l'assouplir au piteux régime des discours et des scrutins. Le peuple s'y est si peu fait qu'il en a honte, et qu'au nom de cette honte les démagogues ont soulevé chez lui les violents courroux que vous voyez contre l'ordre social.

Celui qui surgira dans la grande crise prochaine sera indigne de l'immense rôle dont Dieu l'aura pourvu, s'il laisse subsister un seul des éléments désorganisateurs sous l'action desquels nous vivons depuis notre enfance.

### H (Page 227).

Dans son discours de rentrée à la Cour d'Appel de Bourges, M. le procureur général Corbin disait, le 3 novembre :

Il a été beaucoup parlé de ces sociétés, Messieurs ; et

pour l'édification du public, il est à propos de mettre une fois pour toutes en scène ces initiations, dans lesquelles le grotesque le dispute à l'atroce, parodies du moyen-âge, dont il faut juger sans rire et comme d'une des plus terribles réalités de notre époque. A demi vaincues, dès que le jour les pénètre, elles ne sont pas moins l'instrument le plus sûr des agitations factieuses, le foyer de tous les ferments anarchiques, le puissant véhicule des excitations révolutionnaires.

Là se lit en commun et se savoure tout ce que la presse clandestine vomit de plus infâme ; là se fredonnent d'atroces refrains en l'honneur de la guillotine et de ses héros ; c'est là qu'après boire, et entre frères, on se promet, qui le château, les prés, les bois, qui la tête du riche ou du bourgeois voisin. Là tout est mystère, parce que ne s'y élaborent que des pensées suspectes et des desseins coupables.

Au mystère se joint l'intimidation quand il faut affilier quelque adepte par l'appareil de certains emblêmes et de certaines formes combinées pour saisir vivement les imaginations et donner à l'égarement qui jure la lâcheté pour caution.

C'est là dans le silence des nuits, au fond de quelque bouge, cabaret, tabagie, tapis-franc, au coin d'un bois ou sur la lande déserte, qu'ont comparu tant d'ouvriers ou de malheureux paysans circonvenus par d'insidieuses promesses ou d'audacieux mensonges ; c'est là que, tremblants d'abord, le bandeau sur les yeux, s'engageant sans savoir sur des questions qu'ils ne comprennent pas, ils en viennent à ces serments horribles, qui ne sont que blasphèmes et souillures que la bouche balbutie sans qu'un cœur d'homme puisse en accepter la loi.

Et pourtant les voilà qui jurent, la main sur le poignard! On leur a dit : Tu seras à nous à la vie, à la mort ; tu renieras ton père, ta mère, ta femme et tes enfants, et vive la République démocratique et sociale ! Et ils ont dit : Oui !... Les insensés !... Puis, quand le bandeau s'abaisse, fusils et baïonnettes menacent leur poitrine, ils ont juré ! tout est dit ; l'insurrection les compte parmi ses fidèles !

Et, de proche en proche, l'affiliation fait ses recrues, enlace un hameau, puis un village. Le peureux de la veille qui a été l'initié du jour sera l'affiliateur ou le parrain du lendemain. Toute une contrée se gangrène.

Puis toutes ces brutalités et ces lâchetés de détail, inoffensives dans leur isolement, une fois réunies et coalisées, se condensent, fermentent, s'échauffent tant, qu'enfin au moindre prétexte ou sur le premier mot d'ordre elles jetteront à travers nos campagnes tremblantes, ces bandes tumultueuses, sans leurs vrais chefs (ceux-là se cachent toujours), sans drapeau ; que savent-ils de la politique, de ses symboles ou de ses formules, et en ont-ils souci ? Ils se lèvent et se précipitent, avec des cris sauvages, au seul appât du désordre, si le désordre leur promet le pillage et l'impunité.

Les voyez-vous en armes, courant de gîte en gîte, forçant les maisons, ralliant au son du tocsin et sous la menace de la fusillade sur place les incertains et les traînards, violentant les femmes, pillant les armes ou menaçant du feu, et de chaumière en chaumière, les voilà tous qui partent, dociles moutons, stupides séides d'un pouvoir occulte qui ne sait que les lancer, les compromettre et jamais les défendre.

Monstrueuse ou pitoyable avalanche qui, après le flux et reflux de mille desseins confus, d'espoir et de découragement, de couardise et d'audace, va bientôt s'affais-

27

ser sur elle-même sans laisser pour cette fois, grâce à Dieu, d'autres traces que l'impression de terreur qui marqua son passage.

---

### K (Page 216).

EXTRAIT DU *Constitutionnel* DU MERCREDI 17 DÉCEMBRE :

C'est à Paris que s'établirent successivement comme autant de centres d'action, le *Comité des Réfugiés*, la société secrète l'*Union des Communes* et le *Comité central de Résistance*, dirigé par deux représentants de la Montagne, dans le sens des idées communistes, et dont les bulletins révolutionnaires, imprimés clandestinement avec des têtes de clous, ont donné lieu à des poursuites judiciaires. Les affiliations du nord et de l'est, et celles beaucoup plus nombreuses et beaucoup plus puissantes du centre, relevaient directement de Paris.

Dans l'organisation parisienne, il convient de distinguer les sociétés en correspondance quotidienne avec Paris, et celles qui se groupaient autour des centres secondaires suivants : Lille, Reims, Rouen, Nancy, Colmar et Nevers. A la première catégorie appartiennent les sociétés secrètes de Meaux, Provins, Auxerre, Avallon, Joigny, Bléneau, Saint-Fargeau et Saint Sauveur. Ces sociétés, organisées sur le même plan que le carbonarisme, étaient divisées en sections de onze membres. Depuis l'insurrection du val de la Loire, c'est-à-dire depuis le mois d'octobre dernier, elles déployaient une activité extrême et vraiment alarmante. Montargis et toutes les sociétés du Loiret recevaient aussi directement le mot d'ordre de Paris.

A la fin de 1849, il n'y avait pas moins de soixante sociétés politiques à Lille ; il y en avait également un nombre considérable à Tourcoing et à Roubaix, et quelques-unes à Douai ; elles étaient en correspondance avec Saint-Quentin et Vervins. Il convient de dire qu'à partir de 1850, elles n'ont plus fait que végéter, et beaucoup d'entre elles ont complétement disparu. Reims était le centre d'un groupe bien plus important que celui de Lille. Les sociétés de Reims étaient établies en 1850 sur un pied formidable, qui a nécessité toute la vigilance et tous les efforts de l'autorité. Elles correspondaient avec Réthel, Charleville, Vouziers et Sedan. Cette organisation redoutable n'a pu se maintenir longtemps et elle est tombée dans une décadence si rapide, que, sauf à Reims et à Sedan, on a pu croire à l'extinction complète des affiliations.

Celles de la Seine-Inférieure ont fait preuve d'une vitalité plus grande, ainsi que l'attestent les nombreuses saisies de papiers, de poudres et d'armes de guerre opérées dans le courant de 1851. Ces sociétés étaient subdivisées en décuries, sous la direction de délégués qui se réunissaient pour recevoir le mot d'ordre de Paris. Les agents supérieurs ne cessaient de parcourir le pays pour relier les sociétés entre elles, et des réunions importantes ont été signalées à l'autorité pendant la dernière prorogation de l'Assemblée législative. Ce qui distingue ces sociétés de celles du nord, ce sont les efforts qu'elles ont faits pour étendre leurs ramifications dans les communes rurales.

Les mêmes essais ont été faits dans la Lorraine, où Nancy correspondait avec Toul, Lunéville, Pont-à-Mousson, Epinal et avec les affiliations ouvrières de Dieuze, Vic et Bar-le-Duc. Mais c'est en Alsace que les campagnes avaient été attaquées avec le plus de succès ; Colmar et Mulhouse y étaient les foyers d'une propagande active et malheureusement efficace. Tours, malgré les relations de ses sociétés secrètes avec Blois et Nantes, ne paraît pas avoir acquis une importance sérieuse comme centre d'action. Il n'en est pas ainsi de Nevers, où nous trouvons la Nouvelle-Montagne qui, dans ces derniers temps, étendait ses ramifications jusque dans l'Yonne et pénétrait concurremment avec le carbonarisme dans l'arrondissement de Joigny. De Nevers relevaient naturellement Donzy, Saint-Amand, La Charité, Sancerre, Sancoins, Dieuleroi, Henrichemont, Nérondes, La Guerche, Baugy, Sancergues. Pour montrer la puissance et l'organisation des sociétés de la Nièvre, il suffit de rappeler l'insurrection du val de la Loire, qui gagna si rapidement les deux départements du Cher et de la Nièvre. Nevers correspondait à la fois avec Paris et avec Lyon, et était comme le lien des deux foyers principaux du socialisme.

La Basse-Bourgogne flottait entre Lyon et Paris, mais la Haute-Saone, le Jura, l'Ain, la Loire, la Haute-Loire et toute la rive orientale du Rhône, étaient sous la direction immédiate de Lyon, et ne recevaient que par l'intermédiaire des comités lyonnais le mot d'ordre de Paris. L'organisation lyonnaise, moins vaste peut-être, était plus forte que l'organisation parisienne. Les rapports étaient plus fréquents, la correspondance plus active, et l'unité d'action mieux établie.

A Lyon, on rencontre d'abord les débris de quatre organisations politiques antérieures à la révolution de février, et qui ont persisté jusqu'à ce jour. Ce sont, en les énumérant par ordre de date :

1° Les *Mutuellistes*, établis après 1830, et qui ont un moment compté de 25 à 30,000 affiliés dans les départements du Rhône, de l'Ain et de l'Isère;

2° La *Société des Droits de l'Homme*, organisée dans les mêmes localités, de 1830 à 1834, et réunissant 6,000 affiliés dans le Rhône, l'Ain, l'Isère et le Jura;

3° Les *Carbonari*, introduits à Lyon en 1834, et qui sont au nombre de plusieurs milliers dans l'agglomération lyonnaise, dans l'Isère et dans la Loire;

4° Les *Voraces*, fondés en 1846, recrutés des éléments les plus impurs, et au nombre de plus de 8,000 dans le Rhône, dans l'Isère et dans l'Ain.

Ces quatre sociétés secrètes subissent, depuis 1850, un travail de transformation destiné à aboutir à l'établissement de deux sociétés nouvelles plus fortes et plus puissantes. Les Voraces, usés et discrédités par le rôle qu'ils ont joué dans la révolution de février et dans l'insurrection lyonnaise de juin 1849, se réorganisent sous le nom de société de la *Démocratie fraternelle*. Les Mutuellistes, les Droits de l'Homme et les Carbonari sont en train de se fondre en une seule société dite de la *Solidarité*.

A côté de ces sociétés secrètes et exclusivement politiques, il convient de placer le tableau des associations lyonnaises qui se disent purement industrielles. La plupart de ces associations, en effet, ont un but politique et relèvent d'un comité directeur, dit de l'*Organisation du Travail*, et présidé par un représentant socialiste. On trouve à Lyon, outre 114 sociétés de bienfaisance, et la société des *Travailleurs Unis*, les associations suivantes :

ASSOCIATION fraternelle de l'Industrie française.
— démocratique des Industries réunies.
— fraternelle des Ouvriers menuisiers de Lyon.
— générale des tailleurs de pierre du Rhône.
— des Unis, des Façonnés, des Velours.

Passons maintenant aux ramifications de l'organisation lyonnaise. Dans le quartier Saint-Paul, un des plus pauvres de Lyon, s'est établie récemment l'*Association fraternelle des travailleurs unis de l'Ouest*, en rapport avec les sociétés de Saône-et-Loire, de la Haute-Saône, du Doubs et du Jura. Les Carbonari de Lyon, outre leurs ramifications dans l'Isère, la Drôme et le Jura, étaient en relations régulières avec les ventes de la Suisse, de la Savoie et du Piémont. A Lyon même et sur le modèle de la fameuse *Société des Saisons*, s'est organisée la société de *la Propagande*, qui a pour but de répandre les écrits socialistes parmi les ouvriers de toute cette partie de la France. Le comité directeur de Lyon était également en rapport avec l'association de la *Nouvelle-Montagne*, qui avait pour objet spécial de relier entre elles les sociétés secrètes établies entre les ressorts de Nîmes, Aix et Grenoble. Voiron dans l'Isère et Romans dans la Drôme étaient les chefs-lieux et le centre d'action de la *Nouvelle-Montagne* : ces deux points étaient en rapports suivis avec Die, Montélimart, Crest et Nyons. Dans le département de Vaucluse, Orange et Avignon formaient deux nouveaux centres en correspondance avec Digne et Sisteron d'une part, et de l'autre avec Nîmes, Montpellier, Béziers et Toulouse. Toutes ces sociétés se divisaient en décuries et centuries, et avaient des cadres militaires. On doit citer aussi comme se rattachant à l'organisation lyonnaise, l'association des *Hommes-Libres* établie dans l'Ain, et tenant à la fois par sa constitution du carbonarisme et de la *Nouvelle-Montagne*.

Toutes les sociétés secrètes se recrutaient par les moyens ordinaires de l'embauchage ; mais on n'était reçu dans leur sein qu'après un interrogatoire et une cérémonie spéciale. Voici, sauf quelques variantes, la formule habituelle de l'initiation :

L'initié, les yeux bandés, est placé à genoux sur deux couteaux en croix et sur deux pièces de 5 francs, et le dialogue suivant s'engage entre lui et l'initiateur :

« Désires-tu être affilié à la société ? — Oui.

« Promets-tu de ne jamais révéler ses secrets ? — Je le promets.

« Jures-tu d'obéir à tous les ordres qui te seront donnés, lors même qu'ils te prescriraient de tuer ton semblable ? — Je le jure.

« Que sens-tu sous tes mains ? — Je sens deux couteaux et deux pièces de 5 francs.

« Ces objets sont placés là pour t'apprendre que si l'appât de l'argent t'engageait à trahir la société, elle t'en punirait par la mort. »

En ce moment on débande les yeux au récipiendaire, et deux anciens affiliés, saisissant les couteaux, les brandissent sur sa tête en disant : « Oui, le frère qui vendrait nos secrets mériterait la mort, et nous la lui ferions subir. »

Une autre formule d'initiation, plus sauvage encore a été trouvée lors d'une perquisition faite dans le canton de Valence. La voici :

« Je jure sur ces armes, symbole de l'honneur, de

servir la république démocratique et sociale et de mourir pour elle s'il le faut. Je jure, en outre, haine à outrance à tous les rois et à tous les royalistes, et que mes entrailles deviennent plutôt la pâture des bêtes féroces que de jamais faillir à mon serment. Je le jure trois fois au nom du Christ rédempteur.

« Je jure sur mon honneur, au nom de la sainte cause pour laquelle je viens d'être reçu, de marcher en tout lieu avec mes frères de la Montagne, prêter aide et assistance à tous les démocrates. Je le jure trois fois au nom du Christ rédempteur. »

Plus bas se lisent ces mots :

« Je te baptise enfant de la Montagne. »

Voici l'interrogatoire que subissait préalablement le candidat :

« Dis-moi, citoyen, quelles sont les raisons qui t'amènent ici ? — Dis-moi, citoyen, on m'a dit que tu m'avais dénoncé à la justice, est-ce vrai ? — Maintenant que tu as les yeux bandés et les mains attachées derrière le dos, nous sommes maîtres de toi ; mais nous voulons avant t'examiner. Si, par exemple, ton frère ou ton père ne se trouvaient pas de ton parti, te vengerais-tu ? — Leur tirerais-tu dessus ? — Cela ne te serait-il pas pénible à faire ? — Maintenant on nous dit que le préfet fait circuler des listes pour la prolongation de la présidence. Les signerais-tu ? — S'il te fallait prendre les armes pour la République, les prendrais-tu ? — Tu veux donc être républicain ? — Il nous faut ton sang ! »

Des signes particuliers de reconnaissance existent entre les affiliés appartenant à une même société secrète. Ils consistent ou dans la manière de se saluer en s'abordant, ou dans des signaux d'avertissement. Ainsi, dans la société de la Jeune-Montagne, dont plusieurs membres ont comparu devant le conseil de guerre de Lyon, un membre qui en rencontre un autre, demande : *L'heure !* — L'autre répond : *Sonnée !* — Le premier reprend : *Nouvelle !* — On doit lui répondre : *Montagne !*

Une société secrète de la Drôme avait, il y a deux ans, pour mot de passe : *Attention ! courage ! Drôme !* Depuis l'avortement du complot de Lyon, ce mot de passe a été, à ce qu'il paraît, changé, et remplacé par le mot : *Marianne.* Dans les sociétés secrètes établies à Montpellier et dans les localités voisines, le signe de reconnaissance était : D. Connaissez-vous *la mère Marianne ?* — R. Oui, elle a du bon vin.

Ce mot de *Marianne* et l'expression de *boire à la santé de la Marianne* se sont également trouvés tout récemment dans des papiers importants saisis dans la Seine-Inférieure. On a tout lieu de croire que ce mot de *Marianne*, trouvé simultanément aux points les plus éloignés du territoire, au nord, au midi et dans l'ouest, et qui était évidemment le signe de ralliement de toutes les sociétés secrètes disséminées en France, était la traduction mystique des mots : République démocratique et sociale. C'était le mot de passe de l'insurrection générale organisée pour 1852.

Cucheval-Clarigny.

L. (page (263).

## RECENSEMENT GÉNÉRAL DES VOTES.

|  | OUI. | NON |
|---|---:|---:|
| Ain... | 81,819 | 3,472 |
| Aisne... | 137,062 | 5,385 |
| Allier... | 70,450 | 1,358 |
| Alpes (Basses-)... | » | » |
| Alpes (Hautes-)... | 24,745 | 1,665 |
| Ardèche... | 67,033 | 5,138 |
| Ardennes... | 75,248 | 3,863 |
| Ariége... | 53,930 | 2,479 |
| Aube... | 73,427 | 3,900 |
| Aude... | 57,660 | 10,214 |
| Aveyron... | 85,351 | 2,171 |
| Bouches-du-Rhône... | 51,288 | 12,753 |
| Calvados... | 108,743 | 5,688 |
| Cantal... | 40,472 | 1,377 |
| Charente... | 94,746 | 4,120 |
| Charente-Inférieure... | 114,343 | 6.503 |
| Cher... | 67,827 | 2,486 |
| Corrèze... | 59,858 | 4,022 |
| Corse... | 51,876 | 378 |
| Côte-d'Or... | 88,427 | 12,854 |
| Côtes-du-Nord... | 109,195 | 2,853 |
| Creuse... | 54,518 | 3,048 |
| Dordogne... | 112,790 | 5,729 |
| Doubs... | 60,123 | 3,695 |
| Drôme... | 63,799 | 10,279 |
| Eure... | 103,310 | 8,376 |
| Eure-et-Loir... | 66,782 | 6,515 |
| Finistère... | 74,683 | 4,053 |
| Gard... | 70,329 | 18,949 |
| Garonne (Haute-)... | 93,414 | 12,343 |
| Gers... | 64,449 | 8,588 |
| Gironde... | 125,110 | 15,232 |
| Herault... | 60,336 | 14,317 |
| Ille-et-Vilaine... | 71,792 | 3,626 |
| Indre... | 58,948 | 3,493 |
| Indre-et-Loire... | 77,952 | 4,599 |
| Isère... | 114,501 | 12,637 |
| Jura... | 61,656 | 8,548 |
| Landes... | 62,061 | 2,409 |
| Loir-et-Cher... | 55,965 | 5,295 |
| Loire... | 78,783 | 7,917 |
| Loire (Haute-)... | 48,315 | 1,943 |
| Loire-Inférieure... | 62,094 | 5,231 |
| Loiret... | 74,900 | 5,076 |
| Lot... | 65,585 | 4,235 |

|  | OUI. | NON. |
|---|---|---|
| Lot-et-Garonne......................... | 79,576 | 7,909 |
| Lozère................................. | 27,668 | 2,222 |
| Maine-et-Loire......................... | 105,880 | 5,995 |
| Manche................................ | 119,794 | 4,369 |
| Marne................................. | 92,076 | 5,202 |
| Marne (Haute-)........................ | 67,106 | 3,646 |
| Mayenne.............................. | 76,187 | 3,748 |
| Meurthe............................... | 101,943 | 5,156 |
| Meuse................................. | 81,049 | 2,927 |
| Morbihan.............................. | 55,317 | 3,619 |
| Moselle................................ | 93,414 | 3,783 |
| Nièvre................................. | 74,356 | 1,698 |
| Nord.................................. | 224,173 | 13,918 |
| Oise................................... | 103,393 | 4,699 |
| Orne.................................. | 104,820 | 3,837 |
| Pas-de-Calais.......................... | 155,691 | 6,468 |
| Puy-de-Dôme.......................... | 128,436 | 2,559 |
| Pyrénées (Basses-)..................... | 83,474 | 4,138 |
| Pyrénées (Hautes-)..................... | 54,355 | 2,046 |
| Pyrénées (Orientales-).................. | 27,754 | 3,417 |
| Rhin (Haut)........................... | 105,842 | 9,544 |
| Rhin (Bas-)............................ | 93,810 | 5,896 |
| Rhône................................. | 102,559 | 21,844 |
| Saône (Haute-)........................ | 81,469 | 2,863 |
| Saône-et-Loire......................... | 106,924 | 8,287 |
| Sarthe................................. | 108,839 | 7,994 |
| Seine.................................. | 197,094 | 96,511 |
| Seine-Inférieure........................ | 162,332 | 13,435 |
| Seine-et-Marne......................... | 84,102 | 5,192 |
| Seine-et-Oise........................... | 113,268 | 8,652 |
| Sèvres (Deux-)......................... | 73,419 | 2,697 |
| Somme................................ | 147,550 | 3,948 |
| Tarn................................... | 66,988 | 6,931 |
| Tarn-et-Garonne....................... | 49,927 | 4,641 |
| Var.................................... | 62,824 | 4,342 |
| Vaucluse............................... | 40,764 | 6,898 |
| Vendée................................ | 56,214 | 2,493 |
| Vienne................................. | 68,790 | 4,153 |
| Vienne (Haute-)........................ | 55,267 | 4,902 |
| Vosges................................ | 93,460 | 3,756 |
| Yonne................................. | 92,049 | 7,839 |
| Total pour les départements.... | 7,113,420 | 592,520 |
| Armée de terre........................ | 305,290 | 37,359 |
| Armée de mer......................... | 15,979 | 5,123 |
| Algérie { Alger....................... | 4,286 | 3,544 |
| Algérie { Constantine................ | 1,240 | 1,533 |
| Algérie { Oran....................... | 1,001 | 858 |
| Total général.................... | 7,439,216 | 640 737 |

# APPENDICE
## DE LA DEUXIÈME ÉDITION (1)

## I
## LA CONSTITUTION.
### LOUIS NAPOLÉON,
#### PRÉSIDENT DE LA RÉPUBLIQUE.

*Au nom du peuple français,*

FRANÇAIS !

Lorsque, dans ma proclamation du 2 décembre, je vous exprimai loyalement quelles étaient, à mon sens, les conditions vitales du pouvoir en France, je n'avais pas la prétention, si commune de nos jours, de substituer une théorie personnelle à l'expérience des siècles. J'ai cherché, au contraire, quels étaient dans le passé les exemples les meilleurs à suivre, quels hommes les avaient donnés, et quel bien en était résulté.

Dès lors j'ai cru logique de préférer les préceptes du génie aux doctrines spécieuses d'hommes à idées abstraites. J'ai pris comme modèle les institutions politiques qui déjà, au commencement de ce siècle, dans des circonstances analogues, ont raffermi la société ébranlée et élevé la France à un haut degré de prospérité et de grandeur.

J'ai pris comme modèle les institutions qui, au lieu de disparaître au premier souffle des agitations populaires, n'ont été renversées que par l'Europe entière coalisée contre nous.

En un mot, je me suis dit : Puisque la France ne marche

---

(1) Notre première édition, mise en vente le 12, était épuisée quand a paru la nouvelle Constitution ; nous avons cru devoir la publier en Appendice, ainsi que les actes et décrets du gouvernement survenus depuis l'impression de l'*Histoire du 2 Décembre* dont ces documents sont à la fois le complément, la justification et la confirmation. (Note de l'Éditeur.)

depuis cinquante ans qu'en vertu de l'organisation administrative, militaire, judiciaire, religieuse, financière du Consulat et de l'Empire, pourquoi n'adopterions-nous pas aussi les institutions politiques de cette époque? Créées par la même pensée, elles doivent porter en elles le même caractère de nationalité et d'utilité pratique.

En effet, ainsi que je l'ai rappelé dans ma proclamation, notre société actuelle, il est essentiel de le constater, n'est pas autre chose que la France régénérée par la révolution de 89 et organisée par l'Empereur. Il ne reste plus rien de l'ancien régime que de grands souvenirs et de grands bienfaits. Mais tout ce qui alors était organisé a été détruit par la révolution, et tout ce qui a été organisé depuis la révolution et qui existe encore l'a été par Napoléon.

Nous n'avons plus ni province, ni pays d'Etat, ni parlement, ni intendants, ni fermiers généraux, ni coutumes diverses, ni droits féodaux, ni classes privilégiées en possession exclusive des emplois civils et militaires, ni juridictions religieuses différentes.

A tant de choses incompatibles avec elle, la révolution avait fait subir une réforme radicale, mais elle n'avait rien fondé de définitif. Seul, le premier consul rétablit l'unité, la hiérarchie et les véritables principes du gouvernement. Ils sont encore en vigueur.

Ainsi, l'administration de la France confiée à des préfets, à des sous-préfets, à des maires, qui substituaient l'unité aux commissions directoriales ; la décision des affaires, au contraire, donnée à des conseils, depuis la commune jusqu'au département ; ainsi, la magistrature affermie par l'inamovibilité des juges, par la hiérarchie des tribunaux ; la justice rendue plus facile par la délimitation des attributions, depuis la justice de paix jusqu'à la cour de casssation : tout cela est encore debout.

De même, notre admirable système financier, la banque de France, l'établissement des budgets, la cour des comptes, l'organisation de la police, nos réglements militaires datent de cette époque.

Depuis cinquante ans c'est le Code Napoléon qui règle les intérêts des citoyens entre eux ; c'est encore le concordat qui règle les rapports de l'Etat avec l'Eglise.

Enfin, la plupart des mesures qui concernent les progrès de l'industrie, du commerce, des lettres, des sciences, des arts, depuis les réglements du Théâtre-Français jusqu'à ceux de l'Institut, depuis l'institution des prud'hommes jusqu'à la création de la Légion-d'Honneur, ont été fixées par les décrets de ce temps.

On peut donc l'affirmer, la charpente de notre édifice social est l'œuvre de l'Empereur, et elle a résisté à sa chute et à trois révolutions.

Pourquoi, avec la même origine, les institutions politiques n'auraient-elles pas les mêmes chances de durée?

Ma conviction était formée depuis longtemps, et c'est pour cela que j'ai soumis à votre jugement les bases principales d'une Constitution empruntée à celle de l'an VIII. Approuvées par vous, elles vont devenir le fondement de notre Constitution politique.

Examinons quel en est l'esprit.

Dans notre pays, monarchique depuis dix-huit cents ans, le pouvoir central a toujours été s'augmentant. La royauté a détruit les grands vassaux; les révolutions elles-mêmes ont fait disparaître les obstacles qui s'opposaient à l'exercice rapide et uniforme de l'autorité. Dans ce pays de centralisation, l'opinion publique a sans cesse tout rapporté au chef du gouvernement, le bien comme le mal. Aussi, écrire en tête d'une charte que ce chef est irresponsable, c'est mentir au sentiment public, c'est vouloir établir une fiction qui s'est trois fois évanouie au bruit des révolutions.

La Constitution actuelle proclame, au contraire, que le chef que vous avez élu est responsable devant vous; qu'il a toujours le droit de faire appel à votre jugement souverain, afin que, dans les circonstances solennelles, vous puissiez lui continuer ou retirer votre confiance.

Etant responsable, il faut que son action soit libre et sans entraves. De là l'obligation d'avoir des ministres qui soient les auxiliaires honorés et puissants de sa pensée, mais qui ne forment plus un conseil responsable, composé de membres solidaires, obstacle journalier à l'impulsion particulière du chef de l'Etat, expression d'une politique émanée des Chambres, et par là même exposé à des changements fréquents qui empêchent tout esprit de suite, toute application d'un système régulier.

Néanmoins, plus un homme est haut placé, plus il est indépendant; plus la confiance que le peuple a mise en lui est grande, plus il a besoin de conseils éclairés, consciencieux. De là la création d'un conseil d'État, désormais véritable conseil du gouvernement, premier rouage de notre organisation nouvelle, réunion d'hommes pratiques élaborant des projets de loi dans les commissions spéciales, les discutant à huis-clos, sans ostentation oratoire, en assemblée générale, et les présentant ensuite à l'acceptation du corps législatif.

Ainsi le pouvoir est libre dans ses mouvements, éclairé dans sa marche.

Quel sera maintenant le contrôle exercé par les assemblées?

Une chambre, qui prend le titre de corps législatif, vote les lois et l'impôt. Elle est élue par le suffrage universel, sans scrutin de liste. Le peuple, choisissant isolément chaque candidat, peut plus facilement apprécier le mérite de chacun d'eux.

La chambre n'est plus composée que d'environ deux cent soixante membres. C'est là la première garantie du calme des délibérations, car trop souvent on a vu dans les assemblées la mobilité et l'ardeur des passions croître en raison du nombre.

Le compte-rendu des séances qui doit instruire la nation n'est plus livré, comme autrefois, à l'esprit de parti de chaque journal; une publication officielle, rédigée par les soins du président de la chambre, en est seule permise.

Le corps législatif discute librement la loi, l'adopte ou la repousse; mais il n'y introduit pas à l'improviste de ces amendements qui dérangent souvent toute l'économie d'un système et l'ensemble du projet primitif. A plus forte raison n'a-t-il pas cette initiative parlementaire qui était la source de si graves abus, et qui permettait à chaque député de se substituer à tout propos au gouvernement, en présentant les projets les moins étudiés, les moins approfondis.

La chambre n'étant plus en présence des ministres, et les projets de loi étant soutenus par les orateurs du conseil d'État, le temps ne se perd pas en vaines interpellations, en accusations frivoles, en luttes passionnées dont l'unique but était de renverser les ministres pour les remplacer.

Ainsi donc, les délibérations du corps législatif seront indépendantes ; mais les causes d'agitations stériles auront été supprimées, des lenteurs salutaires apportées à toute modification de la loi. Les mandataires de la nation feront mûrement les choses sérieuses.

Une autre assemblée prend le nom de sénat. Elle sera composée des éléments qui, dans tout pays, créent les influences légitimes : le nom illustre, la fortune, le talent et les services rendus.

Le sénat n'est plus, comme la chambre des pairs, le pâle reflet de la chambre des députés, répétant à quelques jours d'intervalle les mêmes discussions sur un autre ton. Il est le dépositaire du pacte fondamental et des libertés compatibles avec la Constitution ; et c'est uniquement sous le rapport des grands principes sur lesquels repose notre société, qu'il examine toutes les lois et qu'il en propose de nouvelles au pouvoir exécutif.

Il intervient, soit pour résoudre toute difficulté grave qui pourrait s'élever pendant l'absence du corps législatif, soit pour expliquer le texte de la Constitution et assurer ce qui est nécessaire à sa marche. Il a le droit d'annuler tout acte arbitraire et illégal, et jouissant ainsi de cette considération qui s'attache à un corps exclusivement occupé de l'examen de grands intérêts ou de l'application de grands principes, il remplit dans l'État le rôle indépendant, salutaire, conservateur, des anciens parlements.

Le sénat ne sera pas, comme la chambre des pairs, transformé en cour de justice : il conservera son caractère de modérateur suprême, car la défaveur atteint toujours les corps politiques, lorsque le sanctuaire des législateurs devient un tribunal criminel. L'impartialité du juge est trop souvent mise en doute, et il perd de son prestige devant l'opinion qui va quelquefois jusqu'à l'accuser d'être l'instrument de la passion ou de la haine.

Une haute cour de justice, choisie dans la haute magistrature, ayant pour jurés des membres des conseils généraux de toute la France, réprimera seule les attentats contre le chef de l'État et la sûreté publique.

L'Empereur disait au conseil d'État : « Une constitution est l'œuvre du temps ; on ne saurait laisser une trop large voie aux améliorations. » Aussi la Constitution présente n'a-t-elle fixé que ce qu'il était impossible de laisser incertain. Elle n'a pas enfermé dans un cercle infranchissable les destinées d'un grand peuple, elle a laissé aux changements une assez large voie pour qu'il y ait, dans les grandes crises, d'autres moyens de salut que l'expédient désastreux des révolutions.

Le sénat peut, de concert avec le gouvernement, modifier tout ce qui n'est pas fondamental dans la Constitution ; mais quant aux modifications à apporter aux bases premières, sanctionnées par vos suffrages, elles ne peuvent devenir définitives qu'après avoir reçu votre ratification.

Ainsi, le peuple reste toujours maître de sa destinée. Rien de fondamental ne se fait en dehors de sa volonté.

Telles sont les idées, tels sont les principes dont vous m'avez autorisé à faire l'application. Puisse cette Constitution donner à notre partie des jours calmes et prospères ! Puisse-t-elle prévenir le retour de ces luttes intestines où la victoire, quelque légitime qu'elle soit, est toujours chèrement achetée !

Puisse la sanction que vous avez donnée à mes efforts être bénie du Ciel ! Alors la paix sera assurée au dedans et au dehors, mes vœux seront comblés, ma mission sera accomplie !

Palais des Tuileries, le 14 janvier 1852

LOUIS-NAPOLÉON BONAPARTE.

## CONSTITUTION.

FAITE EN VERTU DES POUVOIRS DÉLÉGUÉS PAR LE PEUPLE FRANÇAIS A LOUIS-NAPOLÉON BONAPARTE

*par le vote des 20 et 21 décembre 1851.*

LE PRÉSIDENT DE LA RÉPUBLIQUE,

Considérant que le peuple français a été appelé à se prononcer sur la résolution suivante ;

« Le peuple veut le maintien de l'autorité de Louis Napoléon

« Bonaparte et lui donne les pouvoirs nécessaires pour faire
« une Constitution d'après les bases établies dans sa procla-
« mation du 2 décembre;

Considérant que les bases proposées à l'acceptation du peuple étaient :

« 1° Un chef responsable nommé pour dix ans;
« 2° Des ministres dépendant du pouvoir exécutif seul;
« 3° Un conseil d'État formé des hommes les plus dis-
« tingués, préparant les lois et en soutenant la discussion
« devant le corps législatif;
« 4° Un corps législatif discutant et votant les lois, nommé
« par le suffrage universel, sans scrutin de liste qui fausse
« l'élection;
« 5° Une seconde assemblée formée de toutes les illustra-
« tions du pays, pouvoir pondérateur, gardien du pacte fon-
« damental et des libertés publiques; »

Considérant que le peuple a répondu affirmativement par sept millions cinq cent mille suffrages,

## PROMULGUE

### LA CONSTITUTION DONT LA TENEUR SUIT :

### TITRE 1er.

Art. 1er. La Constitution reconnaît, confirme et garantit les grands principes proclamés en 1789, et qui sont la base du droit public des Français.

### TITRE II.

#### FORMES DU GOUVERNEMENT DE LA RÉPUBLIQUE.

Art. 2. Le gouvernement de la République française est confié pour dix ans au prince Louis-Napoléon Bonaparte, président actuel de la République.

Art. 3. Le président de la République gouverne au moyen des ministres, du conseil d'État, du sénat et du corps législatif.

Art. 4. La puissance législative s'exerce collectivement par le président de la République, le sénat et le corps législatif.

## TITRE III.

### DU PRÉSIDENT DE LA RÉPUBLIQUE.

Art. 5. Le président de la République est responsable devant le Peuple français, auquel il a toujours le droit de faire appel.

Art. 6. Le président de la République est le chef de l'État; il commande les forces de terre et de mer, déclare la guerre, fait les traités de paix, d'alliance et de commerce, nomme à tous les emplois, fait les réglements et décrets nécessaires pour l'exécution des lois.

Art. 7. La justice est rendue en son nom.

Art. 8. Il a seul l'initiative des lois.

Art. 9. Il a le droit de faire grâce.

Art. 10. Il sanctionne et promulgue les lois et les sénatus-consultes.

Art. 11. Il présente tous les ans au sénat et au corps législatif, par un message, l'état des affaires de la République.

Art. 12. Il a le droit de déclarer l'état de siége dans un ou plusieurs départements, sauf à en référer au sénat dans le plus bref délai.

Les conséquences de l'état de siége sont régléés par la loi.

Art. 13. Les ministres ne dépendent que du chef de l'État; ils ne sont responsables que chacun en ce qui concerne les actes du gouvernement; il n'y a point de solidarité entre eux; ils ne peuvent être mis en accusation que par le sénat.

Art. 14. Les ministres, les membres du sénat, du corps législatif et du conseil d'État, les officiers de terre et de mer, les magistrats et les fonctionnaires publics prêteront le serment ainsi conçu :

*Je jure obéissance à la Constitution et fidélité au Président.*

Art. 15. Un sénatus-consulte fixe la somme allouée annuellement au président de la République pour toute la durée de ses fonctions.

Art. 16. Si le président de la République meurt avant l'expiration de son mandat, le sénat convoque la nation pour procéder à une nouvelle élection.

Art. 17. Le chef de l'État a le droit, par un acte secret et déposé aux archives du sénat, de désigner au peuple le nom du citoyen qu'il recommande, dans l'intérêt de la France, à la confiance du peuple et à ses suffrages.

Art. 18. Jusqu'à l'élection du nouveau président de la République, le président du sénat gouverne avec le concours des ministres en fonctions, qui se forme en conseil du gouvernement et délibère à la majorité des voix.

## TITRE IV.

### DU SÉNAT.

Art. 19. Le nombre des sénateurs ne pourra excéder cent cinquante : il est fixé pour la première année à quatre-vingts.

Art. 20. Le sénat se compose :

1° Des cardinaux, des maréchaux, des amiraux;

2° Des citoyens que le président de la République juge convenable d'élever à la dignité de sénateur.

Art. 21. Les sénateurs sont inamovibles et à vie.

Art. 22. Les fonctions de sénateur sont gratuites; néanmoins le président de la République pourra accorder à des sénateurs, en raison de services rendus et de leur position de fortune, une dotation personnelle qui ne pourra excéder trente mille francs par an.

Art. 23. Le président et le vice-président du sénat sont nommés par le président de la République et choisis parmi les sénateurs.

Ils sont nommés pour un an.

Le traitement du président du sénat est fixé par un décret.

Art. 24. Le président de la République convoque et proroge le sénat. Il fixe la durée de ses sessions par un décret.

Les séances du sénat ne sont pas publiques.

Art. 25. Le sénat est le gardien du pacte fondamental et des libertés publiques. Aucune loi ne peut être promulguée avant de lui avoir été soumise.

Art. 26. Le sénat s'oppose à la promulgation :

1° Des lois qui seraient contraires ou qui porteraient atteinte à la Constitution, à la religion, à la morale, à la liberté des cultes, à la liberté individuelle, à l'égalité des citoyens devant la loi, à l'inviolabilité de la propriété et au principe de l'inamovibilité de la magistrature;

2° De celles qui pourraient compromettre la défense du territoire.

Art. 27. Le sénat règle par un sénatus-consulte :

1° La constitution des colonies et de l'Algérie;

2° Tout ce qui n'a pas été prévu par la Constitution et qui est nécessaire à sa marche;

3° Le sens des articles de la Constitution qui donnent lieu à différentes interprétations.

Art. 28 Ces sénatus-consultes seront soumis à la sanction du président de la République et promulgués par lui.

Art. 29. Le sénat maintient ou annule tous les actes qui lui sont déférés comme inconstitutionnels par le gouvernement, ou dénoncés pour la même cause par les pétitions des citoyens.

Art. 30. Le sénat peut, dans un rapport adressé au président de la République, poser les bases des projets de loi d'un grand intérêt national.

Art. 31. Il peut également proposer des modifications à la Constitution. Si la proposition est adoptée par le pouvoir exécutif, il y est statué par un sénatus-consulte.

Art. 32. Néanmoins, sera soumise au suffrage universel toute modification aux bases fondamentales de la Constitution, telles qu'elles ont été posées dans la proclamation du 2 Décembre et adoptées par le Peuple français.

Art. 33. En cas de dissolution du corps législatif, et jusqu'à une nouvelle convocation, le sénat, sur la proposition du président de la République, pourvoit, par des mesures d'urgence, à tout ce qui est nécessaire à la marche du gouvernement.

## TITRE V.

### DU CORPS LÉGISLATIF.

Art. 34. L'élection a pour base la population.

Art. 35. Il y aura un député au corps législatif à raison de trente-cinq mille électeurs.

Art 36. Les députés sont élus par le suffrage universel, sans scrutin de liste.

Art. 37. Ils ne reçoivent aucun traitement.

Art. 38. Ils sont nommés pour six ans.

Art. 39. Le corps législatif discute et vote les projets de loi et l'impôt

Art. 40. Tout amendement adopté par la commission chargée d'examiner un projet de loi sera renvoyé, sans discussion, au conseil d'État par le président du corps législatif.

Si l'amendement n'est pas adopté par le conseil d'État, il ne pourra être soumis à la délibération du corps législatif.

Art. 41. Les sessions ordinaires du corps législatif durent trois mois; ses séances sont publiques; mais la demande de cinq membres suffit pour qu'il se forme en comité secret.

Art. 42. Le compte-rendu des séances du corps législatif par les journaux ou tout autre moyen de publication ne consistera que dans la reproduction du procès-verbal dressé à l'issue de chaque séance par les soins du président du corps législatif.

Art. 43. Le président et les vice-présidents du corps législatif sont nommés par le président de la République pour un an; ils sont choisis parmi les députés. Le traitement du président du corps législatif est fixé par un décret.

Art. 44. Les ministres ne peuvent être membres du corps égislatif.

Art. 45. Le droit de pétition s'exerce auprès du sénat. Aucune pétition ne peut être adressée au corps législatif.

Art 46. Le président de la République convoque, ajourne, proroge et dissout le corps législatif. En cas de dissolution, le président de la République doit en convoquer un nouveau dans le délai de six mois.

## TITRE VI.

### DU CONSEIL D'ÉTAT.

Art. 47. Le nombre des conseillers d'Etat en service ordinaire est de quarante à cinquante.

Art. 48. Les conseillers d'Etat sont nommés par le président de la République, et révocables par lui.

Art. 49. Le conseil d'Etat est présidé par le président de la République, et, en son absence, par la personne qu'il désigne comme vice-président du conseil d'État.

Art. 50. Le conseil d'État est chargé, sous la direction du président de la République, de rédiger les projets de loi et les réglements d'administration publique, et de résoudre les difficultés qui s'élèvent en matière d'administration.

Art. 51. Il soutient, au nom du gouvernement, la discussion des projets de loi devant le sénat et le corps législatif.

Les conseillers d'État chargés de porter la parole au nom du gouvernement sont désignés par le président de la République.

Art. 52. Le traitement de chaque conseiller d'État est de vingt-cinq mille francs.

Art. 53. Les ministres ont rang, séance et voix délibérative au conseil d'Etat.

## TITRE VII.

### DE LA HAUTE COUR DE JUSTICE.

Art. 54. Une haute cour de justice juge, sans appel ni recours en cassation, toutes personnes qui auront été renvoyées devant elle comme prévenues de crimes, attentats ou complots contre le président de la République et contre la sûreté intérieure ou extérieure de l'État.

Elle ne peut être saisie qu'en vertu d'un décret du président de la République.

Art. 55. Un sénatus-consulte déterminera l'organisation de cette haute cour.

## TITRE VIII.

### DISPOSITIONS GÉNÉRALES ET TRANSITOIRES.

Art. 56. Les dispositions des Codes, lois et réglements existants, qui ne sont pas contraires à la présente Constitution, restent en vigueur jusqu'à ce qu'il y soit légalement dérogé.

Art. 57. Une loi déterminera l'organisation municipale. Les maires seront nommés par le pouvoir exécutif, et pourront être pris hors du conseil municipal.

Art. 58. La présente Constitution sera en vigueur à dater du jour où les grands corps de l'État qu'elle organise seront constitués.

Les décrets rendus par le président de la République, à partir du 2 décembre jusqu'à cette époque, auront force de loi.

Fait au palais des Tuileries, 14 janvier 1852

LOUIS-NAPOLÉON.

Vu et scellé du grand sceau :
Le garde des sceaux, ministre
de la justice :

E. ROUHER.

## II

### RÉTABLISSEMENT DE L'AIGLE SUR LES DRAPEAUX ET DÉCORATIONS.

Le président de la République,

Considérant que la République française, avec sa forme nouvelle sanctionnée par le suffrage du peuple, peut adopter sans ombrage les souvenirs de l'empire et les symboles qui en rappellent la gloire ;

Considérant que le drapeau national ne doit pas être plus longtemps privé de l'emblème renommé qui conduisit dans cent batailles nos soldats à la victoire ;

Décrète :

Art. 1er. L'aigle française est rétablie sur les drapeaux de l'armée.

Art. 2. Elle est également rétablie sur la croix de la Légion-d'Honneur.

Art. 3. Le ministre de la guerre et le grand chancelier de la Légion-d'Honneur sont, chacun en ce qui le concerne, chargés de l'exécution du présent décret.

Fait à l'Élysée, le 31 décembre 1851.

LOUIS NAPOLÉON BONAPARTE.

*Le ministre de la guerre*, A. DE SAINT ARNAUD.

## III

ATTRIBUTION AUX TRIBUNAUX ORDINAIRES DES DÉLITS DE LA PAROLE.

Le Président de la République,

Sur le rapport du garde des sceaux, ministre de la justice,

Considérant que, parmi les délits prévus par les lois en vigueur sur la presse, ceux qui sont commis au moyen de la parole, tels que les délits d'offenses verbales ou de cris séditieux, se sont considérablement multipliés;

Considérant que l'attribution à la cour d'assises de la connaissance de ces délits rend la répression moins rapide et moins efficace;

Considérant qu'il est de principe que les lois de procédure et de compétence sont immédiatement applicables aux affaires non encore jugées,

Décrète :

Art. 1er. La connaissance de tous les délits prévus par les lois sur la presse, et commis au moyen de la parole, est déférée aux tribunaux de police correctionnelle.

Art. 2. Ces tribunaux connaîtront de ceux de ces délits qui ont été commis antérieurement au présent décret et ne sont qas encore jugés contradictoirement.

Art. 3. Les poursuites seront dirigées selon les formes et règles prescrites par le Code d'instruction criminelle pour la juridiction correctionnelle.

Fait au palais de l'Elysée, le 31 décembre 1851.

LOUIS-NAPOLÉON BONAPARTE.

Le garde des sceaux, ministre de la justice,
E. ROUHER.

## IV

RÉGLEMENTATION ET SURVEILLANCE DES CABARETS ET CAFÉS.

Le Président de la République,

Sur le rapport du ministre de l'intérieur,

Considérant que la multiplicité toujours croissante des

cafés, cabarets et débits de boissons est une cause de désordres et de démoralisation;

Considérant que, dans les campagnes surtout, ces établissements sont devenus, en grand nombre, des lieux de réunion et d'affiliation pour les sociétés secrètes, et ont favorisé d'une manière déplorable les progrès des mauvaises passions;

Considérant qu'il est du devoir du Gouvernement de protéger, par des mesures efficaces, les mœurs publiques et la sûreté générale.

Décrète :

Art. 1er. Aucun café, cabaret ou autre débit de boissons à consommer sur place, ne pourra être ouvert, à l'avenir, sans la permission préalable de l'autorité administrative.

Art. 2. La fermeture des établissements désignés en l'art. 1er, qui existent actuellement ou qui seront autorisés à l'avenir, pourra être ordonnée, par arrêté du préfet, soit après une condamnation pour contravention aux lois et réglements qui concernent ces professions, soit par mesure de sûreté publique.

Art. 3. Tout individu qui ouvrira un café, cabaret ou débit de boissons à consommer sur place, sans autorisation préalable ou contrairement à un arrêté de fermeture pris en vertu de l'article précédent, sera poursuivi devant les tribunaux correctionnels et puni d'une amende de vingt-cinq à cinq cents francs et d'un emprisonnement de six jours à six mois.

L'établissement sera fermé immédiatement.

Art. 4. Le ministre de l'intérieur est chargé de l'exécution du présent décret.

Fait au palais de l'Elysée, le 29 décembre 1851.

LOUIS-NAPOLÉON BONAPARTE.

*Le ministre de l'Intérieur,*
    A. DE MORNY.

*Circulaire adressée par M. le ministre de l'Intérieur à MM. les préfets.*

Paris, le 2 janvier 1852.

MONSIEUR LE PRÉFET,

Le décret du 29 décembre dernier, concernant les cafés et les cabarets, doit être pour vous l'objet de l'attention la plus scrupuleuse; plus une loi fait une part large à l'arbitraire dans une question qui touche aux intérêts publics et aux intérêts privés, plus les fonctionnaires chargés de l'appliquer doivent y apporter de soins, de conscience et de dévoûment. Il importe donc essentiellement que vous vous placiez, pour son exécution, au point de vue qui en a dicté les dispositions.

Vous avez deux écueils à éviter.

Sacrifier l'intérêt public, transiger avec le désordre dans la crainte de molester quelques individus, c'est manquer au plus saint des devoirs, c'est compromettre le repos et le salut des honnêtes gens, c'est continuer à mettre en œuvre ce système de faux libéralisme qui a conduit plusieurs fois la France à deux doigts de sa perte.

Porter injustement ou légèrement atteinte à la propriété privée, ce serait méconnaître un droit sacré et livrer au discrédit les actes de l'administration publique, que vous devez, au contraire, faire respecter en leur conservant toujours un caractère de justice et d'impartialité.

C'est dans cette juste mesure, monsieur le Préfet, que doit s'exercer votre action tout à la fois protectrice et répressive.

Lorsqu'il s'agira d'autoriser l'ouverture d'un des établissements mentionnés au décret, n'accordez cette autorisation qu'après un examen minutieux et à des individus dont les antécédents et la moralité vous seront suffisamment garantis.

S'il s'agit de la fermeture d'un établissement existant, hors le cas de danger public, soyez très circonspect; avertissez d'abord le propriétaire par écrit; avant de sévir, entourez-vous de preuves et de renseignemens certains; consultez la gendarmerie, les commissaires de police, les maires, les juges de paix, les sous-préfets; surtout, tenez-vous en garde contre les dénonciations qui seraient le fruit d'une cupide et jalouse concurrence; mais, quand vous serez suffisamment éclairé, agissez résolument et avec l'assurance que donne l'accomplissement d'un devoir à remplir envers la société.

Les cafés que l'on transformerait en clubs ou foyers de propagande politique, les cabarets qui deviendraient le rendez-vous des repris de justice, d'individus tarés, vivant de prostitution et de vol, devront être impitoyablement fermés.

Vous traiterez avec la même sévérité les établissemens où l'on débiterait des boissons falsifiées ou altérées, et de nature à nuire à la santé du peuple. Le Code pénal prononce contre ces délits pernicieux des peines qui n'ont pu y mettre un frein. L'art. 2 du décret vous donne le pouvoir de faire fermer un établissement après une seule condamnation pour infraction aux lois et réglements spéciaux. S'il vous est démontré que la falsification est faite sciemment, qu'un établissement condamné réalise des bénéfices illicites aux dépens de la santé des pauvres gens, supprimez-le sans hésiter.

Pénétrez-vous, monsieur le Préfet, de ces instructions, qui ont pour objet de vous faire bien connaître la pensée de la haute moralité et de prévoyance qui a dicté le décret du 29 décembre; que l'Administration accomplisse énergiquement son devoir, afin que les populations voient toujours en elle la personnification de la puissance qui féconde et développe les élémens du bien, qui poursuit, et frappe sans pitié les principes du mal.

Agréez, monsieur le Préfet, l'assurance de ma considération distinguée.

Le ministre de l'intérieur,
A. DE MORNY.

SUPPRESSION DES SOUVENIRS REVOLUTIONNAIRES.

Paris le 6 janvier 1852.

Monsieur le Préfet, les emblèmes les plus respectables perdent ce caractère quand ils ne rappellent que de mauvais jours

Ainsi ces trois mots : *Liberté, Egalité, Fraternité*, forment par eux-mêmes une touchante devise ; mais, comme on ne les a vus paraître qu'à des époques de troubles et de guerre civile, leur inscription grossière sur nos édifices publics attriste et inquiète les passants ; veuillez donc les faire effacer.

Il serait en même temps convenable de rendre aux monuments, places, rues, etc, leurs noms populaires, qui se sont conservés dans l'usage familier à travers tous les changemens de régime. Il ne faut exclure aucun souvenir historique glorieux pour la France : le Palais-National s'appellera de nouveau le Palais-Royal, l'Académie nationale de musique, le grand Opéra; le Théâtre de la Nation, Théâtre Français ; la rue de la Concorde, la rue Royale, etc.

Veuillez me faire dans ce même esprit un rapport sur les changements analogues que vous croirez convenable de me proposer.

Recevez, monsieur le Préfet, l'assurance de ma considération distinguée.

A. DE MORNY.

# VI

### EXPULSIONS POUR CAUSE DE SALUT PUBLIC.

Louis-Napoléon, Président de la République,
Décrète :

Sont expulsés du territoire français, de celui de l'Algérie et de celui des colonies, pour cause de sûreté générale, les anciens représentants à l'Assemblée législative dont les noms suivent :

Edmond Valentin, Paul Racouchot, Agricol Perdiguier, Eugène Cholat, Louis Latrade, Michel Renaud, Joseph Benoît (du Rhône), Joseph Burgard, Jean Colfavru, Joseph Faure (du Rhône), Pierre-Charles Gambon, Charles Lagrange, Martin Nadaud, Barthélemy Terrier, Victor Hugo, Cassal, Signard, Viguier, Charrassin, Bandsept, Savoye, Joly, Combier, Boysset, Duché, Ennery, Guilgot, Hochstuhl, Michot-Boutet, Baune, Bertholon, Schœlcher, De Flotte, Joigneaux, Laboulaye, Bruys, Esquiros, Madier-Montjau,

Noël Parfait, Emile Péan, Pelletier, Raspail, Théodore Bac, Bancel, Belin (Drôme), Besse, Bourzat, Brives, Chavoix, Dulac, Dupont (de Bussac), Gaston Dussoubs, Guiter, Lafon, Lamarque, Pierre Lefranc, Jules Leroux, Francisque Maigne, Malardier, Mathieu (de la Drôme), Millotte, Roselli-Mollet, Charras, Saint-Ferréol, Sommier, Testelin (Nord).

Art. 2. Dans le cas où, contrairement au présent décret, l'un des individus désignés en l'art. 1er rentrerait sur les territoires qui lui sont interdits, il pourra être déporté par mesure de sûreté générale.

Fait au palais des Tuileries, le conseil des ministres entendu, le 9 janvier 1852.

LOUIS-NAPOLÉON.

*Le ministre de l'intérieur,*
A. DE MORNY.

---

Louis-Napoléon, Président de la République,
Décrète :

Art. 1er. Sont momentanément éloignés du territoire français et de celui de l'Algérie, pour cause de sûreté générale, les anciens représentants à l'Assemblée législative dont les noms suivent :

Duvergier de Hauranne, Creton, général de Lamoricière, général Changarnier, Baze, général Le Flô, général Bedeau, Thiers, Chambolle, de Rémusat, Jules de Lasteyrie, Emile de Girardin, général Leydet, Pascal Duprat, Edgar Quinet, Antony Thouret, Victor Chauffour, Versigny.

Art. 2. Ils ne pourront rentrer en France ou en Algérie qu'en vertu d'une autorisation spéciale du Président de la République.

Fait au palais des Tuileries, le conseil des ministres entendu, le 9 janvier 1852.

LOUIS-NAPOLÉON.

*Le ministre de l'intérieur,*
A. DE MORNY.

Le Gouvernement, fermement déterminé à prévenir toute cause de troubles, a dû prendre des mesures contre certaines personnes dont la présence en France pourrait empêcher le calme de se rétablir.

Ces mesures s'appliquent à trois catégories :

Dans la première figurent les individus convaincus d'avoir pris part aux insurrections récentes; ils seront, suivant leur degré de culpabilité, déportés à la Guyanne française ou en Algérie.

Dans la seconde se trouvent les chefs reconnus du socialisme ; leur séjour en France serait de nature à fomenter la guerre civile ; ils seront expulsés du territoire de la République, et ils seront transportés s'ils venaient à y rentrer.

Dans la troisième sont compris les hommes politiques qui se sont fait remarquer par leur violente hostilité au Gouvernement, et dont la présence serait une cause d'agitation ; i seront momentanément éloignés de France.

Dans les circonstances actuelles, le devoir du Gouvernement est la fermeté; mais il saura maintenir la répression dans de justes limites.

Les divers décrets qui précèdent concernent seulement les anciens représentants.

Les sieurs Marc Dufraisse, Greppo, Miot, Mat.. et Richardet seront transportés à la Guyanne française.

## VII

### Reconstitution de la garde nationale.

Louis-Napoléon,

Président de la République,

Considérant que l'ordre est l'unique source de travail et qu'il ne s'établit qu'en raison directe de la force et de l'autorité du Gouvernement ;

Considérant que la garde nationale doit être non une garantie contre le pouvoir, mais une garantie contre le désordre et l'insurrection ;

Considérant que les principes appliqués à l'organisation de la garde nationale à la suite de nos différentes révolutions, en armant indistinctement tout le monde, n'ont été qu'une préparation à la guerre civile ;

Qu'une composition de la garde nationale, faite avec discernement, assure l'ordre public et le salut du pays ;

Considérant que, dans les campagnes surtout, où la force publique est peu nombreuse, il importe de prévoir toute nouvelle tentative de désordre et de pillage; qu'une récente expérience a prouvé qu'une seule compagnie de bons citoyens armés pour la défense de leurs foyers, suffit pour contenir ou mettre en fuite des bandes de malfaiteurs;

Sur le rapport du ministre de l'intérieur,

Décrète :

Les gardes nationales sont dissoutes dans toute l'étendue du territoire de la République.

Elles sont réorganisées sur les bases suivantes, dans les localités où leur concours sera jugé nécessaire pour la défense de l'ordre public.

Dans le département de la Seine, le général commandant supérieur est chargé de cette réorganisation, qui aura lieu par bataillons.

Art. 1er. Le service de la garde nationale consiste,

1° En service ordinaire dans l'intérieur de la commune;

2° En service de détachement hors du territoire de la commune.

Art. 2. Le service de la garde nationale est obligatoire pour tous les Français âgés de vingt-cinq à cinquante ans, qui seront jugés aptes à ce service par le conseil de recensement.

Néanmoins, le Gouvernement fixera, pour chaque localité, le nombre de gardes nationaux.

Art. 3. La garde nationale est organisée dans toutes les communes où le Gouvernement le juge nécessaire : elle est dissoute et réorganisée suivant que les circonstances l'exigent. Elle est formée en compagnie, bataillon ou légion, selon les besoins du service déterminés par l'autorité administrative, qui pourra créer des corps de sapeurs-pompiers.

La création de corps spéciaux de cavalerie, artillerie ou génie, ne pourra avoir lieu que sur l'autorisation du ministre de l'intérieur.

Art. 4. Le Président de la République nommera un commandant supérieur, des colonels ou lieutenants-colonels dans les localités où il le jugera convenable.

Art. 5. La garde nationale est placée sous l'autorité des

maires, des sous préfets, des préfets et du ministre de l'intérieur.

Lorsque, d'après les ordres du préfet ou du sous préfet, la garde nationale de plusieurs communes est réunie soit au chef-lieu du canton, soit dans toute autre commune, elle est sous l'autorité du maire de la commune où a lieu la réunion.

Sont exceptés les cas déterminés par les lois où la garde nationale est appelée à faire un service militaire et qu'elle est mise sous les ordres de l'autorité militaire.

Art. 6. Les citoyens ne peuvent ni prendre les armes ni se rassembler, comme gardes nationaux, avec ou sans uniforme, sans l'ordre des chefs immédiats, et ceux-ci ne peuvent donner cet ordre sans une réquisition de l'autorité civile.

Art. 7. Aucun chef de poste ne peut faire distribuer de cartouches aux gardes nationaux placés sous son commandement, si ce n'est en vertu d'ordre précis, ou en cas d'attaque de vive force.

Art. 8. La garde nationale se compose de tous les Français et des étrangers jouissant des droits civils, qui sont admis par le conseil de recensement, à la condition d'être habillés suivant l'uniforme qui est obligatoire.

Art. 9. Le conseil de recensement est composé ainsi qu'il suit :

1º Pour une compagnie : du capitaine, *président*, et de deux membres désignés par le sous préfet ;

2º Pour un bataillon : du chef de bataillon, *président*, et du capitaine de chacune des compagnies qui le composent : le capitaine peut se faire suppléer par son sergent-major.

Provisoirement, et jusqu'à nomination aux grades, il est composé de trois membres par compagnie, et de neuf membres par bataillon, désignés par le préfet ou sous-préfet.

A Paris, la désignation sera faite par le ministre de l'intérieur sur la présentation du général commandant supérieur.

Le conseil de recensement prononce sur les admissions et arrête le contrôle définitif.

Art. 10. Il y aura un jury de révision par chaque canton. Il est présidé par le juge de paix et composé de quatre membres nommés par le sous-préfet.

A Paris, le jury de révision, institué à l'état-major général, est présidé par le chef d'état-major ; à son défaut, par un lieutenant-colonel d'état-major et composé de :

    4 chefs de bataillon,
    2 chefs d'escadron d'état-major,
    2 capitaines d'état-major,
    1 chef d'escadron, rapporteur ;
    1 capitaine, rapporteur adjoint ;
    1 capitaine, secrétaire ;
    1 lieutenant, secrétaire adjoint.

Art. 11. Le Président de la République nomme les officiers de tous grades, sur la présentation du ministre de l'intérieur, d'après les propositions du commandant supérieur, dans le département de la Seine, et d'après celle des préfets, dans les autres départements.

Les adjudants sous-officiers sont nommés par le chef de bataillon, qui nomme également à tous les emplois de sous-officiers et de caporaux, sur la présentation des commandants de compagnies.

Art. 12. Les communes sont responsables, sauf leur recours contre les gardes nationaux, des armes que le Gouvernement a jugé nécessaire de leur délivrer ; ces armes restent la propriété de l'État.

L'entretien de l'armement est à la charge du garde national ; les réparations, en cas d'accident causé par le service, sont à la charge de la commune.

Les gardes nationaux détenteurs d'armes appartenant à l'État, qui ne présentent pas ou ne font pas présenter ces armes aux inspections générales annuelles prescrites par les règlements, peuvent être condamnés à une amende d'un franc au moins et de cinq francs au plus, au profit de la commune.

Cette amende est prononcée et recouvrée comme en matière de police municipale.

Art. 13. Dans tous les cas où les gardes nationales sont de service avec les corps soldés elles prennent le rang sur eux.

Art. 14. Les dépenses de la garde nationale sont votées, réglées et surveillées comme toutes les autres dépenses municipales.

Art. 15. Les dépenses de la garde nationale sont obligatoires ou facultatives.

Les dépenses obligatoires sont :

1º Les frais d'achat de drapeaux, tambours et trompettes ;

2º Les réparations, l'entretien et le prix des armes, sauf recours contre les gardes nationaux, aux termes de l'article 13;

3º Le loyer, l'entretien, le chauffage, l'éclairage et le mobilier des corps de garde,

4º Les frais de registres, papiers, contrôles, billets de garde et tous les menus frais de bureaux qu'exige le service de la garde nationale ;

5º La solde des majors et adjudants-majors ;

6º La solde et l'habillement des tambours et trompettes.

Toutes autres dépenses sont facultatives.

Art. 16. Lorsqu'il est créé des bataillons cantonaux, la répartition de la portion afférente à chaque commune du canton dans les dépenses obligatoires du bataillon, autres que celles des compagnies, est faite par le préfet, en conseil de préfecture, après avoir pris l'avis des conseils municipaux.

Cette répartition a lieu proportionnellement à la population de chaque commune et à son contingent dans le principal des quatre contributions directes.

Art. 17. Il y a dans chaque légion ou bataillon formés par les gardes nationaux d'une même commune, un conseil d'administration chargé de présenter annuellement au maire l'état des dépenses nécessaires pour le service de la garde nationale, et de viser les pièces justificatives de l'emploi des fonds.

Il y a également, par bataillon cantonal, un conseil d'administration chargé des mêmes fonctions et qui doit présenter au sous préfet l'état des dépenses du bataillon.

La composition de ces conseils est déterminée par un règlement d'administration publique.

Art. 18. Dans le département de la Seine il y a un conseil d'administration par un nombre de bataillons qui sera déterminé ultérieurement par le ministre de l'intérieur : il est composé ainsi qu'il suit :

Un chef de bataillon, président;
Un officier par bataillon.

Le major attaché à ces bataillons sera rapporteur du conseil ;

Un secrétaire chargé, en outre, des écritures pour les conseils de discipline.

Il est nommé un officier payeur pour ce même nombre de bataillons.

Art. 19. Le réglement relatif au service ordinaire, aux revues, exercices et prises d'armes est arrêté :

Pour le département de la Seine par le ministre de l'intérieur, sur la proposition du commandant supérieur.

Pour les villes et communes des autres départements, par le maire, sur la proposition du commandant de la garde nationale et sous l'approbation du sous-préfet.

Les chefs pourront, en se conformant à ce réglement, et sans réquisition particulière, mais après en avoir prévenu l'autorité municipale, faire toutes les dispositions et donner tous les ordres relatifs au service ordinaire, aux revues et aux exercices.

Dans les villes de guerre, la garde nationale ne peut prendre les armes ni sortir des barrières qu'après que le maire en a informé par écrit le commandant de la place.

Le tout sans préjudice de ce qui est réglé par les lois spéciales à l'état de guerre et à l'état de siége dans les places.

Art. 20. Lorsque la garde nationale est organisée en bataillons cantonaux et en légions, le réglement sur les exercices est arrêté par le sous-préfet, de l'avis des maires des communes et sur la proposition du commandant, pour chaque bataillon isolé, et du chef de légion pour les bataillons réunis en légions.

Art. 21. Le préfet peut suspendre les revues et exercices dans les communes et dans les cantons, à la charge d'en rendre immédiatement compte au ministre de l'intérieur.

Art. 22. Tout garde national commandé pour le service doit obéir, sauf à réclamer ensuite, s'il s'y croit fondé, devant le chef de corps.

Art. 23. Le titre IV de la loi du 13 juin 1851, intitulé *Discipline*, est maintenu jusques et y compris l'art. 118 de la même loi.

Sont abrogées toutes les lois antérieures au présent décret, ainsi que toutes les dispositions relatives au service et à l'administration de la garde nationale qui y seraient contraires.

Fait au palais des Tuileries, le 11 janvier 1852.

Louis-Napoléon.

*Le ministre de l'Intérieur,*
  A. de Morny.

---

Paris, le 14 janvier.

Monsieur le Préfet, vous connaissez les dispositions du décret organique, inséré au *Moniteur* du 12 de ce mois, qui doit régir désormais l'institution de la garde nationale.

La pensée qui a présidé à cet acte est tout entière exposée dans les considérants qui le précèdent.

Pénétrez-vous bien, monsieur le Préfet, de l'importance des devoirs que la nouvelle mesure prise par le gouvernement impose à l'administration.

Votre premier soin, pour l'exécution du décret du 11 courant, doit être de procéder, sans aucun retard, au désarmement des gardes nationales dissoutes. Vous veillerez à ce que les armes de toute nature et le matériel fournis par l'Etat aux différents corps de la garde nationale soient provisoirement déposés dans les mairies ou tous autres lieux que vous jugeriez préférable de désigner. Ces armes resteront ainsi à votre disposition, soit pour servir à l'armement des gardes nationales qu'il vous paraîtrait utile d'organiser ultérieurement, soit pour être réintégrées dans les arsenaux.

Après avoir effectué le désarmement complet des gardes nationales de votre département, vous aurez à examiner dans quelles communes il pourra, sans inconvénient, être procédé à une réorganisation, et quel effectif numérique il conviendra de fixer pour chaque localité.

J'appelle surtout votre attention, monsieur le Préfet, sur

le dernier des considérants placés en tête du décret organique ; comprenez bien toute sa portée. Vous ne perdrez pas de vue que c'est bien moins le nombre que le bon esprit des gardes nationaux qu'il faut rechercher dans l'organisation nouvelle, et quelque faible que soit numériquement l'effectif de cette milice, surtout dans les campagnes, il sera toujours suffisant pour contenir les malfaiteurs s'il se recrute d'hommes courageux, résolus et animés d'un vif sentiment du devoir.

Il est évident qu'en armant seulement quelques hommes d'élite, dans les plus petits villages, on obtiendra des garanties efficaces pour l'ordre, et que ce système est incontestablement, dans l'intérêt des bons citoyens, préférable aux deux systèmes qui consistent, soit à armer, soit à désarmer tout le monde. Les compagnies de sapeurs-pompiers, généralement composées de braves ouvriers ou d'honnêtes artisans, réunissent, la plupart, les conditions désirables sous ce rapport, et formeront pour beaucoup de communes rurales la seule force armée nécessaire.

Afin d'atteindre le but que je vous indique, monsieur le Préfet, votre attention devra se porter spécialement sur la composition des conseils de recensement appelés à désigner les citoyens qui doivent faire partie de la garde nationale. Vous ne devrez admettre dans ces conseils que des hommes fermement attachés à la cause de l'ordre et sur le concours desquels vous puissiez compter avec certitude pour réaliser les intentions du gouvernement.

Ils devront apporter à l'accomplissement de leur mandat une résolution très arrêtée de n'introduire dans les rangs de la garde nationale que des hommes notoirement connus par leurs antécédents honorables, leur bonne conduite et leur inébranlable dévoûment aux principes conservateurs de la société. C'est à ce prix seulement que la garde nationale pourra devenir une sauvegarde pour les honnêtes gens et un instrument d'intimidation contre les perturbateurs.

Je me borne à vous donner aujourd'hui ces indications sommaires, monsieur le Préfet, me réservant de vous transmettre successivement les instructions détaillées que nécessite la mise à exécution du décret du 11 courant.

Vous voudrez bien vous occuper immédiatement des dispositions qui font l'objet de cette circulaire, dont je vous prie de m'accuser réception.

Recevez, monsieur le Préfet, l'assurance de ma considération très distinguée,

Le ministre de l'intérieur,
A. DE MORNY.

FIN DE L'APPENDICE.

# TABLE.

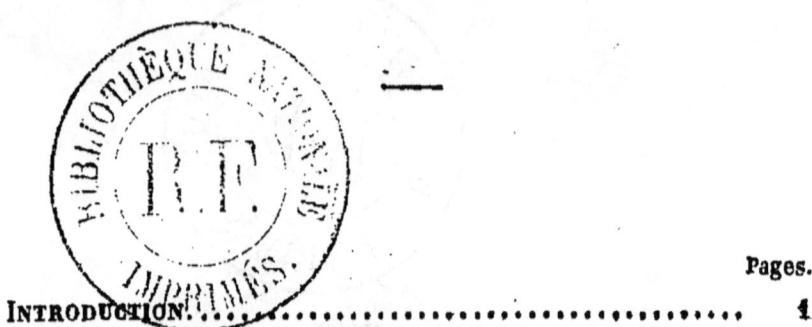

Pages.

INTRODUCTION.................................... 1

I. — LES DEUX POUVOIRS.

L'Assemblée.—Complots intérieurs.—Le Président.
—La Coalition.— La loi du 31 mai et la proposition
des questeurs. — Le pays, les sociétés secrètes, le
comité de Londres, l'attente et la menace de 1852.
— Les derniers travaux de l'Assemblée.—Les morts
vont vite. —Signes précurseurs.— Principes du coup
d'État.— Préparatifs.—Portraits : MM. Saint-Arnaud,
de Morny, de Persigny, de Maupas.—Dernière séance.
— Soirée du 1er décembre à l'Elysée. — La veille
d'Austerlitz..................................... 9

II. — LE COUP D'ÉTAT.

Impression des décrets. — Occupation de l'Assemblée.—Les commissaires à la Préfecture.— Premiers
actes.—Arrestations : MM. Thiers, Changarnier, Lamoricière, Cavaignac, Le Flo, Bedeau, Roger (du
Nord), Charras, Baze, Nadaud, Valentin, Miot,
Cholat, Greppo, Lagrange et soixante dix-huit autres.—Les décrets et les proclamations.—Mouvement
des troupes et revue du Président.—Le ministère de
l'intérieur. — L'Assemblée se reconstitue.—La Haute

Cour et son décret.—Compte-rendu sténographié de la séance tenue à la mairie du 10e arrondissement. — Le décret de déchéance et ses signatures. — Les représentants à la caserne d'Orsay. — Anecdotes et chroniques. — Commencement de l'insurrection. — Affiches et placards rouges. — La veille des armes. — Préparatifs de l'attaque et de la résistance....... 49

## III. — LA BATAILLE.

Comment se forma l'État-Major. — Les Aînés et les Cadets. — L'expédition de Kabylie. — Effectif de l'armée de Paris. — Le général Magnan. — L'émeute se dessine. — Mort de Baudin. — La première barricade. — Les derniers placards révolutionnaires. — Journée du 3. — Soirée du même jour. — Le Boulevard, les fausses nouvelles, la promenade de cadavres. — Translation à Ham des prisonniers de la veille. — Journée du 4. — L'Insurrection est morte. — Transformation de Paris. — Héroïsmes individuels. — Anecdotes. — Le chiffre des morts et des blessés. — Le lendemain de la victoire. — Le Suffrage secret restitué. — L'ère de l'Action et la fin du Parlementarisme. — Actes du Gouvernement. — État de siége, Sainte-Geneviève rendue au culte, le décret sur la Transportation, etc.—Travaux publics. — Commission consultative. — La lettre de M. Léon Faucher. — Les adhésions. — La veille du Vote................. 129

## IV. — LA JACQUERIE.

Attitude des Départements. — Émeutes partielles. — La Jacquerie était prédite et prévue. — Scènes de pillage et de meurtre dans l'Allier. — Relation officielle des troubles de Clamecy et de Neuvy-sur-Loire. — Le Cher, la Côte-d'Or, Saône-et-Loire et le Jura. — Le Gard. — Le Gers. — La Drôme. — L'Hérault, le Lot et le Lot-et-Garonne. — Le Var. — Les Basses-Alpes. — Résultat moral de la Jacquerie. . 211

V. — LE VOTE.

Derniers actes du Gouvernement. — Proclamation du 31 Décembre. — Le *Te Deum* à Notre-Dame. — Conclusion. — Au Pouvoir et au Peuple. . . . . . 259

Pièces Justificatives.

Papiers saisis chez M. Baze. — Discours du Président. — Une Brochure de M. de Morny. — Récompenses à l'Armée. — Tableau des morts et des blessés de l'Armée. — Liste alphabétique des morts n'appartenant pas à l'armée. — Le *Spectre Rouge*. — Les sociétés secrètes. — Recensement général des votes. . . . . . . . . . . . . . . . . . . 281

Appendice.

La Constitution. — Rétablissement de l'Aigle sur les drapeaux et décorations. — Attribution des délits de la parole aux Tribunaux. — Loi sur les Cabarets. — Expulsions pour cause de salut public. — Suppression des souvenirs révolutionnaires. — Loi sur la Garde nationale . . . . . . . . . . . . 325

FIN DE LA TABLE.

Imp. MAULDE et RENOU, rue des Fossés St-Germain-l'Auxerrois, 11.

www.ingramcontent.com/pod-product-compliance
Lightning Source LLC
Chambersburg PA
CBHW070857170426
43202CB00012B/2105